Deklinationsendung
der Substantive

Singular

<table>
<tr><th rowspan="3">Kasus</th><th colspan="2">Maskulina</th><th rowspan="3">Neutra</th><th colspan="4">Feminina</th></tr>
<tr><th rowspan="2">bel.</th><th rowspan="2">unbel.</th><th colspan="2">-a</th><th colspan="2">Kons.</th></tr>
<tr><th>hart</th><th>weich</th><th>weich</th><th>hart</th></tr>
<tr><td>N.</td><td colspan="2">Ø</td><td>-o, -(i)e</td><td>-a</td><td>-(i)a</td><td colspan="2">Ø</td></tr>
<tr><td>G.</td><td>-(i)a</td><td>-(i)u
[-(i)a]</td><td>-(i)a</td><td>-y(-i)</td><td rowspan="2" colspan="2">-i</td><td rowspan="2">-y</td></tr>
<tr><td>D.</td><td colspan="2">-(i)owi</td><td>-(i)u</td><td>-(i)e
-y</td></tr>
<tr><td>A.</td><td>G.</td><td colspan="2">N.</td><td colspan="2">-(i)ę</td><td colspan="2">N.</td></tr>
<tr><td>I.</td><td colspan="3">-(i)em</td><td colspan="4">-(i)ą</td></tr>
<tr><td>L.</td><td colspan="3">-(i)e, -(i)u</td><td colspan="4">D.</td></tr>
<tr><td>V.</td><td colspan="2">L.</td><td>N.</td><td>-(i)o</td><td>-(i)u</td><td colspan="2">N.</td></tr>
</table>

Plural

<table>
<tr><th rowspan="3">Kasus</th><th>Personalform</th><th colspan="3">Sachform</th></tr>
<tr><th colspan="2">Maskulina</th><th rowspan="2">Feminina</th><th rowspan="2">Neutra</th></tr>
<tr><th>Personen</th><th>Sachen, Tiere</th></tr>
<tr><td>N.</td><td>-i, -y, -(i)e
-(i)owie</td><td colspan="2">-y (-i), -(i)e</td><td>-(i)a</td></tr>
<tr><td>G.</td><td colspan="2">-(i)ów, -y(-i)</td><td colspan="2">Ø oder: -i</td></tr>
<tr><td>D.</td><td colspan="4">-(i)om</td></tr>
<tr><td>A.</td><td>G.</td><td colspan="3">N.</td></tr>
<tr><td>I.</td><td colspan="4">-(i)ami</td></tr>
<tr><td>L.</td><td colspan="4">-(i)ach</td></tr>
<tr><td>V.</td><td colspan="4">N.</td></tr>
</table>

MÓWIMY I
PO POLSKU

Lehrbuch der polnischen Sprache

Volk und Wissen Verlag GmbH

Autoren: Josef Kotyczka, Maria Nagajowa, Klaus Marten, Witold Kaliński

ISBN 3-06-541002-8

2. Auflage
5 4 3 / 96 95 94
Alle Drucke dieser Auflage sind unverändert und im Unterricht parallel nutzbar. Die letzte Zahl bedeutet das Jahr dieses Druckes.

Printed in Germany
Schrift: 9/11 p Timeless
Gesamtherstellung: Dresdner Druck- und Verlagshaus GmbH
Redaktion: Josef Kotyczka
Einband und typographische Gestaltung: Atelier vwv, Rainer Fischer
Illustrationen: Uschi Kosa

Inhaltsverzeichnis

Lektion 1: Co? Kto? Czy ...? 11

Co to jest? (Dialoge)	11	Zur Aussprache der Vokale: a, o, e, u/ó, y sowie der Konsonanten: c, s, z, sz, rz, r, cz	11 (212) (213)
Kto to jest? (Dialoge)	13	Zur Aussprache der Konsonanten: ł, dz, ż/rz, dż/drz	13 (213)
Czy ...? (Dialoge)	15	Fragebildung mit „czy“	15
		Zur Aussprache der Nasalvokale: ę und ą	(212)
		Zur Aussprache der weichen Konsonanten	(214)
		Genus der Substantive	19
		Genus der Pronomen und Adjektive	(229)
Prüfen Sie sich selbst!	20		

Lektion 2: Jak się nazywasz? 21

Jak się nazywa ...? (Dialoge)	21		
W hotelu (Dialog)	25	Präsens der Verben auf -ać – Typ: mieszkać	23
		Präsens des Verbs „mieć“	25
Prüfen Sie sich selbst!	26		

Lektion 3: Kim jest ...? 28

Kim jest pan Kwiatkowski?	28	Prädikatsnomen (Beruf, Nationalität)	28 (256)
		Instrumental Sg. der Substantive	29
		„to“ (in Funktion der Kopula)	31
Jerzy pracuje jako technik.	32	Präsens der Verben auf -ować – Typ: pracować	33
Teleturniej	35		
Prüfen Sie sich selbst!	36		

Lektion 4: Czym się interesujesz? 37

Czym się Danuta interesuje?	37	Instrumental Sg. der Adjektive und der adj. dekl. Wortklassen	38
Co robisz?	39	Präsens der Verben auf -ić/-yć – Typ: robić, uczyć się	40
Rozmowa telefoniczna	42	Das Verb „rozumieć“ (Präsens)	41
Co robisz? (Dialog)	43	Akkusativ Sg. der Substantive	42
Uczymy się polskiego.	43		
Prüfen Sie sich selbst!	45		

Lektion 5: Rodzina 46

Rodzina Jurka	46	Possessivpronomen: mój, twój, jego, jej; nasz, wasz, ich	47
Czy znasz rodzinę Jurka?	47		
Czyja to fotografia?	48	Fragen mit „czyj, -a, -e“	49
O naszej rodzinie (Lesetext)	51	Genitiv Sg. der Substantive und der adj. dekl. Wortklassen	49
		Rektion der Verben: „uczyć się, słuchać, szukać“	51
		Verneinung eines transitiven Verbs (Gen.-Obj.)	51
Wiederholung	52		
Prüfen Sie sich selbst!	53		

Lektion 6: Jaki jest ...? 55

Jaki jest Janek?	55	Adjektive in attributiver und prädikativer Funktion	56
Czy ten film ci się podoba?	56		
Jurek i Piotr (Dialog)	58	Dativ der Personalpronomen und der Substantive „pan, pani“	57
Anka i Danuta (Dialog)	58		
Nie wszystko złoto, co się świeci.	58	Instrumental Sg. der Adjektive und Pronomen	59
Mój przyjaciel Jurek (Lesetext)	60		
Pan Rogalski (Lesetext)	60		
Danuta mieszka obok szkoły.	60	Präpositionen: koło, niedaleko, naprzeciwko, obok, blisko	61
Czy znasz Piotra? (Dialog)	62		
Prüfen Sie sich selbst!	63		

Lektion 7: Kim chcesz być? 64

Darek musi pracować.	64	Präsens-Konjugation: musieć	64
Mariola i Irka (Dialog)	64		
Siostra i brat (Dialog)	64		
Kim chcesz być?	66	Präsens-Konjugation: chcieć, móc, umieć, mieć	66
Marek (Dialog)	66		
Monika (Dialog)	67	Bedingungssatz mit „jeżeli“	68
Fachowiec? (Lesetext)	69	Anwendung von „iść“, „pójść“ und „chodzić“	70
Prüfen Sie sich selbst!	69		

Lektion 8: Gdzie pracują? 71

Cześć! Co słychać? (Dialoge)	71		
Gdzie jest Ewa?	72	Lokativ Sg. der Substantive und der adj. dekl. Wörter	76
Gdzie mieszka Halina?	77	Präpositionen: w, przy, na, po, o (+ Lok.)	77
Gdzie mieszka Andrzej? (Dialog)	78		
Gdzie pracują?	80		
Na obozie harcerskim (Lesetext)	81		
Prüfen Sie sich selbst!	82	Die bisher behandelten Präpositionen	83

Lektion 9: Piszemy list. 85

Piszę do Ciebie list.	85	Präsens-Konjugation: pisać	86
List (Lesetext)	89	Deklination der Personalpronomen (Sg. und Pl.)	87
		Zum Gebrauch der Kasus der Personalpronomen	88
Przyjdę wieczorem.	90	Zum Gebrauch imperfektiver und perfektiver Aspekte	90
Prüfen Sie sich selbst!	92		

Lektion 10: Co robisz w wolnym czasie? 93

Jak spędzasz wolny czas?	93		
Co robi Krzysztof?	93		
Co robię w wolnym czasie?	94		
Anka ma bardzo mało czasu.	95		
Chcieć to móc. (Dialog)	96		
Pan Szczęśniak (Lesetext)	97		
Krystyna (Lesetext)	97		
Pani Domarska (Lesetext)	98		
Pan Ogrodnik (Lesetext)	98		
Gdzie byłeś wczoraj?	98	Das Präteritum (Grundmuster)	99
Co robiłeś wczoraj?	99		
Co robił Zygmunt?	99		
Co robiliście wczoraj?	99		
Prüfen Sie sich selbst!	100		

Lektion 11: Jaką miałeś podróż? 101

Znacie się?	101		
Na ulicy (Dialog)	101	Präsens-Konjugation:	
Na dworcu (Dialog)	102	„przyjeżdżać“ und „przyjechać“	102
Czy widziałeś Ewę?	104	Präteritum: iść, pójść, przyjść	104
		Präteritum der Verben auf	
Przyjeżdżają goście.	107	-(i)eć und des Hilfsverbs „móc“	106
W autokarze (Dialog)	107		
Prüfen Sie sich selbst!	108		

Lektion 12: Z którego wieku jest ...? 110

Co zwiedzimy jutro?	110	Das Futur	111
Gdzie się jutro spotkamy?	112		
Na wieży telewizyjnej	113		
W którym wieku powstał Berlin?	113	Ordinalia: 10–20	115
Kto dużo widział, (ten) dużo wie	116	Deklination der Substantive und Adjektive im Sg.	117
Wiederholung	117	Präsens und Präteritum schwieriger Verbformen	117
Prüfen Sie sich selbst!	117		

Lektion 13: Gdzie znajduje się ...? 119

Gdzie znajduje się dworzec? 119
Na ulicy (Dialog) 120
Trzeci dzień w Berlinie (Lesetext) 122

Czym można dojechać do teatru? 122
W mieście (Dialog) 122
Czy ja tam trafię? (Dialog) 124
W ośrodku sportowo-wypoczynkowym (Lesetext) 127

Prüfen Sie sich selbst! 128

Indefinitpronomen 124
Präsens, Futur und Präteritum von „(-)siadać“ und „(-)siąść“ 125

Lektion 14: Co sądzisz o ...? 131

Uta zostanie nauczycielką. 131
Krzysztof ma zostać chemikiem. 131
Krzysztof rozmawia z Utą. (Dialog) 131
Rozmowa (Dialog) 132

Co sądzisz o swojej szkole? 134
Co sądzisz o Wojtku? (Dialog) 134
Spotkanie w klubie (Lesetext) 135
Nie chcę pomagać leniuchom. (Lesetext) 136
Żółty piasek (Lesetext) 137

Prüfen Sie sich selbst! 138

Lektion 15: Czy lubisz zwierzęta? 139

Zabawne zdarzenie 139
Notatki Darka (Lesetext) 142

Jola i Astrid rozmawiają. 142
Która fotografia jest ładniejsza? (Dialoge) 142
List 145

Prüfen Sie sich selbst! 147

Nominativ bzw. Akkusativ Plural der Substantive (Sachform) und Adjektive 141

Komparation der Adjektive und Adverbien 143

Lektion 16: Która godzina? 148

Telegram	148		
Pierwszy dzień w Warszawie	148	Wochentage	149
Klaus w Warszawie	150	Tageszeiten	150
Która godzina?	152	Uhrzeit	152
Plan pobytu w Warszawie (Lesetext)	154		
W Warszawie (Lesetext)	155		
Prüfen Sie sich selbst!	156		

Lektion 17: Ile? Jak długo? Jak często? 158

... 3, ... 2, ... 1 ... Start!	158	Anwendung der Kardinalia 1–500	158
Gdzie mieszkasz? (Dialoge)	158		
Czym można do was dojechać?	158		
Jaki masz numer telefonu?	158		
Ile (kilometrów) jest z Warszawy do Gdańska?	159		
Co zamawiamy?	161		
Jak często? Jak długo? Kiedy? Ile?	162	Der Genitiv Plural	165
Jak często przyjeżdża pan do Polski? (Dialoge)	162	Zum Gebrauch der Kardinalia: 1. Stunden, Minuten, Sekunden;	166
O dzieciach	163	2. Jahre, Monate, Wochen, Tage;	
Czy pan już długo czeka?	164	3. Zahlungsmittel;	
Która (godzina) jest teraz?	164	4. Maßeinheiten.	
Ile kosztuje ta papeteria?	167		
Kiosk „Ruchu“	168		
Kolega chemik (Lesetext)	169		
Prüfen Sie sich selbst!	170		

Lektion 18: Kiedy są twoje urodziny? 172

Dlaczego mają takie nazwy?	172	Monatsnamen	173
Bauernregeln (Lesetexte)	173		
Co kraj – to obyczaj.	174		
Życzenia	175		
Daty i fakty	176	Datumsangaben	176
Odbudowa stolicy Polski	178	Zu den Partizipien	178
O Warszawie	180	Die Deklination der Adjektive und Substantive im Plural	179
Prüfen Sie sich selbst!	183		

Lektion 19: Czy znasz Chopina? 185

W Żelazowej Woli (Lesetext) 185
Życiorys Fryderyka Chopina (Lesetext) 187
Pierwszy koncert Chopina (Lesetexte) 189
Opowiadanie prawdziwe 190
Tradycja Chopinowska 190
Zur Deklination adjektivischer Pronomen im Plural 192
Der Attributsatz 192
Zur Zeitbestimmung (Zusammenfassung) 193

Lektion 20: W kraju naszych przyjaciół 196

O Polsce 196
Na lekcji języka polskiego 196
Polska 198
Łódź (Lesetexte) 200
Kraków 200
Himmelsrichtungen 197

Anhang

Gedichte 203
Lieder 206
Lautlehre 211
Formenlehre 222
Deutsch-polnisches Wörterverzeichnis 261

Hinweise zur Benutzung des Lehrbuches

Die Zahlen hinter den Stichwörtern im deutsch-polnischen Wörterverzeichnis geben die Lektionen an, in denen diese Wörter zum ersten Mal auftreten.

Ⓜ kennzeichnet einen Merksatz

● (M) bezeichnet ein Muster

↗ verweist auf Seitenangaben

Co? Kto? Czy ...?

Co to jest?

1

Warszawa. Plac Zamkowy.

Co to jest?	To jest Warszawa.

2 Lesen Sie und variieren Sie die Dialoge!
(Zur Aussprache der Vokale a, o, e, u/ó und y sowie der Konsonanten c, s, z, sz, rz, r und cz ↗ S. 212, 214)

a) – Co to jest?
– To jest Warszawa.

Sopot, Opole, Zakopane, Bytom, Nysa, Olsztyn, Kraków, Tomaszów, Rzeszów, Zgorzelec, Karpacz, Bydgoszcz

b) – Co to?
– To *Plac Zamkowy.*

Kolumna Zygmunta, *katedra, Park Kultury*

c) – A to?
– To <u>*Park Kultury*</u>. — Plac Teatralny, *muzeum*, *ratusz*

d) – A to co?
– To <u>*teatr*</u>. — *opera*, *klub*, kabaret, *dyskoteka*, *hotel*, *restauracja*, *bar*

3 Prägen Sie sich ein!

co	– was	Park Kultury	– Kulturpark
to	– das	teatr	– Theater
to (Kopulawort)	– das ist/sind	opera	– Oper
jest	– er, sie, es ist	muzeum	– Museum
plac	– Platz	ratusz	– Rathaus
Plac Zamkowy	– Schloßplatz	hotel	– Hotel
katedra	– Dom, Kathedrale	restauracja	– Restaurant
		bar	– Bar
a	– und	klub	– Klub
park	– Park	dyskoteka	– Diskothek

Ⓜ Substantive beginnen – wie alle anderen Wörter – mit Kleinbuchstaben. Mit großen Anfangsbuchstaben werden nur Eigennamen geschrieben.

4 Lesen Sie (laut) und betonen Sie konsequent die vorletzte Silbe (↗ S. 218)!

ap*te*ka, de*ba*ta, an*te*na, te*le*fon, ko*le*ga, *a*pel, *ba*let, *da*ta, ka*tá*log, *mo*da, me*to*da, *bal*kon, kul*tu*ra, *mar*mur, *kla*sa, *ba*sen, *ka*sa, *stu*dent, stu*dent*ka, czeko*la*da; Ma*zow*sze, Ma*zu*ry, Po*mor*ze, Su*de*ty, Kar*pa*ty, *Ta*try.

5 Co to jest?

Kto to jest?

1

Paweł

Grażyna

Kto to jest?	To jest Paweł.	Kto to?	To Grażyna.

2 Lesen Sie und variieren Sie die Dialoge!
(Zur Aussprache der Konsonanten ł, dz, ż/rz, dż/drz, ↗ S. 213)!

a) – Kto to jest?
– To jest Paweł. — Czesław, Włodek, Sławek, Łukasz, Jerzy, Tomasz, Andrzej

b) – Kto to?
– To Grażyna. — Bożena, Katarzyna, Marzena, Małgorzata Modzelewska

c) – A to?
– To *mój kolega* Andrzej Grzelak. — Grzegorz Czapla, Leszek Łuczak

d) – A to kto?
– To *moja koleżanka* Katarzyna Grosz. — Urszula Zawadzka, Marzena Modrzycka

3 Lesen Sie im Dialog!

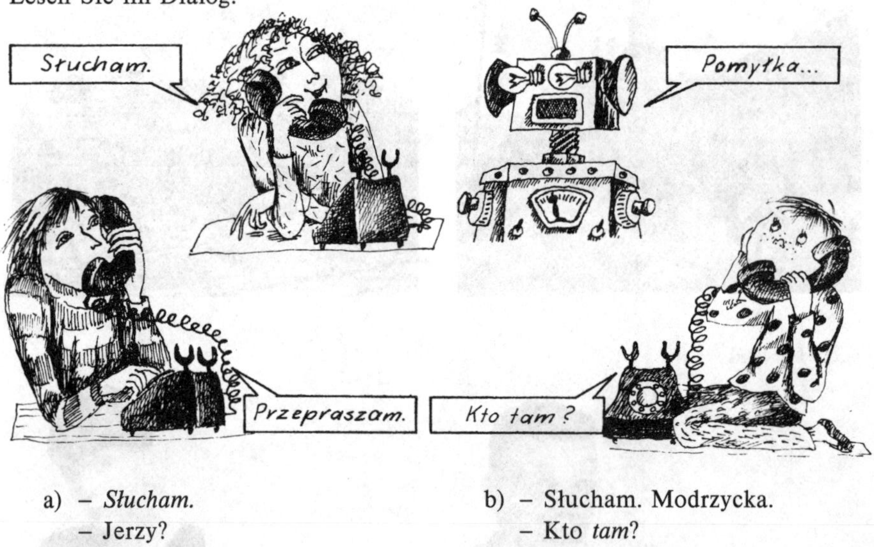

a) – *Słucham.*
– Jerzy?
– To *pomyłka.*
– *Przepraszam.*

b) – Słucham. Modrzycka.
– Kto *tam*?
– *Tu* Modrzycka.
– Przepraszam. Pomyłka.

c) – Halo! Słucham.
– *Pan* Kozan?
– *Nie.* Pomyłka.
– Przepraszam.

d) – Słucham. Katarzyna.
– Halo?
– *Tak.* Tu Katarzyna Grabska.
– Przepraszam. Pomyłka.

4 Prägen Sie sich ein!

kto	– wer	Przepraszam.	– (Ich bitte um ...) Verzeihung, Entschuldigung
mój, moja	– mein, -e		
kolega *m.*	– Kollege, Schulfreund		
koleżanka	– Kollegin, Schulfreundin	tam	– dort
Słucham.	– Ich höre (zu).	tu, tutaj	– hier
pomyłka	– Versehen, Irrtum (Falsch verbunden.)	pan	– Herr
		nie	– nein, nicht
		tak	– ja

5 Sagen Sie polnisch!

Wer ist das? Das ist meine Freundin ... . Und wer ist das? Das ist Herr ... . Was ist dort? Das ist das Rathaus. Was ist hier? Hier ist ein Museum. Entschuldigung, was ist das? Das ist eine Oper. Entschuldigung, das ist ein Irrtum. Dort ist ein Theater, die Oper ist hier.

6 Üben Sie die Aussprache von Ortsnamen!

Wrocław, Wałbrzych, Włocławek, Kołobrzeg, Władysławowo, Słupsk, Łeba, Wałcz, Chełmno, Kłodzko, Olkusz, Krotoszyn, Szczytno, Zabrze, Bydgoszcz

Czy ...?

1

Czy to *miejsce* jest *wolne*?

Tak. (Jest wolne.)

Nie. (Jest *zajęte*.)

Ⓜ Fragen, die nur mit *„tak"* (= ja) oder *„nie"* (= nein) zu beantworten sind, werden meist mit „czy" (= Fragepartikel) eingeleitet. Die Wortfolge im Fragesatz wird gegenüber dem Aussagesatz nicht verändert.

Aussage:	To miejsce jest wolne.	– Dieser Platz ist frei.
Frage:	Czy to miejsce jest wolne?	– Ist dieser Platz frei?
Antworten:	Tak. (Jest wolne.) Nie. (Jest zajęte.)	– Ja. (Er ist frei.) – Nein. (Er ist besetzt).

2 Bilden Sie Fragesätze!

Aussage	*Frage*	*Antwort*
To jest opera.	...	Tak, to jest opera. Nie, to teatr.
Tu jest muzeum.	...	Tak. Nie, tu jest ratusz.
Tam jest restauracja.	...	Tak, – – restauracja. Nie, – – bar.
To jest Jerzy.	...	Tak, – – – . Nie, – – Andrzej.
To miejsce jest zajęte.	...	Tak, – – . Nie, – wolne.
To jest pan Czapla.	...	Tak, – – – – . Nie, – – – Ołdak.
Pan Łuczak jest zajęty.	...	Tak, – – . Nie, – wolny.

3 Lesen Sie im Dialog!
(Zur Aussprache der Nasalvokale -ę- und -ą-, ↗ S. 212)

– Przepraszam.
– Słucham.
– Czy pan Wąsowski?
– Nie, Wąsowicz.
– O! Przepraszam.

– Halo! Czy to Częstochowa?
– Tak. Słucham.
– Tu Męclewski. Czy jest pani Węgrzynek?
– Pomyłka.

Ⓜ Jede (unbekannte) männliche Person wird mit „pan" (= Herr, Sie) und jede (unbekannte) weibliche Person mit „pani" (= Dame, Frau ...; Sie) angeredet.

- Przepraszam, kto to jest?
- *Ten* pan?
- Tak.
- To pan Leszek Wąsowski.
- *Bardzo sympatyczny. Prawda?*
- Tak, bardzo.

- Kto to jest?
- *Ta pani?*
- Tak.
- To pani Urszula Wąsowska, *znana aktorka.*
- Bardzo *elegancka*!
- Tak, to prawda.

4 Prägen Sie sich ein!

czy	– (Fragepartikel)	prawda	– Wahrheit (hier: Nicht wahr?)
miejsce	– Platz		
wolny, -a, -e	– frei		
zajęty, -a, -e	– besetzt, beschäftigt	pani	– Dame, Frau... (in Anrede)
ten, ta, to	– dieser, -e, -es	znany, -a, -e	– bekannt
bardzo	– sehr	aktorka	– Schauspielerin
sympatyczny, -a, -e	– sympathisch	elegancki, -a, -ie	– elegant

5 Sagen Sie polnisch!

Entschuldigung, ist dieser Platz frei?

- (sind Sie) Herr Wąsowicz?
- ist dort Frau Wąsowska?
- ist das Frau Męclewska?
- ist Frau Węgrzynek da?
- ist Herr Wąsowicz sympathisch?
- ist Frau ... elegant?
- ist dort mein Platz?
- ist diese Schauspielerin sehr bekannt?
- ist mein Kollege hier?

6 *Dzień dobry.*

Do widzenia.

Proszę.

Dziękuję.

7 Lesen Sie im Dialog!
(Zur Aussprache der weichen Konsonanten und zu den zwei Funktionen des -i- im Schriftbild, ↗ S. 214)

a)
- Dzień dobry.
- Dzień dobry. Słucham.
- Czy jest pan Węgrzyniak?
- Nie.
- *A kiedy będzie?*
- *Jutro.*
- Dziękuję. Do widzenia.
- Do widzenia.

b)
- Bożena?
- Tak. Słucham.
- Tu Maciej. Czy jest Michał?
- Nie.
- A jutro będzie?
- Tak.
- Dziękuję.
- Proszę.
- Do widzenia.

8 Lesen Sie und variieren Sie die Dialoge!

a) – Dzień dobry, tu Zosia. — Gośka, Asia, Kasia, Madzia
– Dzień dobry, Dziewoński. — Ciążyński, Gąsiorek, Krążyński
– Przepraszam, czy jest Maciej? — Dariusz, Grzesiek, Krzyś
– Jest. ... Maciej!
– Dziękuję.

b) – Dzień dobry. Czy jest pani Rudzińska? — Idzikowska, Niedźwiecka
– *Owszem*, jest. Proszę *chwileczkę poczekać.* Zaraz będzie.
– Dziękuję.

9 Prägen Sie sich ein!

dzień	– Tag	będzie	– er (sie, es) wird (da-)sein
dobry, -a, -e	– gut	jutro	– morgen
Do widzenia.	– Auf Wiedersehen.	owszem	– ja, natürlich
proszę	– (ich) bitte	chwileczka	– Augenblick
dziękuję	– (ich) danke	poczekać *vo.*	– warten
kiedy	– wann	zaraz	– gleich, sofort

10 Gestalten Sie ähnliche Dialoge, in denen Sie

– sich begrüßen,
– zu verstehen geben, daß Sie Ihrem Partner zuhören,
– sich entschuldigen,
– Fragen zu Personen oder Dingen stellen,
– sich bedanken,
– sich verabschieden bzw. das Gespräch höflich beenden.

11 Genus der Substantive

Nominativ Sg.

Maskulina	Feminina	Neutra
∅	-(i)a -i	-o -(i)e -um

Beispiele:

Maskulina	Feminina	Neutra
teatr	opera	kino
hotel	kawiarnia (Café)	miejsce
pan	pani	muzeum

12 Stellen Sie die Substantive dieser Lektion nach den drei Genera geordnet in einer Liste (Tabelle) zusammen (ohne Eigennamen)!

13 Lesen Sie die folgende Aufstellung aufmerksam durch! Welche Schlußfolgerungen lassen sich daraus ableiten? (↗ S. 231 ff., 229)

	Maskulina	*Feminina*	*Neutra*
Pronomen:	ten	ta	to
	mój	moja	moje
Adjektive:	dobry	dobra	dobre
	sympatyczny	sympatyczna	sympatyczne
	elegancki	elegancka	eleganckie

Prüfen Sie sich selbst!

1 Strukturen

– Co to (jest)?	– Was ist das?
– To (jest) ratusz.	– Das ist ein Rathaus.
– A to co?	– Und was ist das?
– To muzeum.	– Das ist ein Museum.
– Kto to (jest)?	– Wer ist das?
– To (jest) Ewa.	– Das ist Ewa.
– Czy to Marek?	– Ist das Marek?
– Tak. (Nie.)	– Ja. (Nein.)
– Kiedy będzie?	– Wann wird er (sie, es) da sein?
– Jutro.	– Morgen.
– Słucham.	– (Ich) höre (zu).
– Przepraszam.	– (Ich) bitte um Verzeihung, Entschuldigung.
– Dziękuję.	– (Ich) danke.
– Proszę.	– (Ich) bitte.
– Dzień dobry.	– Guten Tag.
– Do widzenia.	– Auf Wiedersehen.

2 Zum Genus

Formulieren Sie polnisch!

a) Dort ist ein gutes Restaurant. Dieses Restaurant ist gut. Ist dieses Restaurant gut? Ist das ein gutes Restaurant? Hier ist ein gutes Hotel. Dieses Hotel ist gut. Ist das ein gutes Hotel? Ist dieses Hotel gut? Das ist ein gutes Museum. Dieses Museum ist gut. Ist dieses Museum gut? Ist das ein gutes Museum?

b) Hier ist ein freier Platz. Dieser Platz ist frei. Ist hier ein freier Platz? Ist dieser Platz frei? Der Platz ist besetzt. Das ist ein sehr beschäftigter Herr. Herr Węgrzyniak ist sehr beschäftigt. Sind Sie morgen sehr beschäftigt? Wann sind Sie frei? Sind Sie morgen frei?

c) Das ist eine elegante Dame. Frau Wąsowicz ist sehr sympathisch. Ist das ein sympathischer Herr? Dieser Herr ist sympathisch, nicht wahr?

Jak się nazywasz?

Jak się nazywa ...?

1

Ten pan *się nazywa Karol* Ciecholewski.
Mieszka w Warszawie.

Ta pani się nazywa Wanda Górska.
Mieszka w Krakowie.

Jak się pan nazywa?	Nazywam się Ciecholewski.
Gdzie pan mieszka?	Mieszkam w Warszawie.

2 Lesen Sie und variieren Sie im Dialog!

a) – Przepraszam, jak się pan nazywa?
– Nazywam się Michał Ćwikliński. — Marian Cieszyński, Wojciech Ziembiewicz
– A ta pani jak się nazywa?
– Halina Górska. — Ewa Woźniak, Grażyna Wójcik, Halina Różańska, Maryla Prószyńska

b) – Kto to jest?
– To Krzysztof. — Grzegorz, Jerzy, Szymon, Maciej, Michał, Dariusz, Jóźwicki, Różycki, Prószyński, Jóźwiak
– Jak się Krzysztof nazywa?
– Krzysztof nazywa się Zieliński.
– A gdzie Krzysztof mieszka?
– W Warszawie. — w Łodzi, w Szczecinie

c) – Kto to?
– To Aśka. — Gośka, Kasia, Jadzia

– Czy Aśka *też* mieszka w Warszawie?	w Gdańsku, w Poznaniu
– Nie, w Krakowie.	
– A jak się nazywa?	
– Nazywa się Jóźwiak.	Ciechocka, Wierzbicka

3 Prägen Sie sich ein!

jak	– wie	gdzie	– wo
nazywać się	– heißen, sich nennen	mieszkać	– wohnen
		w (+ Lok.)	– in
		też	– auch, ebenfalls, gleichfalls

4 Lesen Sie im Dialog!

a) – Słucham.
– Przepraszam, czy tu mieszka pan Liebscher?
– Jak się ten pan nazywa?
– Liebscher.
– Jak?
– Pan Liebscher.
– Chwileczkę ... Liebscher ... Tak.
– A czy jest?
– Tak.
– Dziękuje.
– Proszę.

b) – Przepraszam, jak się pan nazywa?
– Proszę?
– Czy pan się nazywa Karasiński?
– Nie, Osiecki.
– A kto to jest?
– Ten pan?
– Tak.
– To pan Zalewski.
– A gdzie jest pan Karasiński?
– To jest pan Karasiński.
– Dziękuję.
– Proszę.

5 Präsens der Verben – Typ: *mieszkać*

	Personalpronomen		*Verben*			
	Singular					
1. Pers.:	ja	(ich)	mieszk*am*	nazyw*am*	się	-a-m
2. Pers.:	ty	(du)	mieszk*asz*	nazyw*asz*	się	-a-sz
3. Pers.:	on	(er)				
	ona	(sie)	mieszk*a*	nazyw*a*	się	-a
	ono	(es)				
	Plural					
1. Pers.:	my	(wir)	mieszk*amy*	nazyw*amy*	się	-a-my
2. Pers.:	wy	(ihr)	mieszk*acie*	nazyw*acie*	się	-a-cie
3. Pers.:	oni	(sie, Pf.[1])	mieszk*ają*	nazyw*ają*	się	-a-j-ą
	one	(sie. Sf.[1])				

Ⓜ Die Personalpronomen (Nom.) werden nur dann gebraucht, wenn sie in dem betreffenden Zusammenhang hervorzuheben sind.

Beispiele:
- Jak się nazywasz?
- Krawczyk.
- A jak *ty* się nazywasz?
- *Ja* się nazywam Wolski.

- Gdzie mieszkacie?
- W Warszawie.
- A *wy* gdzie mieszkacie?
- *My* mieszkamy w Berlinie.

Ⓜ *„się“* (= „sich“, bei reflexiven Verben) steht meist vor dem Verb, zu dem es gehört, jedoch niemals am Satzanfang.

Jak się nazywasz? – Nazywam się ... Jak się pan(i) nazywa?

6 Lesen Sie im Dialog!

a) – Jak się nazywasz?
– Nazywam się ... A ty?
– ... . Gdzie mieszkasz?
– W ... . A ty gdzie?
– Mieszkam w ... .

[1] Im Polnischen haben mehrere Wortklassen für den Nominativ Plural zwei verschiedene Formen. Die eine („männlich-personale Form“, kurz „Personalform“ genannt) wird gebraucht, wenn es sich um ausschließlich männliche Personen oder Gruppen von Vertretern beider Geschlechter handelt (= oni). Die andere („nicht männlich-personale Form“, kurz „Sachform“ genannt) ist anzuwenden, wenn es um ausschließlich weibliche Personen, Tiere, Dinge oder abstrakte Begriffe geht (= one). ↗ S. 230, 232

b) Janek: Nazywam się Janek Milewicz. Mieszkam w Szczecinie. A jak się ty nazywasz? Gdzie mieszkasz?
Danuta: Nazywam się Danuta Wolska. Też mieszkam w Szczecinie. A jak się on nazywa?
Janek: On się nazywa Nowak. Mieszka w Łodzi.

c) – Przepraszam, jak się nazywają Krzysiek i Gośka?
– Krzyś nazywa się Zieliński, a ...
– Jak?
– Zieliński.
– A Gośka?
– Ćwiklińska.
– Dziękuję.

7 Setzen Sie die Verben *„nazywać się"* und *„mieszkać"* in der richtigen Form ein!

Frage	*Antwort*
a) Jak się ... (du)? Gdzie ... (du)?	... ... w ... .
b) Jak pan/pani się ...? Gdzie pan/pani ...?	... ... w ... .
c) Jak się on/ona ...? Gdzie on/ona ...?	... ... w ... .
d) Jak się ... Dorota i Jana? Gdzie one ...?	Dorota ... Pietrzak, a Jana ... Zielińska. One ... w ... .
e) Jak się oni ...? Gdzie ... Jarek i Darek?	Jarek ... Karasiński, a Darek ... Zalewski. Oni ... w ... .

8 Bilden Sie Fragen und Antworten mit:

a) jak, nazywać się	ten pan, ten teatr, Marek i Jan, Michał, ta pani, Danuta i Irena
b) gdzie, mieszkać	pan Witkowski, Karol Milewicz i Zbyszek Nowak, pani Rogalska, Zosia i Asia, Joasia i Krysia, Anka, Gośka i Janek
c) czy, ten pan, nazywać się ta pani Danuta Zosia i Kasia	Witkowski, Rogalski, Zawadzki Nowak, Milewicz, Wolska Jurkowska, Grzegorzewska, Jóźwiak Górski, Wójcik, Jankowski

9 Prägen Sie sich die folgende Redewendung ein!

Jak *masz na imię?*	*Na imię mam* Ewa.

Deutsch:

Wie ist dein Vorname? — Mein Vorname ist Eva.

10 Die Präsensformen des Verbs *„mieć"* = „haben, besitzen" gleichen denen des Verbs: mieszkać

	Singular		*Plural*	
1. Pers.:	mam	– ich habe	mamy	– wir haben
2. Pers.:	masz	– du hast	macie	– ihr habt
3. Pers.:	ma	– er (sie, es) hat	mają	– sie haben

11 Lesen Sie im Dialog!

a) – Kowalczyk ma na imię Karol.
– A Byszewska jak ma na imię?
– Monika.

b) – Nazywam się Radomski.
– Jak pan ma na imię?
– Mam na imię Grzegorz.
– Dziękuję.

c) – Jak się pan nazywa?
– Kowalski.
– Jak pan ma na imię?
– Jan.
– Gdzie pan mieszka?
– Mieszkam w Berlinie.
– Dziękuję.
– Proszę bardzo.

d) – Czy masz na imię Anna czy Maria?
– Mam na imię Anna-Maria.
– A jak się nazywasz?
– Nazywam się Walczak, Anna-Maria Walczak.

12 Lesen Sie im Dialog!

W hotelu

Tu mieszka pan Liebscher. Pan Nowicki puka.

L.: Proszę.
N.: Dzień dobry.
L.: *Witam!*
N.: Co *porabiasz*?
L.: *Nic szczególnego. Dlaczego pytasz?*
N.: Mam *bilety* do teatru. Czy masz *wieczorem czas*?
L.: Tak, mam.

N.: A *więc zapraszam cię* do teatru.
L.: Dziękuję. Gdzie *się spotkamy*?
N.: Tu, w hotelu.
L.: *Dobrze.*
N.: *No to na razie.*
L.: *Cześć!*

13 Prägen Sie sich ein!

pukać	– (an-)klopfen	więc	– also
witać	– (be-)grüßen	zapraszać, zaprosić *vo.*	– einladen
porabiać	– sich beschäftigen, machen	cię (Akk. zu „ty")	– dich
nic	– nichts	do (+ Gen.)	– in (hinein)
Nic szczególnego.	– Nichts besonderes.	spotkać się *vo.*	– sich treffen, begegnen
dlaczego	– warum	dobrze	– gut
pytać	– fragen	no to	– na dann
bilet, Pl.: -y	– Eintritts-, Fahrkarte, -n	na razie	– bis später, bis dann
wieczorem	– abends, am Abend	Cześć!	– Tschüß! Grüß dich!
czas	– Zeit		

14 Inszenieren Sie den obigen Dialog!

Prüfen Sie sich selbst!

1 Strukturen

– Jak się nazywasz? / pan/pani nazywa?	– Wie heißt du? / heißen Sie?
– Nazywam się …	– Ich heiße … .
– Jak masz na imię? / pan(i) ma na imię?	– Wie ist dein Vorname? / Ihr Vorname?
– Na imię mam …	– Mein Vorname ist … .
– Gdzie mieszkasz? / pan(i) mieszka?	– Wo wohnst du? / wohnen Sie?
– Mieszkam w … .	– Ich wohne in … .

– Witam (cię).	– Ich grüße (dich).
– Co porabiasz?	– Was machst du?
– Nic szczególnego.	– Nichts besonderes.
– Czy masz czas?	– Hast du Zeit?
– Dlaczego pytasz?	– Warum fragst du?
– Zapraszam cię do teatru.	– Ich lade dich ins Theater ein.
– Gdzie się spotkamy?	– Wo werden wir uns treffen?
– No to na razie.	– Also, bis dann (später).

2 Verbformen

1. Ten pan nazyw- się Górski. Na imię – Ludwik. Mieszk- w Warszawie. Ta pani – na imię Irena. Nazyw- się Górska. Też mieszk- w Warszawie.
2. Nazywa- (ich) się .... Jak ty się nazywa-? Mieszka- (ich) w .... Gdzie mieszka- (du)? Na imię ma- (ich) Henryk. Jak ma- (du) na ...?
3. Krzysiek i Gośka nazywa- się Wójcik. Jak oni się nazywa-? Jak wy się nazywa-? Oni mieszka- w Krakowie. Gdzie wy mieszka-?
4. Gdzie mieszka- (du)? Czy też mieszka- (du) w Krakowie?
   Jak się nazywa- (du)? Czy nazywa- (du) się Proll?
   Jak ma- (du) na imię? Czy ma- (du) na imię Barbara?
5. Kasia i Małgosia nazywa- się Krawczyk. Gdzie one mieszka-?
   Czy one mieszka- w Krakowie?

3 Sagen Sie polnisch!

1. a) Ich heiße .... Und wie heißen Sie? Ich wohne in .... Wo wohnen Sie? Mein Vorname ist .... Wie ist Ihr Vorname?
   b) Mein Vorname ist .... Wie ist dein Vorname? Wo wohnst du? Wie heißt du? Wie heißt dieser Herr? Wo wohnt er? Wie ist sein Vorname? Und diese Dame, wer ist das? Wohnt sie auch hier? Wer ist das? Ist das Danuta? Wohnt sie auch in ...? Und Janek, wo wohnt er? Verzeihung, wie heißt Janek? Und dieser Herr, wie heißt er? Wer ist das? Ist das Frau Górska oder Frau Jóźwiak?
2. Grüß dich! Was machst du? Warum fragst du? Ich lade dich ins Theater ein. Wo treffen wir uns? Hast du abends Zeit? Ich habe Karten.
3. Nichts Besonderes. Bis später (dann). Tschüß!
4. machen – Was machen Sie abends?
5. sich treffen – Wir treffen uns im Hotel.
6. fragen – Ich frage dich, ob du die Eintrittskarten hast?
7. einladen – Wir laden dich ins Theater ein.

Kim jest...?

Kim jest pan Kwiatkowski?

1

redaktor

redaktorka

nauczyciel

nauczycielka

elektryk

architekt

Kim jest pan Kwiatkowski?	Redaktorem.
Kim jest pani Wanda?	Nauczycielką.

Ⓜ Angaben zum Beruf und zur Nationalität erfolgen meist mit einer Form des Verbs *„być"* (sein) und einem Substantiv im Instrumental (= Prädikatsnomen ↗ S. 256).

Vergleichen Sie!

Polnisch	*Deutsch*
– Kim jesteś?	– Was bist du?
– Jestem uczniem. / uczennicą.	– Ich bin Schüler. / Schülerin.
– Kim pan jest?	– Was sind Sie?
– Jestem elektrykiem. / nauczycielem. / redaktorem.	– Ich bin Elektriker. / Lehrer. / Redakteur.
– Kim jest ta pani?	– Was ist diese Dame?
– Jest nauczycielką. / Polką.	– Sie ist Lehrerin. / Polin.

2 Der Instrumental Singular der Substantive

	Maskulina	Neutra	Feminina
Nominativ	∅	-o, -(i)e	-(i)a, -i
Instrumental	-(i)em[1]		-(i)ą

3 Lesen Sie und variieren Sie im Dialog!

a) – Przepraszam, kim jest ten pan?
– Ten pan jest redaktorem. — nauczycielem, elektrykiem

b) – Kim pani jest?
– Jestem redaktorką. — nauczycielką, architektem

c) – Czy ten pan jest nauczycielem? — architektem, elektrykiem
– Nie, ten pan jest elektrykiem. — redaktorem, nauczycielem

d) – Kto to jest?
– Ta pani się nazywa Szydłowska, — Ten pan, Szydłowski
jest *Polką*. — *Polakiem*

e) – Kim jesteś?
– Jestem uczniem. — studentem
uczennicą. — studentką

f) – Czy Ewa jest *już* nauczycielką? — redaktorką
– Nie, *jeszcze* jest *studentką*.

[1] Beim Anschluß von -e- an -g- od. -k- wird -i- eingeschoben; vergl.: elektryk – elektrykiem.

g) – Dzień dobry.
– Dzień dobry.
– Przepraszam, czy jest pani Górska?
– Nie. Jest w Krakowie. A kim pani jest?
– Nazywam się Janina Wójcik. Jestem dziennikarką. A kiedy pani Górska będzie?
– Jutro.
– Dziękuję. Do widzenia.

4 Prägen Sie sich ein!

kim (Inst. v. „kto") – hier: wer, was

Kim jesteś? / pan(i)jest?	– Was (Wer) bist du? / sind Sie?	uczeń	– Schüler
		uczennica	– Schülerin
Jestem ...	– Ich bin ...	Polak, Polka	– Pole, Polin
redaktor, -ka	– Redakteur, -in	dziennikarz, -arka	– Journalist, -in
nauczyciel, -ka	– Lehrer, -in	już	– schon, bereits
architekt	– Architekt	jeszcze	– noch
student, -ka	– Student, -in		

5 Bilden Sie sinnvolle Satz-Varianten!

ten pan	jest	aktor(-ka),	uczeń
ta pani	już jest	nauczyciel(-ka),	uczennica
pan Kwiatkowski	jeszcze jest	student(-ka),	
pani Cieszyńska		redaktor(-ka),	
mój kolega		dziennikarz(-arka),	
moja koleżanka		elektryk	

6 Ergänzen Sie diese Dialoge!

a) – Kim jeste- (du)?
– Jest- (ich) uczn-.
– W Berlinie?
– Nie, w Krakowie.

b) – Jest- Polakiem i nazywa- się Olszewski.
– Czy jest- student-?
– Tak, studiuję w Krakowie.

c) – Jak się nazywasz?
– Pietrzak *i* jestem (student).
– A kto to jest?
– Ala. *Też* jest (studentka).
– Aha, dziękuję.

d) – Przepraszam, kto to jest?
– Pan Pietrzak? Jest (redaktor).
– A pani też jest (redaktorka)?
– Nie, jestem (nauczycielka).
– A kim jest Barbara?
– Barbara jeszcze jest (uczennica).

7 **Nach *to* (in der Funktion der Kopula) folgt der Nominativ.**

Beispiele:

Ewa to sekretarka. – Eva ist Sekretärin.
Marcin to Polak. – Martin ist Pole.
Diese Struktur ist nur in der 3. Pers. Sg. bzw. Pl. zu verwenden.

8 Diese Aussagen sind gleichbedeutend!

Pan Szydłowski *jest architektem.*
Oder:
Pan Szydłowski *to (jest) architekt.*

Formulieren Sie jede Aussage nach obigem Muster auf zweierlei Weise!
Pan Janicki – architekt, redaktor, nauczyciel, elektryk
Ta pani – redaktorka, nauczycielka, architekt

9 Variieren Sie die Fragen und Antworten!

Kim jest pan Jóźwiak?	technik – Techniker;lekarz (-arka) – Arzt,Ärztin;
Kim jest pani Górska?	pielęgniarz (-arka) – Krankenpfleger(-schwester);
Kim jest *twój ojciec*?	tłumacz (-ka) – Übersetzer (-in), Dolmetscher (-in);
Kim jest *twoja matka*?	sekretarka – Sekretärin

10 Erschließen Sie die Bedeutung folgender Berufsbezeichnungen bzw. Funktionen oder Titel (ohne Wörterbuch)!

aptekarz (-arka), bibliotekarz (-arka), doktor, drukarz, dyrektor (-ka), fotograf, fryzjer (-ka), inżynier, kapelmistrz, kapitan, kasjer (-ka), malarz (-arka), mechanik, meteorolog, policjant (-ka), muzyk, notariusz (-ka), pilot, profesor, reżyser, sekretarz (-arka), stolarz, szlifierz, tancerz (-erka).

11 Prägen Sie sich ein!

twój, twoja, twoje	– dein, -e	matka	– Mutter
ojciec	– Vater	i	– und (anreihend)

Jerzy pracuje jako technik

1

2 Lesen Sie im Dialog!

a) – Kto tu *pracuje*?
– Jerzy *jako technik*, a pan Czyżewski jako *inżynier*.
– Dziękuję. Do widzenia.

b) – Czy pani tu pracuje?
– Tak. *Teraz* ja tu pracuję jako sekretarka.
– A gdzie jest pani Wójcik?
– Pracuje *w szkole*.
– Dziękuję. Do widzenia.

3 Lesen Sie im Dialog!

a) – Gdzie pracujesz?
– Pracuję w wydawnictwie jako redaktor. A ty?
– Ja pracuję w szkole jako sekretarka.

b) – Czy Irena i Urszula tu pracują?
– Nie, tu pracuje tylko Irena.
– A Urszula?
– Urszula tu już nie (= nicht mehr) pracuje, ona teraz pracuje *w wydawnictwie*.

c) – Czy już pracujecie?
– Ja już pracuję jako inżynier *w budownictwie*, a Ewa jeszcze *studiuje*.
– A Karol?
– Też jest jeszcze studentem.

4 Prägen Sie sich ein!

studiować	– studieren	wydawnictwo	– Verlag
teraz	– jetzt	w wydawnictwie	– im Verlag
pracować	– arbeiten	szkoła	– Schule

jako (+ Nom.)	– als	w szkole	– in der Schule
technik	– Techniker	budownictwo	– Bauwesen
inżynier	– Ingenieur	w budownictwie	– im Bauwesen
sekretarka	– Sekretärin	szpital	– Krankenhaus
pielęgniarka	– Krankenschwester	w szpitalu	– im Krankenhaus

5 Präsens der Verben auf *-ować*: – Typ: *pracować*

Singular			
1. Pers.:	pracuję	studiuję	-uj-ę
2. Pers.:	pracujesz	studiujesz	-uj-e-sz
3. Pers.:	pracuje	studiuje	-uj-e
Plural			
1. Pers.:	pracujemy	studiujemy	-uj-e-my
2. Pers.:	pracujecie	studiujecie	-uj-e-cie
3. Pers.:	pracują	studiują	-uj-ą

6 Bilden Sie sinnvolle Sätze!

Pani Szydłowska	pracuje jako (+ Nom.)	nauczyciel	w wydawnictwie
Marcin		inżynier	w Berlinie
Pan Szydłowski		sekretarka	w szkole
Pani Wolska		redaktor	w budownictwie
Mój ojciec		elektryk	w fabryce
Moja matka		pielęgniarka	w szpitalu

7 Erfragen Sie die folgenden Aussagen!

Pracuję w wydawnictwie.
Jestem redaktorem.
Anna jest nauczycielką.
Nie, Andrzej jest już inżynierem.

Marek już studiuje.
Anka studiuje w Londynie.
Mój ojciec już nie pracuje.
Tak, pracuję jeszcze w szkole.

8 Ordnen Sie den Fragen eine sinnentsprechende Antwort zu!

Czy pan Wolski jest elektrykiem?
Jak się nazywa ta pani?
Czy Janek już pracuje?
Gdzie pracuje Zosia?
Kim jest ta pani?
Czy ona tu pracuje?

Jest Polką.
Pracuje w Berlinie.
Tak, jako sekretarka.
Ta pani nazywa się Walczak.
Nie, jest inżynierem.
Nie, jeszcze studiuje.

9 Bilden Sie sinnvolle Sätze!

Danka	jeszcze	(nie) nazywać się …	w Krakowie
pan Czyżewski	teraz	(nie) mieszkać	w Warszawie
Zbyszek	już	(nie) pracować	w szkole
Zosia i ja	też	(nie) studiować	w budownictwie
pani Obodowska	tu (tutaj)		w wydawnictwie

10 Lesen Sie!

Anka nazywa się Szydłowska.
Teraz mieszka w Warszawie.
Jest już uczennicą Liceum imienia Mikołaja Reja.

To jest pani Maria Szydłowska.
Pani Maria pracuje tu w wydawnictwie „Arkady“ jako redaktorka.

Tu pracuje Marcin.
Nazywa się Szydłowski.
Jest już technikiem i pracuje w budownictwie.

To jest pan Szydłowski.
Ma na imię Andrzej.
Pan Szydłowski jest inżynierem w fabryce „Pollena“.

11 Beantworten Sie folgende Fragen:

Kim jest Anka?
Jak ona się nazywa?
Gdzie teraz mieszka?
Jak się nazywa ten pan?
Jak ma na imię?
Gdzie pracuje?

Jak się nazywa pani Maria?
Gdzie pracuje?
Kim jest pani Szydłowska?
Kim jest pan Szydłowski?
Jak pan Szydłowski ma na imię?
Gdzie pan Szydłowski pracuje?

12 Gestalten Sie mit einem Gesprächspartner einen Dialog!

- Stellen Sie sich vor!
- Erfragen Sie Namen, Vornamen, Wohnort und Beruf Ihres Gesprächspartners!

13 Lesen Sie! Benutzen Sie – wenn nötig – die nachfolgende Lexikliste!

Teleturniej

Redaktor: Proszę się przedstawić.

1. Pierwszy uczestnik:
Nazywam się Rogalski.
Na imie mam Andrzej.
Pracuję jako chemik
w zakładzie „Pollena“.

2. Drugi uczestnik:
Moje nazwisko Łuczak,
mam na imię Marcin.
Pracuję w budownictwie.
Jestem kierownikiem budowy.

3. Pierwsza uczestniczka:
Danuta Zielińska,
jestem sekretarką
w wydawnictwie „Ossolineum“.

4. Druga uczestniczka:
Nazywam się Anka Szydłowska.
Jestem uczennicą
Liceum imienia Mikołaja Reja.

Redaktor: Dziękuję.
Zaczyna się audycja.

Lexik

teleturniej	– Quizveranstaltung im Fernsehen
przedstawić się	– sich vorstellen
pierwszy, -a	– erster, -e
uczestnik, uczestniczka	– Teilnehmer, -in
chemik	– Chemiker
w zakładzie	– im Betrieb, im Werk ...
drugi, -a	– zweiter, -e
nazwisko	– Name
kierownik budowy	– Bauleiter
zaczynać się	– beginnen
audycja	– Sendung

Prüfen Sie sich selbst!

1 Strukturen

– Kim	jesteś? pan(i) jest?	– Was (wer)	bist du? sind Sie?
– Jestem …		– Ich bin …	
– Kim jest …?		– Was (wer) ist …?	
– … jest	uczniem. Polakiem.	– … ist	Schüler. Pole.
– … pracuje jako	robotnik. sekretarka.	– … arbeitet als	Arbeiter. Sekretärin.

2 Bilden Sie zu den folgenden Verben die den beigefügten Personalpronomen entsprechenden Formen des Präsens!

wir – akceptować, ihr – demonstrować, ich – korespondować,
wir – rezerwować, ihr – fotografować, sie (Pl.) – konstruować,
ich – dyskutować, wir – produkować, er (sie, es) – modelować.

3 Übersetzen Sie ins Polnische!

– Frau Konarska ist Lehrerin.
– Ich bin Elektriker.
– Diese Dame ist Journalistin.
– Ania ist noch Studentin.
– Wo arbeitest du?
– Wer ist diese Dame?
– Sie ist Polin.
– Was ist diese Dame?
– Sie ist Sekretärin.

– Herr Bąk arbeitet als Redakteur.
– Arbeitest du als Elektriker?
– Dieser Herr ist Journalist.
– Piotr ist schon Ingenieur.
– Wo arbeitet ihr?
– Wer ist dieser Herr?
– Er ist Pole.
– Was ist dieser Herr?
– Er ist Ingenieur.

4 Bilden Sie Sätze!

– Gdzie, studiować, Irena i Ania? (Sie) studiować, w, Berlin.
– Gdzie, mieszkać, Piotr? W, Warszawa. (Er) studiować, tam.
– Kto, tu, pracować? Tu, ja, pracować. Dlaczego, pytać?
– Czy, (du) pracować, jeszcze, w, wydawnictwo? Nie, być, studentka.
– Gdzie, ta pani, pracować? (Sie) pracować, w, szkoła.
– Czy, (sie) być, nauczycielka? Nie, (sie) pracować, tam jako, sekretarka.
– Czy, (du) studiować? (Ich) nie, studiować, (ich) być, jeszcze, uczennica.
– Gdzie, (ihr) pracować? (Wir) pracować, w, Kraków.
– Pan Makowski, być, inżynier, i, pracować, w, budownictwo.
– Czy ta koleżanka, być, sekretarka? Nie, to, być, nauczycielka.

Czym się interesujesz?

Czym się Danuta interesuje?

1

Danuta
Zainteresowania: muzyka, literatura, język niemiecki i *polski.*

Leszek
Zainteresowania: *sport, muzyka,* teatr.

Czym się interesujesz?	Interesuję się teatrem.

2 Lesen Sie im Dialog!

a) – Czym się interesujesz?
– Teraz się interesuję teatrem.
– A Leszek, czym się interesuje?
– On? On się interesuje sportem!

b) – Czym się interesujesz?
– Interesuję się muzyką. A ty?
– Ja się interesuję teatrem i językiem polskim.
– A Ute?
– Ona? Ona się interesuje *tylko* szkołą.

c) – Czym się interesujecie?
– Tadeusz interesuje się literaturą, a Małgosia – muzyką.
– A ty?
– Ja ...?
– Słucham.
– Teraz się interesuję Marysią.

d) – A czym się pani interesuje?
– Literaturą i językiem polskim.

3 Prägen Sie sich ein!

czym (Instr. von „co“) – wofür, woran
interesować się (+ Instr.) – sich interessieren für, Interesse haben (zeigen) an

jaki, -a, -ie – was für ein (-e), wie (ist...)
zainteresowania – Interessen(gebiete), Hobbys
muzyka – Musik
literatura – Literatur
język niemiecki – deutsche Sprache
niemiecki, -a, -ie – deutsch
język polski – polnische Sprache
polski, -a, -ie – polnisch
tylko – nur, ausschließlich, lediglich, bloß

4 Instrumental der Adjektive und der adjektivisch deklinierten Wortklassen

	Maskulina	Neutra	Feminina
Nominativ	-y (-i)	-(i)e	-(i)a
Instrumental	-ym (-im)		-(i)ą

5 Bilden Sie sinnvolle Sätze!

Anka	interesować się,	tylko	ten teatr
Danuta	nie interesować	teraz	ta muzyka
Jurek	się	też	literatura polska
Andrzej			język polski

6 Beantworten Sie die Frage *„Czym się interesujesz?"* mit der folgenden Lexik!

nowoczesna technika – moderne Technik,
stare malarstwo – alte Malerei,
balet klasyczny – klassisches Ballett,
sztuka japońska – japanische Kunst,
lekka atletyka – Leichtathletik,
piłka nożna – Fußball

Co robisz?

1

Co *robisz*?	*Uczę się.*	*Tłumaczę* polski *tekst.*

2 Lesen Sie im Dialog!

a) – Co robisz?
– Uczę się.
– Uczysz się? A ta muzyka?
– Uczę się i *oglądam telewizję.*
– Och!!!

b) – Halo! Co robisz?
– Tłumaczę polski tekst.
– I co?
– *Świetnie. Wszystko rozumiem.*
– Bardzo dobrze.

c) – Co robisz?
– Oglądam *film.*
– A kto *gra*?
– Ten Polak. Jak on się nazywa? ... Olbrychski.
– Dobry film?
– Bardzo.

3 Prägen Sie sich folgende Lexik ein!

robić	– machen, tun	świetnie	– ausgezeichnet, fein, prima
uczyć się (+ Gen.)	– lernen	wszystko	– alles
oglądać	– ansehen, anschauen	rozumieć	– verstehen
tłumaczyć	– übersetzen	film	– Film
tekst	– Text	grać	– spielen
oglądać telewizję	– fernsehen		

4 Präsens der Verben: – Typ ***robić*** und ***uczyć się***

Singular

1. Pers.:	robię	-i-ę	uczę się	-ę
2. Pers.:	robisz	-i-sz	uczysz się	-y-sz
3. Pers.:	robi	-i	uczy się	-y

Plural

1. Pers.:	robimy	-i-my	uczymy się	-y-my
2. Pers.:	robicie	-i-cie	uczycie się	-y-cie
3. Pers.:	robią	-i-ą	uczą się	-ą

Ebenso: tłumaczyć

5 Setzen Sie die Präsensformen von *„robić, uczyć się, tłumaczyć"* sinnentsprechend ein!

a) – Co teraz (robić)?
– Ja? (uczyć się). A ty?
– Też (się uczyć). (Tłumaczyć) tekst.
– Czy wszystko rozumiesz?
– Tak, wszystko.
– To dobrze.

b) – Co (robić) Monika i Danka?
– Monika (się uczyć), a Danka ogląda telewizję.
– A co Monika (robić)?
– (Tłumaczyć) niemiecki tekst.
– A ty, co (robić)?
– Też oglądam telewizję.

c) – Danka, to ty?
– Tak.
– Co (robić)?
– My? Ojciec pracuje, matka ogląda telewizję, a Adaś i ja (uczyć się).

d) – Co Marek i Darek (robić)?
– Teraz (oglądać) telewizję, a wieczorem (pracować).
– Co? Wieczorem (pracować)?
– No tak. (Uczyć się, tłumaczyć).
– A co (robić) Jurek?
– Też (pracować).

6 Das Verb ***„rozumieć"*** (verstehen) wird ähnlich konjugiert wie „mieszkać". Lesen Sie die folgenden Dialoge aufmerksam durch und stellen Sie sich das Konjugationsschema zusammen (Infinitiv, Verbformen im Präsens)!

– Rozumiesz ten tekst?
– Tak. Wszystko rozumiem.
– A czy Ewa też rozumie?
– Nie, ona jeszcze tłumaczy.
– Dobrze.

– Czy to rozumiecie?
– Tak. Rozumiemy wszystko.
– Czy oni też wszystko rozumieją?
– Jeszcze nie.

7 Lesen Sie im Dialog!

a) – Kiedy się spotkamy?
– Teraz się uczę.
– A kiedy masz czas?
– Wieczorem.
– Dobrze. Spotkamy się wieczorem.

b) – Halo! Anka? – Co robisz?
– Oglądam film.
– Czy masz jutro czas?
– Tak, mam. Spotkamy się?
– Dobrze, ale wieczorem.
– Świetnie.

c) – Spotkamy się *dzisiaj*?
– Dziś też?
– No tak!
– Dobrze, *ale* nie teraz. Jeszcze pracuję.
– Co robisz?
– Tłumaczę polski tekst.

d) – Co robisz wieczorem?
– Gram w teatrze.
– A kiedy masz czas?
– Jutro wieczorem.
– Czy się spotkamy?
– Bardzo chętnie.
– A gdzie?
– Jak zawsze, w klubie.

8 Lesen Sie und variieren Sie im Dialog!

a) – Gdzie się spotkamy?
– W Berlinie. — w Krakowie, w Warszawie, w klubie, w wydawnictwie, w szkole

b) – Kiedy się spotkamy?
– Wieczorem. — jutro, teraz, zaraz

c) – Kiedy masz czas?
– Dzisiaj. — zawsze, wieczorem, jutro

9 Lesen Sie und beantworten Sie (kurz) die Fragen!

1. Jurek ogląda film. — Co Jurek ogląda?
Marek tłumaczy niemiecki tekst. — Co Marek robi?
2 Romana interesuje muzyka. — Kogo interesuje muzyka?
Irena *zna* redaktora Nowaka. — Kogo zna Irena?

3. Gośka przeprasza matkę. — Kogo Gośka przeprasza?
   Anka ogląda Warszawę. — Co Anka ogląda?
4. Irena ma dobre miejsce. — Co ma?
   Janek zna to kino. — Co Janek zna?

10 Prägen Sie sich ein!

dzisiaj, dziś	– heute	chętnie	– gern
ale	– aber	znać	– kennen

11 Akkusativ Singular der Substantive

	Maskulina		Neutra	Feminina
	belebt	unbel.		
Nominativ	∅	∅	-o, -(i)e	-(i)a
Akkusativ	-a	= Nominativ		-(i)ę

12 Bilden Sie sinnvolle Sätze: Verb + Akk.-Obj.!

Beata	mieć	czas, bilet, miejsce
pan Nowak	rozumieć	Irena, Justyna, Henryk
Robert	interesować (!)	literatura, muzyka, teatr
Marzena	tłumaczyć	polski (niemiecki) tekst
pani Wanda	oglądać	telewizja, szkoła, Kraków
my	przepraszać	matka, pan Marczak, Irena
oni	znać	Warszawa, Ostrołęka, Zakopane

13 a) Lesen Sie im Dialog!

b) Gestalten Sie ähnliche Dialoge!

Rozmowa telefoniczna

D.: Słucham.
A.: Danuta? To ty?
D.: Tak, to ja.
A.: Co robisz?
D.: Oglądam film w telewizji.
A.: Czy masz jutro wieczorem czas?
D.: Tak, mam. A co?
A.: Mam bilet do teatru.
D.: Co grają?

A.: „Hamleta“.
D.: Spotkamy się w teatrze?
A.: Dobrze. No to do jutra.
D.: Pa. Do jutra.

Co robisz?

A.: Co robisz? Uczysz się?
D.: Tłumaczę tekst niemiecki na język polski.
A.: Rozumiem. Ale wieczorem masz czas?
D.: Tak.
A.: Spotkamy się?
D.: Dobrze, gdzie?
A.: W klubie.
D.: Świetnie. No to pa.
A.: Pa.

14 Lesen Sie den folgenden Text (still) mit Hilfe des nachfolgenden Lexikverzeichnisses!

Arbeitsschritte:

a) Lesen Sie den Text zunächst durch und versuchen Sie, die Ihnen unbekannte Lexik aus dem Kontext zu verstehen!

b) Übersetzen Sie die Überschrift!

c) Stellen Sie die Tätigkeiten des Lehrers und der Schüler zusammen (schriftlich)!

Uczymy się polskiego

Rozpoczyna się lekcja języka polskiego. Mówimy po polsku.
Co robimy?
Najpierw słuchamy, co i jak mówi nauczyciel.
Potem powtarzamy polskie słowa. Najpierw powoli, a potem szybko.
Staramy się wszystko dobrze zrozumieć i wymawiać.
Nauczyciel pisze nowe słowa i zdania na tablicy, a potem powoli czyta cały tekst.
Teraz my wszystko powtarzamy, a on słucha, jak wymawiamy polskie słowa i zdania.
– Dobrze czytacie – mówi.

Lexik

mówić	– sprechen	wymawiać , wymówić *vo.*	– aussprechen
najpierw	– zuerst zunächst	pisać	– schreiben
potem	– dann, danach	nowe słowa	– neue Wörter
powtarzać , powtórzyć *vo.*	– wiederholen	zdanie, -a	– Satz, Sätze
powoli	– langsam	na (+ Lok.)	– an, auf
szybko	– schnell	tablica	– Tafel
starać się , postarać się *vo.*	– sich bemühen	czytać, przeczytać *vo.*	– lesen
		cały *Adj.*	– ganz
		jak	– wie

15 Was bedeuten die folgenden Wendungen deutsch?

Proszę najpierw słuchać!
Słuchajcie!
Niech pan(i) posłucha, jak ja to słowo wymawiam!
Proszę powtórzyć całe zdanie.
Powtórz, proszę!
Niech pan(i) powtórzy to słowo.
Powtórzcie cały tekst.
Proszę czytać!
Czytajcie!
Niech pan(i) czyta!
Proszę czytać najpierw powoli, a potem szybko!
Proszę przeczytać nowe słowa jeszcze raz!
Proszę mówić po polsku!
Mów najpierw powoli!
Mówcie szybko!
Proszę mówić powoli!
Proszę nie mówić tak szybko!
Niech pan(i) nie mówi tak szybko!
Proszę napisać to słowo na tablicy!
Napisz to zdanie na tablicy!
Niech pan(i) to napisze!
Postarajcie się dobrze napisać nowe słowa!
Postaraj się przeczytać to zdanie szybko!
Postarajcie się najpierw wszystko dobrze zrozumieć.
Proszę przetłumaczyć to zdanie na język niemiecki.
Przetłumacz to słowo!
Niech pan(i) to przetłumaczy na język polski.

Prüfen Sie sich selbst!

1 **Strukturen**

– Czym się interesujesz? / pan(i) interesuje?	– Wofür interessierst du dich? / interessieren Sie sich?
– Interesuję się literaturą.	– Ich interessiere mich für Literatur.
– Jakie masz zainteresowania? / pan(i) ma zainteresowania?	– Was für Hobbys hast du? / haben Sie?
– Chętnie czytam.	– Ich lese gern.
– Co robisz? / pan(i) robi?	– Was machst du? / machen Sie?
– Tłumaczę polski tekst na język niemiecki.	– Ich übersetze einen polnischen Text ins Deutsche.

2 Sagen Sie polnisch, daß ...

- Sie den polnischen Text schon verstehen;
- Norbert bereits gut Polnisch spricht;
- Monika alles versteht;
- Sie oft mit Monika und Jörg lernen;
- wir jetzt einen deutschen Text ins Polnische übersetzen;
- sich Ania und Tadek nicht für das Fernsehen interessieren;
- Sie sich für Sport und Musik interessieren;
- sich die polnische Studentin für deutsche Literatur interessiert;
- Ihr Vater Herrn Marczak kennt;
- Sie diesen polnischen Film schon kennen.

Rodzina

Rodzina Jurka

1

ojciec + matka = *rodzice*

syn + *córka* = *dzieci*
brat + *siostra* = *rodzeństwo*

2 Formulieren Sie Aussage- und Fragesätze!

To jest …	mój	ojciec.
Gdzie pracuje …?	twój	brat
Jak wygląda …?	nasz	syn
Gdzie jest …?	wasz	

Tu jest …	moja	rodzina.
Kim jest …?	twoja	siostra
Gdzie mieszka …?	nasza	córka
Czy to …?	wasza	matka

Tam jest …	moje	dziecko.
Gdzie jest …?	twoje	rodzeństwo
Czy to …?	nasze	miejsce
	wasze	

To ...	jego	brat (siostra, dziecko).
Jak się nazywa ...?	jej	syn (córka)
Czym się interesuje ...?	ich	ojciec (matka)
Dlaczego tu jest ...?		

Tu są ...	jego	rodzice.
Co robią ...?	jej	dzieci
Gdzie mieszkają ...?	ich	
Kim są ...?		
Jak się nazywają ...?		

3 Führen Sie mit Hilfe der obigen Fragen einen Dialog!

4 Das Possessivpronomen

Nom. Sing. Pers.-pr.	M.	F.	N.
ja: ty: on, ona, ono:	mój (mein) twój (dein) jego (sein, -e)	moja (meine) twoja (deine) jej (ihr, -e)	moje (mein) twoje (dein) jego (sein, -e)

Nom. Pl. Pers.-pr.	M.	F.	N.
my: wy:	nasz (unser) wasz (euer)	nasza (unsere) wasza (eure)	nasze (unser) wasze (euer)
oni, one:	ich (ihr, -e)		

Dt. Höflichkeitsform *„Ihr, -e“* = *pana* bzw. *pani.*

5 Lesen Sie im Dialog!

Czy znasz rodzinę Jurka?

Ona: Czy znasz rodzinę Jurka?
On: Znam. To mój *sąsiad.*
Ona: Czy ma rodzeństwo?
On: Tak, ma siostrę i brata.
Ona: Co robią?
On: Siostra *chodzi do szkoły*, a brat jest studentem.
Ona: A rodzice?
On: Jego rodzice pracują. Matka jest nauczycielką, a ojciec – inżynierem. Ale dlaczego *mnie* pytasz? Jurek jest tam.
Ona: *Wolę zapytać ciebie.*

6 Prägen Sie sich die Lexik ein!

rodzina	– Familie	sąsiad, -ka	– Nachbar, -in
rodzice	– Eltern	chodzić	– gehen
syn	– Sohn	do szkoły	– zur Schule
córka	– Tochter	mnie	– mich
dziecko, dzieci	– Kind, -er	woleć	– vorziehen, lieber mögen
brat	– Bruder		
siostra	– Schwester	pytać, zapytać vo.	– fragen
rodzeństwo (Singularetantum)	– Geschwister	ciebie	– dich

7 Stellen Sie (möglichst unter Nutzung eines Fotos) Ihre Familie vor!

Czyja to fotografia?

1

Czyja to *fotografia?*	Mojej matki.

2 Lesen Sie im Dialog!

–Czyja to fotografia?
–Mojej matki.
–Ale jesteś *do* niej *podobna*!
–*Raczej* nie. Jestem podobna do ojca. Tu mam jego *zdjęcie.*
–Masz *rację. Jak dwie krople wody.*
–Do matki podobny jest mój brat. Tu są *razem.*
–Aha. Jeszcze tylko siostra.
–*Niestety,* zdjęcia siostry nie mam. Danka nie *lubi się fotografować.*

3 Prägen Sie sich ein!

czyj, -a, -e – wessen
fotografia – Foto, Photographie
być podobny do (+ Gen.) – ähnlich sein, ähneln
raczej – lieber, eher
zdjęcie – Foto
mieć rację – recht haben
jak dwie krople wody – wie ein Ei dem anderen (wie zwei Wassertropfen)
razem – zusammen, gemeinsam
niestety – leider
lubić – mögen, gern haben, gut leiden können
fotografować (się) – photographieren (sich photographieren lassen)

4 Erfragen Sie mit *„czyj, czyja, czyje“* die Possessivpronomen!

To *nasz* sąsiad.
nasza sąsiadka.
jej miejsce.
jego dziecko.

To *jej* uczeń.
ich szkoła.
wasza nauczycielka.
jej uczennica.

5 Lesen Sie und beantworten Sie (kurz) die Fragen!

To jest fotografia *mojego syna.* – Czyja to fotografia? ...
Co robi syn *twojego brata*? – Czyj syn? ...
To jest dziecko *naszej sąsiadki.* – Czyje to dziecko? ...

6 Genitiv Singular der Substantive und der adjektivisch deklinierten Wortklassen

Maskulina		Feminina		Neutra	
Adj.	Sub.	Adj.	Sub.	Adj.	Sub.
a) bel.: -(i)ego	-(i)a	-(i)ej	-y(i)	-(i)ego	-(i)a
b) unb.: -(i)ego	-(i)u, (-/i/a)				

7 Beantworten Sie die Fragen mit den angegebenen Wörtern!

a) Czyj to syn? – nasz sąsiad, pan Marczak, pan Andrzej Rogalski
Czyja to córka? – Danuta, Irena, pani Rogalska, siostra
Czyja to rodzina? – Jurek, nasza sąsiadka, pani Janicka

Czyja to opera?	Karol Szymanowski, Mozart, Krzysztof Penderecki
Czyja to muzyka?	Fryderyk Chopin, Jan Sebastian Bach
Czyj to film?	znany, polski reżyser
Czyje to zdjęcie?	mój brat, moja siostra, moje dziecko
b) Kogo | znasz? / pan/pani zna?	córkę (pani Wolska), siostrę (pan Nowak), dziecko (wasz sąsiad), matkę (to dziecko), ojca (siostra, pan Rogalski) rodzeństwo (nasz sąsiad, pan Nowak) rodzinę (nasza sąsiadka, pani Janina Wolska)
c) Co | lubisz? / pan(i) lubi?	muzykę (Mozart, Jan Sebastian Bach, Czajkowski)
d) Kim jest Marek?	syn – pan Tomasz Wolski; uczeń – szkoła, imię, Mikołaj Rej

Ⓜ Eigennamen auf -ski(-ska), -cki(-cka) und -dzki(-dzka) werden wie Adjektive dekliniert.

8 Beantworten Sie folgende Fragen:

Danka	Marek	matka	ojciec	Teresa
córka, siostra	syn, brat			córka, siostra

a) Czy	Danka	jest	podobna	do	matki	czy do	ojca?
	Marek		podobny		siostry		matki?
	dziecko		podobne		ojca		matki?
	Danka		podobna		Marka		Teresy?

b) Do kogo jest podobny Marek? — syn, brat
podobna Danka? — córka, siostra
podobne dziecko? — matka, ojciec

c) Do kogo jesteś podobny (-a)?
Do kogo pan(i) jest podobny (-a)?
Do kogo jest podobny (-a) syn (córka) pana?
Do kogo jest podobny (-a) brat (siostra) pani?

9 Ⓜ Nach den Verben „*uczyć się*" (lernen), „*słuchać*" (zuhören) und „*szukać*" (suchen) steht das Objekt im Genitiv.

Beispiele:

Uczę się | język*a* polsk*iego*.
| polsk*iego* tekst*u*.

Słucham | muzyk*i* (Mozart*a*).
| pan*a*.

Szukam numer*u* telefon*u* naszego sąsiada.

Ⓜ Bei Verneinung eines transitiven Verbs steht das direkte Objekt im Genitiv.

Beispiele:

	Verneinung
Mam *czas.* (= Akk.-Obj.)	Nie mam *czasu.* (= Gen.-Obj.)
Znam *Jurka.* (= Akk.-Obj.)	Nie znam *Jurka.* (= Gen.-Obj.)
Mam *siostrę.* (= Akk.-Obj.)	Nie mam *siostry.* (= Gen.-Obj.)
Oglądam *zdjęcie.* (= Akk.-Obj.)	Nie oglądam *zdjęcia.* (= Gen.-Obj.)

10 Verneinen Sie folgende Aussagen!

Dzisiaj wieczorem mam czas. Anka już ma bilet do teatru. Jurek ma brata. Mam rodzeństwo. Znam siostrę Grażyny. Znamy rodzinę Jurka. Lubię muzykę Czajkowskiego. Mam zdjęcie siostry. Rozumiem matkę Ireny. Rozumiem jego siostrę. Znam pana Leśnika. Znam ten film. Mamy już telefon.

11 Lesen Sie den Text mit Hilfe des Wörterbuches!

O naszej rodzinie

Do naszego rodzinnego grona należą dziadkowie, rodzice i my – moja siostra i ja. Niestety, dziadek ze strony matki już nie żyje, ale babcia jest jeszcze bardzo energiczna. Z dziadkiem – to znaczy z ojcem mojego ojca – rozumiem się świetnie. Jest to starszy, sympatyczny pan. Jeszcze pracuje. Moja druga babcia jest bardzo miła. Zawsze mi pomaga. Już nie pracuje, jest na emeryturze.

Moja matka jest laborantką w szpitalu. Jest młoda, zgrabna i zawsze wesoła. A ojciec to wysoki, przystojny mężczyzna. Pracuje jako inżynier w zakładzie elektrotechnicznym. Mam też siostrę, ale to jeszcze dziecko. Jest kapryśna jak pogoda w marcu.

Wiederholung

Angaben zur Person

1 Stellen Sie eine Stichwortliste zusammen, nach der Sie sich/Ihre Familie etwas ausführlicher vorstellen!
In Ihrer Darstellung sollten unbedingt enthalten sein:
Name, Vorname, Wohnort, Tätigkeit (Beruf, Schule), Arbeitsstelle, Interessengebiete.
Ergänzen Sie diese Liste ggf. durch notwendige Lexik aus dem Wörterbuch!
Nutzen Sie bei Ihrer Vorstellung solche Adverbien wie:
już, teraz, zaraz, zawsze, bardzo, dobrze, tam, tu, też, jeszcze.

2 Stellen Sie eine Ihnen bekannte Person vor, z. B. Vater, Mutter, Nachbar (-in)! (Bringen Sie ggf. ein Foto oder Fotos in den Unterricht mit.)

3 Führen Sie mit einem (-er) Gesprächspartner (-in) einen Dialog zum obigen Thema.

Präsens-Konjugation der Verben

1 a) Fertigen Sie eine zusammenfassende Übersicht zu den bisher behandelten Konjugationstypen an!
Muster:

-ać	-ować	-ić	-yć
mieszkać ...	pracować ...	robić ...	tłumaczyć ...

b) Tragen Sie in diese Tabelle alle bisher behandelten Verben der obigen Typen ein (Infinitiv)!

c) Schreiben Sie alle Verben heraus, die nicht nach den genannten Verbtypen konjugiert werden!

d) Überprüfen Sie, ob Sie die Konjugation dieser Verbtypen beherrschen! Wenden Sie diese Verben in Sätzen an!

2 a) Fragen Sie polnisch (eine Freundin/einen Freund bzw. beide):

- was sie abends machen,
- wo sie sich heute treffen,
- wofür sie sich interessieren,
- ob sie sich für Musik interessieren,
- ob sie sich nicht für Literatur und Theater interessieren,
- wer sich für Sport interessiert,
- wann sie heute Zeit haben,
- ob sie/er den polnischen Text versteht,
- ob sie gut Polnisch sprechen,
- ob sie/er alles versteht,
- wer am Abend immer fernsieht,
- was sie heute abend im Fernsehen spielen,
- ob sie sich alles ansehen.

b) Beantworten Sie die so formulierten Fragen!

3 Sagen Sie polnisch!

Wir lernen Polnisch. – Wer übersetzt den Text? – Ania und Tadek sehen fern. – Wo wohnt Ihr jetzt? – Herrn Nowaks Bruder ist auch Lehrer. – Wer hat einen guten Platz? – Ich bin meiner Mutter ähnlich. – Wessen Text ist das? – Marek geht jetzt schon zur Schule. – Habt Ihr schon einen Platz? – Wir verstehen diesen Text schon. – Wofür interessiert Ihr Euch? – Frau Kowalska ist unsere Lehrerin. – Wer versteht das nicht? – Wir übersetzen gern. – Was macht Ihr dort? – Sie verstehen schon alles.

4 Übersetzen Sie ins Deutsche (ohne Wörterbuch)!

To są Barbara i Ralf. Barbara mieszka w Krakowie. Jest uczennicą. W szkole uczy się języka niemieckiego. Bardzo lubi ten język. Dobrze już mówi. Interesuje się też literaturą niemiecką i czyta bardzo dużo. Ralf mieszka w Berlinie. Już pracuje. Jest elektrykiem. Pracuje w budownictwie, a wieczorem studiuje. Będzie elektrotechnikiem.

Prüfen Sie sich selbst!

1 Strukturen

– Czy znasz rodzinę Jurka?	– Kennst du Jureks Familie?
– Znam.	– Ich kenne (sie).
– Czy masz rodzeństwo?	– Hast du Geschwister?
– Tak, mam siostrę i brata.	– Ja, ich habe eine Schwester und einen Bruder.

– Czyj to nauczyciel?	– Wessen Lehrer ist das?
– Mój.	– Mein (Lehrer).
– Czyja to fotografia?	– Wessen Foto ist das?
– Mojej matki.	– Das meiner Mutter.
– Do kogo podobny jest Marek?	– Wem sieht Marek ähnlich?
– Do ojca.	– Dem Vater.
Redewendung:	
jak dwie krople wody	– wie ein Ei dem anderen (wörtl.: wie zwei Wassertropfen)

2 Zum Genitiv Singular

a) Bilden Sie Frage- und Aussagesätze!

Beispiel: Haus	Bruder	unser
Czyj to dom?	To (jest) dom brata.	To (jest) dom naszego brata.
Lehrer	Schwester	meine
Foto/Aufnahme	Vater	euer
Schülerin	Mutter	deine
Lehrer	Sohn	mein
Lehrerin	Tochter	unsere
Nachbar	Lehrer Nowak	unser
Kind	Herr Marczak	
Schüler	Schwester	
Mutter	Monika	

b) Bilden Sie Sätze mit *„podobny (-a, -e) do"*!
Beispiel: Irena/Piotr: Irena jest podobna do Piotra.
Gert/Danuta; siostra/brat; nasz syn/dziadek; córka/mama; twoja siostra/matka; twój ojciec/nasz sąsiad; siostra pani Ireny/pan Andrzej; brat/nasza matka; jego matka/moja; (ty)/jej siostra; (ja)/ojciec; ta uczennica/moja siostra.

c) Übersetzen Sie die folgenden Aussagen ins Polnische (schriftlich)!
Wir kennen Jureks Familie. – Danuta hat Geschwister. – Wir haben eine Schwester. – Du sagst die Wahrheit. – Ich mag diese Musik. – Ewa und Tadek haben schon einen Platz. – Wir fragen die Lehrerin. – Ich verstehe Danka. – Peter mag dieses Foto. – Wir interessieren uns für das Fernsehen. – Tadeks Familie wohnt in Warschau. – Anias Vater ist Ingenieur. – Du bist ihr ähnlich. – Das ist meine Lehrerin. – Monika ist meine Schwester.

d) Verneinen Sie die Aussagen der Üb. c)!

Jaki jest...?

Jaki jest Janek?

1 *Jaki* jest Janek?	Janek jest *inteligentny.*

2 Lesen Sie im Dialog!

a) – Jaka jest Dorota?
– Jest *ładna* i *miła.*
– Czy jest inteligentna?
– Bardzo.
– To *interesujące.*

b) – Co robisz?
– Oglądam film.
– Jaki jest?
– Nie jest interesujący.
– A kto gra?
– Ładna i *zgrabna* aktorka, ale jej nie znam.

c) – Czy znasz Piotra?
– Owszem, znam.
– Jaki on jest?
– *Wysoki* i bardzo inteligentny.
– Ale czy jest *pracowity*?
– No, nie bardzo.

d) – Tam jest Danuta.
– Jaka ona jest?
– *Mądra* i pracowita.
– No i zgrabna, prawda?
– Bardzo.

3 Prägen Sie sich ein!

jaki, -a, -ie (jest ...)	– wie (ist ...)
inteligentny, -a, -e	– intelligent
ładny, -a, -e	– hübsch, schön
miły, -a, -e	– nett, lieb, angenehm
interesujący, -a, -e	– interessant
zgrabny, -a, -e	– gefällig (von Dingen)
jest zgrabny, -a, -e	– hat eine gute Figur (von Personen)
wysoki, -a, -ie	– hoch, groß (gewachsen)
pracowity, -a, -e	– arbeitsam und fleißig
mądry, -a, -e	– klug
z (+ Instr.)	– mit

4 Verneinen Sie die folgenden Aussagen!

Beispiel: Danuta jest ładna. – Danuta nie jest ładna.
Darek jest inteligentny. Pan Nowaczyński jest sympatyczny. Ten film jest interesujący. Ta pani jest pracowita. Ten tekst jest interesujący. Ta opera jest dobra. Ten klub jest ładny. Nasza sąsiadka jest zgrabna. Anka jest ładna.

5 Gebrauchen Sie die Adjektive in attributiver und prädikativer Funktion!
Beispiel: To jest ładny teatr. – Ten teatr (nie) jest ładny.

Ten student	jest	inteligentny, miły, sympatyczny, wysoki
Ta opera		
To zdjęcie		dobry, interesujący, ładny

Ⓜ **Mit Hilfe des Präfixes „*nie-*" lassen sich zu Adjektiven Antonyme bilden.**

Beispiele:

dobry – niedobry,
interesujący – nieinteresujący,
ładny – nieładny,
sympatyczny – niesympatyczny,
podobny (do) – niepodobny (do)
miły – niemiły,
inteligentny – nieinteligentny,
zgrabny – niezgrabny

6 Wenden Sie die obigen Antonyme an!

Ten pan jest ...
Syn pana Nowaka jest ...
Córka pani Górskiej jest ...
Ten tekst jest ...
Mój kolega jest ...
To zdjęcie jest ...
Ten film jest ...
Ta opera jest ...
Ojciec Anki jest ...

7 Beantworten Sie die Fragen!

Czy Kasia jest zgrabna, czy bardzo zgrabna?
Czy pan ... jest sympatyczny, czy bardzo sympatyczny?
Czy pani ... jest miła, czy bardzo miła?
Jaki ty jesteś?
Jaka ty jesteś?
Jaki pan jest?
Jaka pani jest?

8 Variieren Sie die Fragen!

Jaki jest syn pana?
Jaka jest rodzina pani?
Jaki jest twój brat?
Jakie jest jej zdjęcie?

córka, sąsiad, brat,
sąsiadka, siostra, matka,
twój ojciec, twój sąsiad, ich syn,
jego rodzeństwo, ich dziecko

Czy ten film ci się podoba?

1 Czy ten *film ci się podoba?*	Tak, bardzo *mi* się podoba.

2 Lesen Sie im Dialog!

a) – Oglądasz film?
– Tak, ale mi się nie podoba.
– A ta *dziewczyna*? Jest dobra?
– Owszem, dobrze gra, tylko *akcja* jest nieinteresująca.

b) – Teresa mi się bardzo podoba!
– O tak! To mądra dziewczyna.
– Nie tylko mądra, ona jest też pracowita.
– I uczy się bardzo dobrze.

c) – Jak masz na imię?
– Iwonka.
– Ty mi się bardzo podobasz.
– Ja?
– Jesteś bardzo miła.
– Ty też jesteś interesujący.

d) – Jak panu (pani) się podobają dzieci pana Kubiaka?
– Bardzo. Syn jest inteligentny, uczy się dobrze, a córka to też mądra dziewczyna i bardzo pracowita.

3 Dativ der Personalpronomen und der Substantive „pan, pani"!

Personalpronomen

Singular

N.	ja	ty	on	ona	ono
D.	mnie, mi (mir)	tobie, ci (dir)	jemu, mu (ihm)	jej (ihr)	jemu, mu (ihm)

Die Langformen (mnie, tobie, jemu) sind zu verwenden, wenn das Personalpronomen in dem betreffenden Zusammenhang hervorgehoben werden soll und wenn es in Verbindung mit einer Präposition auftritt.
In allen anderen Situationen sind die Kurzformen zu gebrauchen.

Plural

N.	my	wy	oni/one
D.	nam (uns)	wam (euch)	im (ihnen)

pan, pani

N.	pan	pani
D.	panu (Ihnen, dem Herrn)	pani (Ihnen, der Dame)

4 Lesen Sie im Dialog!

Jurek i Piotr

P.: Tam *są* Anka i Danuta.
J.: Anka to twoja sąsiadka, a ta *druga*?
P.: To jej koleżanka, Danuta. Zgrabna dziewczyna, prawda?
J.: Owszem, ładna.
P.: Mnie też się podoba.

Anka i Danuta

A.: Kto tam *stoi*?
D.: Jurek i Piotr.
A.: *Skąd* ich znasz?
D.: Jurek to mój *szkolny* kolega, a Piotr to nasz sąsiad.
A.: Podobają mi się.
D.: Mnie też.

Nie wszystko złoto, co się świeci.

D.: Czy *długo* znasz Jurka? Jaki on jest?
A.: Bardzo sympatyczny.
D.: Jak to rozumiesz?
A.: Jest bardzo miły, inteligentny ...
D.: I co jeszcze?
A.: Interesuje się sportem, muzyką, literaturą i ...
D.: Rozumiem, ale ... nie wszystko *złoto*, co *się świeci.*

5 Prägen Sie sich ein!

film	– Film
podobać się (+ Dat.)	– gefallen
dziewczyna	– Mädchen
akcja	– Handlung
są	– (sie) sind
drugi, -a, -ie	– der (die, das) zweite, der (die, das) andere

stać (stoję, stoisz ... stoją)	– stehen
skąd	– woher
szkolny, -a, -e	– Schul- (in Zus.)
długo	– lange
złoto*	– Gold
świecić się*	– glänzen, strahlen, leuchten

6 Instrumental Singular der Adjektive und Pronomen

Adjektive

	Maskulina	Feminina	Neutra
Nom.	-y(-i)	-(i)a	-(i)e
Instr.	-ym, -im	-(i)ą	-ym, -im

Adjektivisch deklinierte Pronomen

	Maskulina	Feminina	Neutra
Nom.	Ø	-a	-e
Instr.	-ym, -im	-ą	-ym, -im

7 Vergleichen Sie die obige Regel!

Jesteś *dobrym uczniem.*
Anka jest *mądrą dziewczyną.*
Kasia jest *miłym dzieckiem.*
Oglądam *z moim bratem* telewizję.
Dzisiaj spotkam się *z twoim ojcem.*
Marek studiuje *z moją siostrą* w Moskwie.
Pan Kubicki pracuje razem *z naszą koleżanką* w szkole.

8 Lesen und variieren Sie im Dialog! Wenden Sie den Instrumental Sg. der Adjektive bzw. Pronomen an!

a) – Czym się interesujesz? – Interesuję się (dobra muzyka).	to zdjęcie
b) – Jaka ona jest? – Anka jest bardzo (pracowita dziewczyna)	mądra uczennica

c) – Co teraz robicie? – Tłumaczymy z (nasz nauczyciel) polski tekst.	nasza nauczycielka
d) – Z kim chodzisz do kina? – Z (moja koleżanka).	dobry kolega
e) – Z kim się uczysz matematyki? – Z (mój ojciec).	moja siostra
f) – Z kim się spotykasz? – Z (kolega szkolny).	sympatyczny pan
g) – Z kim pan(i) pracuje? – Pracuję z bardzo (inteligentny kolega).	interesująca koleżanka miła koleżanka

9 Beschreiben Sie eine Ihnen bekannte Person (Aussehen, Charaktereigenschaften, Interessengebiete, was Ihnen an ihr gefällt bzw. nicht gefällt, wo sie beschäftigt ist u. a.)!

10 Lesen Sie (still) mit Hilfe des Wörterbuches und geben Sie den Inhalt deutsch wieder!

Mój przyjaciel Jurek

Jurek jest dobrym przyjacielem. Znamy się już bardzo długo, dlatego wiem (Inf.: wiedzieć) o nim prawie wszystko: czym się interesuje i jaki jest.
Przede wszystkim podoba mi się to, że jest to człowiek z głową i z charakterem. Jest szczery i niezawodny. Zawsze można na nim polegać.
Bardzo go interesują lekkoatletyka i pływanie. Chodzi dwa lub trzy razy w tygodniu (Nom.: tydzień) na treningi.

Pan Rogalski

Pan Rogalski jest Polakiem. Mieszka w centrum Warszawy. Jest inżynierem chemikiem i pracuje w „Pollenie". Jest wysoki i przystojny. Interesuje go nie tylko chemia, ale również polityka i sport. Ogląda w telewizji każdą audycję sportową. Lubi też grać w szachy. Jest to inteligentny i sympatyczny człowiek.

Danuta mieszka obok szkoły.

1	Gdzie mieszka Danuta?	*Obok* szkoły.

2 Lesen Sie im Dialog!

– Gdzie się spotkamy?
– *Naprzeciwko* uniwersytetu, *zaraz* obok kina.
– No to obok kina, *blisko* kawiarni.
– Dobrze. Czekam. Cześć.
– Cześć.

– Dzień dobry. Przepraszam, szukam *mieszkania* pana doktora Jurkowskiego.
– Doktor Jurkowski już tu nie mieszka.
– A czy zna pani jego *nowy adres*?
– Niestety, adresu nie znam, ale wiem, że mieszka *koło* parku Chopina. Proszę tam poszukać.
– Dziękuję.

(M) **Die Präpositionen: *koło*** (in der Nähe von, um ... herum), ***niedaleko (od)*** (unweit von), ***naprzeciwko*** (gegenüber), ***obok*** (neben), ***blisko*** (nahe bei) regieren den Genitiv.

Beispiele:

koło parku Chopina – in der Nähe des Chopin-Parks,
niedaleko od hotelu – unweit (in der Nähe) des Hotels,
naprzeciwko uniwersytetu – der Universität gegenüber,
obok kina – neben dem Kino,
blisko kawiarni – nahe am Café

4 Ergänzen Sie die Sätze durch die obigen Präpositionen!

Hotel jest ... teatru.
Teatr jest ... hotelu.

Uniwersytet jest ... opery.
Opera jest ... uniwersytetu.

5 Schreiben Sie mit jedem Verb 2 Sätze auf! Variieren Sie die Anwendung der Präpositionen!

mieszkać	koło, obok	szkoła, fabryka, Piotr, Danuta
pracować	niedaleko (od)	hotel, ten plac, pan
spotkać się	naprzeciwko	kino, teatr, opera
czekać	blisko	klub, wydawnictwo

6 Prägen Sie sich ein!

obok	– neben	mieszkanie	– Wohnung
naprzeciwko	– gegenüber	nowy, -a, -e	– neu
zaraz	– gleich	adres	– Adresse
blisko	– nahe bei	wiedzieć	– wissen
niedaleko (od)	– unweit von	(wiem, wiesz ...	
koło	– in der Nähe,	wiedzą)	
	um ... herum	już nie	– nicht mehr

7 Lesen Sie im Dialog!

Czy znasz Piotra?

Danka i Ania rozmawiają.
– Co robisz?
– Słucham muzyki i tłumaczę niemiecki tekst.
– Czy znasz Piotra?
– Piotra? ... Dlaczego pytasz?
– Mam nowego chłopaka (Jungen, Freund), na imię ma Piotr.
– Tak? A jaki jest?
– Bardzo fajny. Jest wysoki, mądry i bardzo miły.
– Tak? A gdzie mieszka?
– Niedaleko, zaraz obok szkoły.
– Znasz jego rodzinę? Kim jest jego ojciec? Gdzie pracuje?
– Jest inżynierem. To bardzo sympatyczny i pracowity pan. Gdzie pracuje? ... zaraz, aha – w budownictwie. Jego matka też jest bardzo miła i zgrabna.
– Czy ma brata?
– Nie, Piotr nie ma rodzeństwa.
– Czy twój Piotr jest podobny do ojca, czy do matki?
– Do matki. Jest wysoki jak ojciec ... ale to już wiesz.
– Czy Piotr interesuje się teatrem?
– Tak, nawet (sogar) gra w teatrze amatorskim.
– Masz jego zdjęcie?
– Jeszcze nie.
– Ale ja mam.

Prüfen Sie sich selbst!

1 Strukturen

– Jaki jest Janek?	– Wie ist Janek?
– Janek jest inteligentny.	– Janek ist intelligent.
– Jakim uczniem jest Marek?	– Was für ein Schüler ist Marek?
– Dobrym i pilnym.	– Ein guter und fleißiger (Schüler).
– Czy ten film ci się podoba?	– Gefällt dir der Film?
– Tak, podoba mi się bardzo.	– Ja, er gefällt mir sehr (gut).
– Gdzie mieszka Danuta?	– Wo wohnt Danuta?
– Obok szkoły.	– Neben der Schule.

2 Sagen Sie polnisch!

a) – Gefällt dir diese Musik?
– Nein, sie gefällt mir nicht. Und dir?
– Mir gefällt sie.

– Wer hilft euch?
– Ania hilft uns. Und manchmal auch ihr Vater.

– Gefällt Ihnen (= Herr) das neue Buch?
– Ja, es gefällt mir sehr.
– Und Ihnen (= Dame)?
– Nein, mir gefällt es nicht. Ich mag diese Literatur nicht.

– Warum seht ihr euch den Film nicht an?
– Wir sehen nicht gern fern.

– Ist das Ihr (= Herr) Foto?
– Nein, das ist das Foto meines Sohnes.

b) – Ich weiß nicht, ob Danuta Geschwister hat. Wir kennen uns nur wenig.
– Aber ich weiß, sie hat Geschwister. Einen Bruder und eine Schwester.
– Ist der Platz neben Monika noch frei?
– Nein, leider nicht mehr.

– Mit wem lernst du?
– Mit Danuta.
– Ist sie eine gute Schülerin?
– Ja, sie ist intelligent, fleißig und weiß sehr viel.
– Kennt ihr euch gut?
– Ja, wir kennen uns schon lange. Wir spielen zusammen Schach (w szachy) und gehen oft zusammen zum Training.

Kim chcesz być?

Darek musi pracować

1

Czy Darek będzie w klubie?	Nie. *Musi* pracować.

2 **Präsens-Konjugation: *musieć*** (müssen)

	Singular	Plural
1. Pers.:	muszę	musimy
2. Pers.:	musisz	musicie
3. Pers.:	musi	muszą

Die verneinten Formen von „musieć“ sind auch durch „(nicht) brauchen“ zu übersetzen.

3 Lesen Sie im Dialog!

Mariola i Irka

– Halo, Mariola!
– Cześć, Irka! Słucham.
– Czy jest Darek?
– Niestety, nie.
– A będzie w klubie?
– Dziś musi pracować.
– Dlaczego?
– Wiesz *przecież, że* pracuje w szpitalu. *Czasem* musi *zostać dłużej.*

Siostra i brat

– Co ty tu robisz?
– Nie *widzisz*?
– Widzę, że *siedzisz* i oglądasz telewizję.
– Jaka ty mądra jesteś!
– Czy nie musisz się uczyć?
– Muszę, muszę.
– A kiedy to zrobisz?
– Na wszystko musi być czas. Teraz oglądam film, a wieczorem …

To nic! Ale ty będziesz. Prawda?
– Tak.
– No to na razie.
– Cześć!

– Wieczorem? Przecież wiesz, że *idziemy* do teatru.
– Dziś? Czy to nie pomyłka?
– Niestety, nie!
– Jak dobrze, że mam *taką* mądrą i sympatyczną siostrę!

4 Prägen Sie sich ein!

musieć	– müssen
przecież	– doch, ja
że	– daß
czasem	– manchmal, mitunter, zuweilen, hin und wieder, ab und zu
zostać *vo.* zostanę, zostaniesz ... zostaną	– bleiben; (etw.) werden
dłużej	– länger
To nic!	– Macht nichts!
widzieć widzę, widzisz widzą zobaczyć *vo.*	– sehen
siedzieć siedzę, siedzisz ... siedzą	– sitzen
iść idę, idziesz ...idą pójść *vo.*	– gehen
taki	– so ein, solcher

5 Bilden Sie sinnvolle Sätze!

dziś	Janek i Marek	musieć	jeszcze czekać
jutro	Mariola		dłużej pracować
teraz	(ja, ty, wy)		na razie zostać w szkole
przecież			iść/pójść do teatru

6 Formen Sie diese Aussagen zu Fragesätzen um!

Musimy dziś dłużej pracować.
Jarek i Darek muszą tu zostać.
Muszę wszystko widzieć.
Muszę wiedzieć, co robi Piotr.

7 Sagen Sie polnisch, daß

– Sie manchmal länger arbeiten müssen,
– Sie manchmal länger in der Schule bleiben müssen,
– Sie heute abend ins Theater gehen müssen,
– der Herr noch länger warten muß,
– die Dame vorläufig hier bleiben muß.

5 541002-2

8 Fragen Sie polnisch,

- warum Sie länger bleiben müssen,
- ob Sie alles wissen müssen,
- ob … weiß, daß Sie hier länger bleiben müssen,
- ob … weiß, daß Sie abends … sein müssen,
- warum Sie heute länger arbeiten müssen.

Kim chcesz być?

1 *Kim chcesz* być?	Chcę być inżynierem.

2 Lesen Sie (im Dialog)!

Marek

Marka interesują *komputery.* Jest inteligentny i dobrze się uczy. Nauczyciel *rozmawia* z Markiem.

- Kim chcesz być?
- *Jeszcze* nie wiem.
- Czym się interesujesz?
- Bardzo interesują mnie komputery.
- *Jeżeli* chcesz, *możesz* studiować informatykę.
- *Wolę* studiować elektronikę.
- Dlaczego?
- Komputery to już *gotowe aparaty*, a ja wolę takie aparaty *konstruować.*

3 **Präsens-Konjugation:** ***chcieć, móc, umieć, mieć***

Ergänzen Sie die fehlenden Verbformen!

Singular

Inf.:	chcieć (wollen)	móc (können, dürfen)	umieć (können)	mieć (haben, sollen)
1. Pers.:	chcę	mogę	umiem	mam
2. Pers.:	chcesz	możesz	umiesz	masz
3. Pers.:	…	…	…	…

Plural

1. Pers.: ...	...	...	...
2. Pers.: ...	...	...	...
3. Pers.: chcą	mogą	umieją	mają

4 Lesen Sie (im Dialog)!

Monika

Monika uczy się *grać* na *fortepianie.* Rozmawia z koleżanką.
– Czy będziesz dziś w klubie?
– Niestety nie. Muszę *ćwiczyć.*
– Musisz, czy chcesz?
– Muszę. Jutro mam *zdawać egzamin* do szkoły *muzycznej.*
– Chcesz zostać pianistką?
– Bardzo, ale nie wiem, czy mi *się uda, bo* rodzice tego nie chcą.
– Dlaczego? Przecież umiesz już tak dobrze grać.
– Ojciec mówi, że muzyka może być hobby, a nie *zawodem człowieka.*
– No to, co chcesz zrobić?
– Chcę jutro zdać egzamin do szkoły muzycznej, a co będzie *dalej, zobaczymy.*

5 Prägen Sie sich ein!

kim (Instr. von „kto") – hier: was
komputer, Pl.: -y – Computer
rozmawiać – sich unterhalten
jeżeli – wenn, falls
jeszcze – noch
móc – können
woleć – vorziehen, lieber mögen
informatyka – Informatik
elektronika – Elektronik
gotowy – fertig; bereit
aparat, Pl.: -y – Apparat
konstruować – konstruieren

grać – spielen
fortepian – Klavier (Instrumentenart), Flügel (Instrument)
na fortepianie – auf dem Klavier
ćwiczyć – üben
zdawać, zdać vo. – ablegen
egzamin – Prüfung
muzyczny – Musik- (in Zus.)
udać się vo. (+ Dat.) – gelingen
bo – weil
człowiek – Mensch
zawód – Beruf
dalej – weiter
zobaczyć vo. – sehen

6

móc ⟶ von den äußeren Umständen (objektive Möglichkeit, Erlaubnis usw.) oder von der momentanen Verfassung her **in der Lage sein, die Möglichkeit haben;**

↑
können
↓

umieć ⟶ etwas durch Ausbildung, Unterricht, Unterweisung oder durch Erfahrung und Übung **erlernt haben.**

7 Lesen Sie im Dialog! Achten Sie auf die Anwendung von „*móc*" und „*umieć*"!

a) – Czy umiesz grać na fortepianie?
– Jeszcze nie, ale się uczę.
– No to możemy się uczyć razem, bo ja już gram, ale jeszcze niedobrze.

b) – Czy umiecie już czytać ten tekst?
– Nie, jeszcze nie umiemy. Tylko Zosia umie. Ona wszystko umie. My się jeszcze uczymy czytać.
– Ja też jeszcze nie umiem. Czy możemy czytać ten tekst razem?
– Możemy się razem uczyć, bo musimy to umieć.

8 Setzen Sie „*móc*" oder „*umieć*" ein!

1. Teraz już nie ... czekać. 2. Jeszcze nie ... tak dobrze mówić jak Irena. 3. Darek ... grać na fortepianie, ale dziś nie ..., bo nie ma czasu. 4. Czy ... pracować razem? 5. ... być w klubie, jeżeli chcesz. 6. Czy nie ... się spotkać jutro? 7. Ja tego jeszcze nie ... 8. To dziecko nie ... czytać. 9. ... obejrzeć film. 10. ... zapytać nauczyciela. 11. Wieczorem ... być w domu. 12. Interesuję się fizyką, ale nie ... matematyki. 13. ... to zrobić jutro. 14. Oni nie ... wiedzieć, gdzie mieszkam. 15. Zosia i Tadek już wszystko ... 16. ... grać, ale teraz nie ..., bo nie mam czasu. 17. Czy ... być jutro wieczorem? 18. Nie ... tego tekstu. 19. Czy ... to tak napisać? 20. Nie ... zostać dłużej. 21. Ty tego wiedzieć nie ... 22. ... ćwiczyć z Markiem. 23. Czy ... to zobaczyć.

9 Setzen Sie die Modalverben in die entsprechende Präsensform (schriftlich)!

1. Jeżeli (du) (chcieć), to (wir) (móc) teraz oglądać telewizję.
2. Jeżeli (ihr) (chcieć), (ihr) (móc) to zrobić jutro.
3. (ich) (móc) też czekać, jeżeli (du) (musieć) się jeszcze uczyć.
4. Nie (ihr) (musieć) tu siedzieć i czekać, jeżeli nie (ihr) (chcieć).
5. Jeżeli (du) (woleć) oglądać nowy film, to (wir) (móc) też pójść do kina.
6. (wir) (móc) nie iść do kina, jeżeli (du) (woleć) zostać w domu.
7. (ich) (móc) to zrobić, jeżeli tak bardzo tego (du) (chcieć).
8. (du) (móc) już iść, jeżeli (du) (chcieć).

9. Nie (ihr) (móc) iść do kina, jeżeli (du) (musieć) jeszcze pracować.
10. Jeżeli (du) (musieć) się jeszcze uczyć, nie (du) (móc) pójść do klubu.
11. Jeżeli (sie – Pl.) (chcieć), to (ich) (móc) jeszcze zostać.
12. (wer) (chcieć) dobrze umieć, ten (musieć) się pilnie uczyć i ćwiczyć.
13. Jeżeli nie (ihr) (móc) już czekać, to (ihr) (musieć) iść.
14. Jeżeli (du) (chcieć) zobaczyć wszystko, to (wir) (musieć) jeszcze zostać.
15. Jeżeli (ihr) (chcieć), to (wir) (móc) też zapytać Anię.
16. Jeżeli (du) (woleć) słuchać muzyki lub oglądać telewizję, to (wir) (móc) też zostać w domu.

10 Sagen Sie polnisch, daß Sie (oder eine andere Person)
- ... werden wollen;
- ... sehr mögen und ... studieren werden;
- noch lernen müssen, weil Sie die Prüfung bestehen wollen;
- noch nicht wissen, ob Sie ... oder ... studieren sollen;
- noch mit ... sprechen müssen;
- nicht ... werden können, weil Sie nicht ... können.

11 Führen Sie ein Gespräch zum Thema: Kim chcesz być?

12 Lesen Sie (mit Wörterbuch)!

Fachowiec?

- Widzę, że pan pracuje.
- Chcę naprawić telewizor.
- Czy pan to umie?
- Wszystkiego można się nauczyć.
- Przecież pan może poprosić mechanika.
- Wolę to zrobić sam.
- Ale naprawić telewizor, to nie jest takie łatwe.
- Muszę spróbować.
- Pan przecież zepsuje telewizor, jeżeli pan nie wie, jak go naprawić.
- Proszę pana, chcieć – to móc!

Prüfen Sie sich selbst!

1 Strukturen

– Kim chcesz być?	– Was willst du werden?
– Chcę być inżynierem.	– Ich will Ingenieur werden.
– Czy musisz to robić teraz?	– Mußt du das jetzt machen?
– Niestety, muszę.	– Leider muß ich.

– Kiedy możemy się spotkać?	– Wann können wir uns treffen?
– Jutro.	– Morgen.
– Czy umiesz grać na fortepianie?	– Kannst du Klavier spielen?
– Tak, umiem.	– Ja, ich kann.
– Co wolisz – kino czy teatr?	– Was magst du lieber – Kino oder Theater?
– Wolę teatr.	– Ich ziehe das Theater vor.
– Co mam robić?	– Was soll ich tun?
– Masz czytać.	– Du sollst lesen.

2 Übersetzen Sie ins Deutsche (Anwendung von *„iść"*, *„pójść"* und *„chodzić"*)!

1. – Co tu robisz?
   – Idę do kina.
2. – Czy już pracujesz?
   – Nie, chodzę jeszcze do szkoły.
3. – Czy jutro się zobaczymy w klubie?
   – Nie, pójdę z Anią na koncert.
4. – Często chodzisz do teatru?
   – Tak, bardzo lubię teatr. Dziś wieczorem też pójdę.
5. – Dlaczego jutro nie pójdziesz do szkoły?
   – Pójdę do lekarza.
6. – Czy ty też idziesz do biblioteki?
   – Nie, idę na trening, a wieczorem pójdę do kina.
7. – Czy chodzisz jeszcze na trening?
   – Tak! Dwa razy w tygodniu!
8. – Co zrobisz jutro wieczorem?
   – Pójdę na trening.
9. – Czy pójdziemy do kina?
   – Ja nie pójdę, bo już znam ten film.

3 Übersetzen Sie (schriftlich)!

1. – Du weißt doch, daß wir noch zu Tadek gehen müssen.
   – Ja, ja. Wir gehen ja noch hin.
2. – Zosia sagt, daß sie weiter zur Schule gehen will.
   – Ich weiß; sie will Lehrerin werden.
3. – Tadek soll Ania fragen, ob wir morgen ins Theater gehen können.
   – Ich gehe gerade zu Ania. Soll ich sie fragen?
4. – Ich sehe, daß du gern ins Kino gehst. Können wir morgen nicht mal zusammen gehen?
   – Warum nicht? Ich geh gern mal.
5. – Könnt ihr schon alles?
   – Nein, wir müssen noch üben.
6. – Wir wollen dein neues Foto auch mal sehen!
   – Bitte, könnt ihr.
7. – Den Film müßt ihr sehen!
   – Aber wir können leider jetzt nicht ins Kino gehen.

Gdzie pracują?

Cześć! Co słychać?

1 Cześć! *Co słychać?*	Wszystko *w porządku.*

2 Lesen Sie im Dialog!

a) – Cześć, Michał. *Jak się masz?*
– Dziękuję, *nieźle.* A ty?
– W porządku. Co robisz?
– Słucham *radia.*
– Co jest w radiu?
– *Dyskusja o rozwoju telewizji na świecie.*
– *Ciekawa?*
– Mnie to bardzo interesuje.
– To przepraszam, że *przeszkadzam.* Cześć!

b) – Cześć! Co słychać?
– Wszystko w porządku.
– Oglądasz telewizję?
– Teraz nie. A co jest w telewizji?
– Film o *starym* Berlinie.
– Wolę słuchać radia, bo jest dobra muzyka i chcę *coś nagrać.*
– No to nie będę ci przeszkadzać. Cześć!
– Cześć!

3 Prägen Sie sich ein!

słychać (def. Verb)	– man hört, (etwas) ist zu hören
Co słychać?	– Was gibt es Neues?
w (+ Lok.)	– in
porządek	– Ordnung
Jak się masz?	– Wie geht's (dir)?
nieźle	– nicht schlecht, ganz gut
radio	– Radio, Rundfunk
dyskusja	– Diskussion
rozwój	– Entwicklung
telewizja	– Fernsehen
na (+ Lok.)	– auf (wo?), zu, in
świat	– Welt
ciekawy	– interessant, neugierig
przeszkadzać (+ Dat.)	– stören
stary	– alt
coś	– (irgend) etwas
nagrywać, nagrać *vo.*	– aufnehmen, überspielen (auf Band)
o (+ Lok.)	– über, von – (sprechen, sich – unterhalten)
o (+ Akk.)	– wonach (fragen)

4 Beantworten Sie die Fragen!

a) O co Darek pyta Michała?
- jak, mieć się, Michał;
- co, Michał, robić;
- czy, wszystko, być, w, porządek;
- czy, dyskusja, w, radio, być, ciekawa;
- czy, Michał, interesować, rozwój, telewizja;
- czy, film, o, stary, Berlin, być, ciekawy;
- co, być, w, telewizja;
- czy, film, o, rozwój, telewizja, na, świat, być, ciekawy;
- czy, nie, przeszkadzać.

b) Co robi Michał?
- słuchać, radio;
- słuchać, w, radio, dyskusja, o, rozwój, telewizja (sport);
- przepraszać, że, nie, mieć, czas;
- oglądać, w, telewizja, ciekawy, film, o, stary, Berlin;
- nie, chcieć, oglądać, telewizja, bo, chcieć, coś, nagrać.

Gdzie jest Ewa?

1

Gdzie jest Ewa?	Ewa jest w kinie.

2 Lesen Sie im Dialog!

Gdzie ta Ewa?

Darek *dzwoni* do Ewy, bo chce się z *nią* spotkać. *Przy telefonie* jest *jej* brat.
– Słucham.
– Cześć, Michał! Jak się masz?
– Dziękuję, w porządku. A ty?
– Świetnie. Co robisz?
– *Czytam.*
– Coś ciekawego?
– „W *pustyni* i w *puszczy*" Henryka Sienkiewicza.
– Podoba ci się?
– Bardzo.
– Czy Ewa jest w *domu*?
– *Nie ma jej.*
– Nie wiesz, gdzie jest?
– W kinie *czy* na dyskotece. Nie wiem.
– *Szkoda.* No to cześć!
– Cześć!

3 Prägen Sie sich ein!

dzwonić zadzwonić *vo.*	– anrufen, klingeln, läuten	H. Sienkiewicz	– poln. Schriftsteller (1846–1916), schrieb gr. hist. Romane: „Quo vadis"; Nobelpreis, 1905.
nią (I. von „ona")	– ihr		
przy (+ Lok.)	– an, bei (wo? räuml. Nähe)		
telefon	– Telefon; Anruf	dom	– Haus, Heim, Zuhause
jej (G. von „ona")	– ihr		
czytać	– lesen	Nie ma jej.	– Sie ist nicht da.
pustynia	– Wüste	czy ... czy ...	– entweder ... oder ...
puszcza	– Urwald	szkoda	– schade

4 Beantworten Sie die Fragen (zum Text)!

a) Dlaczego Darek dzwoni do Ewy?
– weil er sich mit Ewa treffen will;
– weil er nicht weiß, wo Ewa ist;
– weil er wissen will, ob Ewa zu Haus ist.

b) Co Darek chce wiedzieć od brata Ewy?
   - wie es ihm geht;
   - was er macht;
   - ob das, was er liest, interessant ist;
   - ob Michał weiß, wo Ewa ist;
   - ob Michał weiß, wann Ewa zu Haus sein wird;
   - ob Ewa abends zu Haus sein wird.

5 Formen Sie den Dialog (Üb. 2) in einen Monolog um! Sagen Sie, daß
- sich Darek mit Ewa treffen will,
- Darek Ewa anruft,
- ihr Bruder am Telefon ist,
- Darek Michał fragt, wie es ihm geht und ob (czy) alles in Ordnung ist,
- Darek wissen will, was Michał macht,
- Michał gefällt, was er liest, weil es interessant ist,
- Darek Ewas Bruder fragt, wo Ewa ist,
- die Schwester nicht zu Hause ist und Michał nicht weiß, ob Ewa im Klub oder zur Disco ist,
- Darek noch einmal anrufen wird.

6 Gestalten Sie einen ähnlichen Dialog, in dem Sie
- sich nach dem Wohlergehen des Gesprächspartners erkundigen,
- nach der Tätigkeit fragen,
- ein Anliegen vortragen,
- eine Verabredung treffen,
- Ihr Bedauern ausdrücken,
- sich verabschieden.

7 Beantworten Sie die Fragen!

a) Gdzie są?

Ewa	w klubie	na dyskotece
Darek	w operze	na balecie
Krysia	w teatrze	na koncercie

b) Gdzie się spotykają?

Robert z Haliną	w kawiarni	na kawie
Henryk z Dorotą	w szkole	na korytarzu

c) Gdzie studiują?

Jurek	w Gdańsku	na politechnice
Beata	w Opolu	na akademii medycznej
Artur	w Toruniu	na uniwersytecie

d) O kim/czym rozmawiają?

Jola z Darkiem	o rodzeństwie, o rodzinie Joli, o polskim astronomie Mikołaju Koperniku;
Jarek z Beatą	o polskiej literaturze, o francuskim filmie, o Mikołaju Reju, o Henryku Sienkiewiczu;
Andrzej z Romanem	o sporcie, o miłej dziewczynie, o puszczy w Białowieży, o Fryderyku Chopinie;
Pan Górski z panem Wolskim	o polityce, o naszym mieście, o córce pana Górskiego, o młodzieży (Jugend) w naszym czasie, o pustyni w Afryce.

8 Ordnen Sie die Substantive im Lokativ (Üb. 7) nach folgendem Schema:

	Nominativ	*Lokativ*
a) Endung -(i)e:	klub	w klubie
	– – – – –	– – – – –
b) Endung -e:	szkoła	w szkole
	– – – – –	– – – – –
c) Endung -u:	Gdańsk	w Gdańsku
	– – – – –	– – – – –
d) Endung -(i)u:	Toruń	w Toruniu
	– – – – –	– – – – –
e) Endung -i/-y:	kawiarnia	w kawiarni
	– – – – –	– – – – –

9 Lokativ Singular der Substantive und der adjektivisch deklinierten Wörter

Substantive

Letzter Konsonant	Mask. Neutr.	Fem.	Kons.-Wechsel
10 Harte Kons.: **b-p[1], w-f[1], z-s** m[1], n, d-t	-(i)e		-d (-da, -do) → dzie -t (-ta, -to) → cie
ł, r	-e		-ł (-ła, -ło) → le -r (-ra, -ro) → rze
g, k, ch, h		-e	-ga → dze -ka → ce -cha, -ha → sze
Hist. weiche Kons.: rz/ż – sz, dż – cz, dz – c	-u	-y	
Weiche Kons.: ź (zi-), ś (si-), dź (dzi-), ć (ci-), ń (ni-); l, j	-(i)u	-i[2]	

Adjektive

	M., N.	F.	
und andere adj. dekl. Wörter	-ym (-im)	-ej (-iej)	Ursprüngliches -j- fällt vor -i- weg, z. B. Nom.: mój, Instr./Lok.: moj + im = moim

Ⓜ Die wichtigsten Ausnahmen sind: dom – (w) domu, pan – (o) panu, syn – (o) synu. (Stammauslautkonsonant ist hart und dennoch Endung: -u.)

[1] Bei Substantiven, die auf *-b, -p, -w, -f* oder *-m* auslauten, ist die Zuordnung zur richtigen Deklinationsklasse nach der Gestalt des Nom. Sing. nicht möglich. Es ist daher ratsam, im Wörterbuch nachzuschlagen, welche Deklinationsklasse für das betreffende Substantiv gilt.

[2] Fremdwörter auf *-cja, -sja, -zja* haben die Endung: *-cji, -sji, -zji,* z. B. restauracja – w restaura*cji*, dyskusja – w dysku*sji*, telewizja – w telewi*zji*.

Wenn ein feminines Substantiv orthographisch mit *-ia* endet, kann es sich – grammatisch gesehen – um zwei verschiedene Endungen handeln!
Bei Wörtern slawischer Herkunft (vgl.: kawiarnia, pustynia) bedeutet *-i-* vor *-a* nur, daß der vorangehende Konsonant weich ist, also: -nia = ń + -a. Hier ist die grammatische Endung des Nom. Sing. nur *-a*.
Bei Fremdwörtern (vgl.: akademia, melodia) besteht die Endung des Nom. Sing. aus zwei Vokalen: -i-a. Das darin enthaltene -i- bleibt bei der Deklination in allen Kasus unverändert erhalten, z. B. im Lok. Sing.:

Wörter slawischer Herkunft		*Fremdwörter auf -i-a*
Nom.:	pustynia	akademia
Lok.:	(w) pustyni	(w) akademii
Nom.:	kawiarnia	melodia
Lok.:	(w) kawiarni	(w) melodii

Gdzie mieszka Halina?

1 | Gdzie mieszka Halina? | *W nowym (starym) budownictwie.* |

2 Beantworten Sie die Fragen und erschließen Sie die unbekannte Lexik (falls nötig) mit dem Wörterbuch!

a) Gdzie mieszkają?

Zosia	w Szklarskiej Porębie	w starym budownictwie
Maryla	w Zabrzu	*przy* stadionie
Państwo Górscy	w centrum miasta	przy *ulicy* Ogrodowej
Andrzej	w nowym mieszkaniu	przy placu Chopina

b) Gdzie pan(i) mieszka?
w Berlinie, we Frankfurcie, w Bremie, w Dreźnie, w Weimarze, w Lipsku, w Brunszwiku, w Magdeburgu, w Monachium, w Koloniı́, w Moguncji, w Cottbus, w Görlitz, w Wernigerode, w Bochum, w Bonn.
w nowej *dzielnicy*, w dzielnicy ..., przy parku ..., w ładnym *osiedlu*, na peryferiach miasta, *daleko* od centrum, przy *ogrodzie* zoologicznym (botanicznym).

3 Lesen Sie im Dialog!

– Słucham, Andrzej.
– Cześć! Tu Jurek! Jak się masz?
– Świetnie.

– Co robisz?
– Oglądam *plan miasta.*
– Co? Plan miasta? A to dlaczego?
– *Otrzymamy* nowe mieszkanie i szukam ulicy, przy *której* będziemy mieszkać.
– Gdzie?
– Przy ulicy Ogrodowej.
– Gdzie to jest?
– *Właśnie* szukam.
– No to cześć! Nie chcę przeszkadzać.
– Cześć!

Gdzie mieszka Andrzej?

– Halo, Anka! Cześć! Dobrze, że *cię* spotykam.
– Dzień dobry. A to dlaczego?
– Czy nie wiesz, gdzie teraz mieszka Andrzej?
– Na nowym osiedlu w Piotrkowie.
– Tak *daleko*? Czy ma telefon?
– W tym mieszkaniu jeszcze nie.
– A to *pech*! Czy znasz jego nowy *adres*?
– Niestety nie. Wiem tylko, że mieszka na ulicy Ogrodowej, przy placu Chopina.
– Szkoda, że nie znasz jego *dokładnego* adresu.
– *Trudno*, musisz poszukać.
– Dziękuję. Cześć!
– Do widzenia.

4 Prägen Sie sich ein!

w nowym (starym) budownictwie	– im Neu- (Alt-) Bau	osiedle	– (Wohn-) Siedlung
		daleko	– weit
przy (+ Lok.)	– an (bei Sachen)	cię (Akk. von „ty“)	– dich
ulica	– Straße	pech	– Pech
dzielnica	– Stadtteil	adres	– Adresse
ogród	– Garten	dokładny	– genau
plan miasta	– Stadtplan	trudno	– hier: Was hilft's!; schwierig
otrzymać	– erhalten, bekommen		
który, -a, -e	– der, die, das (Relativpr.)		
właśnie	– gerade (jetzt), (so)eben		

5 Gdzie mieszkają?

	w	przy
pan Kowalski	Częstochowa	plac Adama Mickiewicza
jego syn	Jelenia Góra	park Marii Skłodowskiej
pani Skąpska	Łódź (f.)	zakład poligraficzny
jej córka	Opole	szkoła
Dorota	Legnica	stadion
Magdalena	Toruń	uniwersytet

6 Gdzie studiują?

	w	na
Robert	Kraków	akademia górnicza
Halina	Gdańsk	politechnika
Beata	Poznań	uniwersytet
Darek	Warszawa	

7 Kiedy i gdzie się spotykają?

	po (nach; zeitl.)	w	na
Robert z Haliną	egzamin	kawiarnia	kawa
Henryk z Dorotą	teatr	restauracja	kolacja
Andrzej z Jurkiem	mecz	klub	dyskoteka
		przy	
		ogród zoologiczny	
		ulica Adama Mickiewicza	

8 Gdzie może być Irena?

a) w – szkoła, klasa, biblioteka, pracownia, gabinet, hala sportowa, internat;
b) na – basen, dyskoteka, film, stadion, konferencja, zebranie.

9 O czym rozmawiają?

	o	w
Irena z Martą	pobyt	Szklarska Poręba, Gniezno, Częstochowa
Beata z Jarkiem	urlop	Giżycko, Koszalin, Krynica
Artur z Romanem	konferencja	Łódź, Szczecin, Poznań, Wrocław
Jurek z Markiem	mecz	Zabrze, Chorzów, Gdańsk, Bytom
Michał z Asią	klub sportowy	Łowicz, Nowy Sącz, Płock

10 Erschließen Sie die Bedeutung folgender Wortverbindungen ohne Wörterbuch!

znać się na architekturze, czytać w gazecie, być w dobrym humorze, stać przy kasie, mieć coś na końcu języka, mieszkać na parterze, znać język w mowie i piśmie, mieć coś w planie, czytać coś w prasie, być na praktyce, być w programie telewizyjnym (radiowym), mieszkać na prowincji, być na rencie, być na rewii mody, malować w stylu baroku, w teorii i w praktyce, film w wersji oryginalnej.

Gdzie pracują?

1

w szpitalu

w zakładzie

w redakcji

Gdzie pracuje twój ojciec?	W zakładzie produkcyjnym.

2 Erschließen Sie die neue Lexik ohne Wörterbuch und beantworten Sie die Fragen!

a) Gdzie pracują?

Pani Górska	w szpitalu (na poczcie, w fabryce)
elektryk	w warsztacie samochodowym
inżynier	w budownictwie mieszkaniowym
redaktor (-ka)	w wydawnictwie (w redakcji)
laborant (-ka)	w inspekcji higieny (w zakładzie chemicznym)

b) Gdzie pracują?

ojciec Darka	w instytucie fizyki we Wrocławiu,
mój brat	w szpitalu w nowym osiedlu,
syn pana Górskiego	na uniwersytecie w Lublinie,
córka pani Ireny	w akademii medycznej w Opolu

3 Lesen Sie (still) und erschließen Sie den Inhalt des Dialogs mit Hilfe des Wörterbuches!

Na obozie harcerskim

Anka i Darek rozmawiają przy ognisku o sobie, o swoich zainteresowaniach, o szkole i o życiu rodzinnym.

– Kim jest twój ojciec?
– Zgadnij (Na, rat mal!)!
– Czy pracuje w naszym mieście?
– Tak.
– W naszej dzielnicy?
– Tak.
– W administracji?
– Nie.
– W jakimś zakładzie?
– Nie.
– W handlu?
– Nie.
– Na uczelni lub w szkole?
– Ani na uczelni, ani w szkole.
– Czy pracuje fizycznie?
– Tak.
– W budynku?
– Nie.
– Na świeżym powietrzu?
– Tak, bardzo często.
– W jakiejś spółdzielni?
– Tak, w rzemieślniczej spółdzielni.
– W bardzo tradycyjnym zawodzie?
– Można powiedzieć, że tak.
– Pracuje sam?
– Czasem sam, czasem z moim bratem.
– Hm. A więc – twój ojciec pracuje fizycznie, w tradycyjnym zawodzie, często sam, na świeżym powietrzu, nie pracuje w budynku. Może pracuje na dachu?
– Tak.
– W czarnym ubraniu?
– Tak. Teraz już wiesz, kim jest mój ojciec.

4 Sprechen Sie zu diesem Thema!

Kto mieszka w tym domu?

Pierwsze piętro: Państwo Kozłowscy
– pan Kozłowski, Jan: inżynier, zakład elektrotechniczny;
zainteresowania: architektura, polityka; pracowity, przystojny;
– pani Kozłowska, Edyta: nauczycielka, szkoła im. Mikołaja Reja;
zainteresowania: literatura, teatr; zgrabna, mądra;
– syn: Michał, student, politechnika – Gdańsk;
zainteresowania: komputery, informatyka; inteligentny.

Drugie piętro: Państwo Górscy
– pan Górski, Henryk: aktor, Teatr Narodowy;
zainteresowania: muzyka, cyrk; kulturalny, ciekawy;
– pani Górska, Maria: sekretarka, centrala handlowa;
zainteresowania: teatr, sztuka; pracowita, miła;
– córka: Anka, uczennica, piąta klasa;
zainteresowania: kino, sport.

Trzecie piętro: Państwo Rogalscy
- pan Rogalski, Andrzej: urzędnik, administracja miasta;
  zainteresowania: elektronika; sympatyczny;
- pani Rogalska, Danuta: bibliotekarka, antykwariat;
  zainteresowania: historia, sztuka; energiczna, miła;
- córka: Paulina, uczennica, druga klasa – liceum im. Modzelewskiego;
  zainteresowania: biologia, język niemiecki; pracowita, spokojna;
- syn: Krzysztof, uczeń, druga klasa;
  zainteresowania: samochody; inteligentny, żywy.

Prüfen Sie sich selbst!

1 Strukturen

– Cześć! Co słychać? – Wszystko w porządku.	– Grüß dich! Was gibt es Neues? – Alles in Ordnung.
– Cześć! Jak się masz? – Dziękuję, nieźle.	– Grüß' dich. Wie geht's (dir)? – Danke, nicht schlecht (ganz gut).
– Gdzie jest Ewa? – Ewa jest w kinie.	– Wo ist Eva? – Eva ist im Kino.
– Gdzie mieszka Halina? – W nowym (starym) budownictwie.	– Wo wohnt Halina? – Im Neu- (Alt)bau.
– Gdzie pracuje twój ojciec? – W zakładzie produkcyjnym.	– Wo arbeitet dein Vater? – Im Produktionsbetrieb.

2 Beantworten Sie die Fragen mit der angegebenen Lexik (Nutzen Sie – falls nötig – die Tabelle, 2. Umschlagseite)!

1.	Kto to jest?	nasz nowy uczeń, moja dobra koleżanka
	Co to jest?	nasze nowe osiedle
2.	Kogo szukasz?	nasz nowy uczeń, moja dobra koleżanka
	Czego nie znasz?	nasze nowe osiedle, to miejsce
	Czyj to syn?	nasz sąsiad, moja siostra
	Czyja to córka?	pan Roman Jaskólski, pani Janina Górska
	Czyje to zdjęcie?	moja matka, mój ojciec, ten pan
3.	Komu pomagają?	ten polski technik, wasze dziecko, moja matka

4. Kogo znasz?	ten sympatyczny pan, zgrabna dziewczyna
Co znasz?	nowa kawiarnia, ten film, to miasto
5. Z kim się spotykasz?	twój brat, interesujący pan, moja koleżanka
Czym się interesujesz?	nowa technika, ten zawód, twoje miasto
6. O kim rozmawiasz?	nasz dyrektor, nasza rodzina, syn pana Górskiego
O czym mówisz?	ciekawy film, nasza szkoła, pobyt w Polsce
Gdzie pan/pani pracuje?	szpital, zakład, fabryka, redakcja

3 Die bisher behandelten Präpositionen

Präp.	Bedeutungen	Frage	Beispiele
Genitiv			
blisko	nahe, an, bei, in der Nähe von	gdzie?	blisko uniwersytetu, blisko szkoły
do	zu	do kogo?	do Ewy, do Jurka, do pana
	zu ... (hin)	dokąd?	iść do szkoły, iść do domu
	in ... (hinein)	dokąd?	pójść do teatru
koło	um ... (herum), nahe bei/an	gdzie?	koło parku, koło placu Mickiewicza, koło kina
naprzeciwko	gegenüber	gdzie?	naprzeciwko tego klubu, naprzeciwko fabryki
niedaleko (od)	unweit (von), in der Nähe (von)	gdzie?	niedaleko (od) opery, niedaleko (od) hotelu
obok	neben	gdzie?	obok kina
Instrumental			
z	mit	z kim?	z Danutą, z Jurkiem
Lokativ			
na	auf	na czym?	grać na fortepianie
	zu, in	na czym?	być na balecie (na koncercie)
	an	gdzie?	studiować na uniwersytecie
	auf, in	gdzie?	na świecie

Präp.	Bedeutungen	Frage	Beispiele
o	über, von	o kim? o czym?	mówić o naszym ojcu rozmawiać o pobycie w Polsce
po	nach, anschließend an	po czym?	spotkać się po meczu w klubie
przy	(dicht, nahe) bei, an	gdzie?	mieszkać przy placu ... (przy parku ...)
w	in	gdzie?	być w teatrze, pracować w zakładzie, mieszkać w nowej dzielnicy

4 Übersetzen Sie (schriftlich)!

Jadzia i Agnieszka

– Weißt du nicht, was es heute abend im Fernsehen gibt?
– Nein, ich weiß es nicht.
– Siehst du nicht fern?
– Natürlich, nur heute interessiert mich das Programm nicht.
– Und was machst du abends?
– Ich gehe zu meiner Freundin.
– Wohnt sie weit (weg)?
– Nein, gleich am Park, in der Nähe des Mickiewiczplatzes.
– Und was werdet ihr machen?
– Das weiß ich noch nicht. Vielleicht gehen wir ins Café.
– Willst du nicht Tadek anrufen? Hast du seine Telephonnummer?
– Ja, aber Tadek ist nicht zu Haus. Er geht mit Marek zum Training.
– Und du? Du spielst zu Haus Klavier, liest und siehst fern. Hab' ich recht?
– Na ja, wir müssen doch nicht immer zusammen sein!

5 Übersetzen Sie (schriftlich)!

1. Gisela muß morgen nicht in den Betrieb gehen.
2. Tadek geht oft ins Kino.
3. Heute will ich mir im Fernsehen einen alten Film ansehen.
4. Ania spielt gern Klavier.
5. Heute bleiben wir zu Hause, und morgen gehen wir ins Theater.
6. Wir müssen Monika noch anrufen! Vielleicht gehen wir ins Kino.
7. Wir können auch Radio hören, wenn dich der Film nicht interessiert.
8. Schade, daß du heute keine Zeit hast!

Piszemy list

Piszę do Ciebie list.

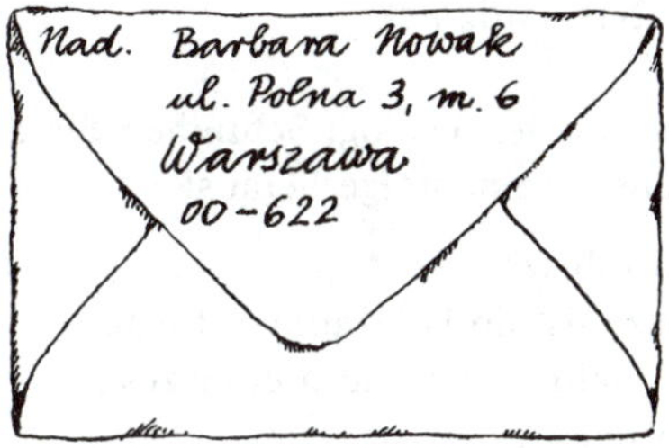

1 Lesen Sie!

Barbara *pisze list do* Moniki.	pisać do	– schreiben
(ona) Pisze list do niej.	(+ Gen.)	an
Monika będzie w *maju u* Barbary.	być u	– sein bei
(ona) Będzie w maju u niej.	(+ Gen.)	(Person)
Monika *cieszy się z* listu koleżanki.	cieszyć się z	– sich freuen
(ona) Cieszy się z niego.	(+ Gen.)	über
Barbara mieszka daleko *od* Moniki.	daleko od	– weit von
(ona) Mieszka daleko od niej.	(+ Gen.)	(entfernt)
To jest *prezent dla* Moniki.	prezent dla	– ein Geschenk
To jest prezent dla niej.	(+ Gen.)	für

2 Lesen und variieren Sie im Dialog!

a) – Kto to jest?		
– Mój kolega.	moja koleżanka,	nasz sąsiad
– Jak mu na imię?	jej	mu
– Jurek.	Ewa	Robert
b) – Jak się nazywasz?	pan(i) się nazywa	
– Meyer.	...	
– Jak ci na imię?	panu, pani	
– Na imię mi Jan.	...	
c) – Znasz go długo?	ją	ich
– Od pierwszej klasy.		
– Czy *często* się z nim spotykasz?	z nią	z nimi
– Chodzimy razem na basen *i* na dyskotekę.	do klubu do kina	na kurs języka polskiego

d) – Na kogo tu czekasz?	
– Na Gośkę.	Roberta
– Kto to jest?	
– Nie znasz jej?	go
– A ty długo się z nią znasz?	z nim
– Nie bardzo.	

3 Lesen Sie den Dialog! Schreiben Sie die Konjugationsformen von „*pisać*" in der üblichen Reihenfolge heraus!

– Co robisz?
– Piszę list do koleżanki w Lipsku.
– W jakim języku do niej piszesz?
– Po polsku.
– Czy ona też pisze do ciebie po polsku?
– Nie zawsze. Na razie piszemy do siebie po polsku i po niemiecku.
– Czy z waszej klasy *wszyscy* piszą do Lipska?
– Nie, *także* do Berlina, do Frankfurtu, do ...
– Czy często tam piszecie?
– Od czasu do czasu.

4 Lesen Sie und variieren Sie im Dialog!

– Mój syn zawsze słucha radia.	moja córka – ogląda telewizję
– Mój także. Bardzo mi to przeszkadza, a pani?	moja – to się nie podoba
– Mnie także.	

– Agnieszka tak długo rozmawia *przez* telefon.	jest na dyskotece
Czy to ci się podoba?	cię nie denerwuje
– Nie, to mi się nie podoba.	mnie nie denerwuje
– A mnie to denerwuje.	mnie się to podoba

5 Lesen Sie und variieren Sie die Sätze!

a) Barbara pyta koleżankę.	nauczyciel	– ucznia
Koleżanka jej odpowiada.	uczeń	– mu
b) Helena *przesyła* koleżance fotografie.	Henryk	– ojcu
Koleżanka jej dziękuje.	ojciec	– mu
c) Agnieszka dzwoni do Pawła.	Darek	– Ireny
(ona) Przeszkadza mu.		– jej

d) Elwira spotyka Darka. Darek zaprasza ją do kina. — Michał – Jadzię; Jadzia – go

e) Jurek dzwoni do Haliny. (Halina) Długo z nim rozmawia. — Kasia – Andrzeja; (Andrzej) – z nią

6 Prägen Sie sich ein!

pisać do, napisać do (+ Gen.) *vo.* – schreiben an (nach)
list – Brief
maj – Mai
u (+ Gen.) – bei (in der Sphäre e. Pers.)
cieszyć się z (+ Gen.) – sich freuen über
od (+ Gen.) – von
prezent dla (+ Gen.) – Geschenk für

często – oft, häufig
na (+ Akk.) – in, zu
basen – Badeanstalt
wszyscy (Pf.) – alle
także – auch, ebenfalls
przez (+ Akk.) – durch, über
przesyłać, przesłać *vo.* prześlę, prześlesz ... prześlą – (über)senden, schicken

7 Deklination der Personalpronomen

Singular

N.	ja	ty	on ono	ona
G.	mnie, mię[1]	ciebie, cię[1]	jego, go[1]	jej
D.	mnie, mi	tobie, ci	jemu, mu	jej
A.	mnie, mię	ciebie, cię	jego, go je	ją
I.	(ze) mną	(z) tobą	(z) nim	(z) nią
L.	(o) mnie	(o) tobie	(o) nim	(o) niej

Plural

N.	my	wy	oni/one
G.	nas	was	ich
D.	nam	wam	im
A.	nas	was	ich/je
I.	(z) nami	(z) wami	(z) nimi
L.	(o) nas	(o) was	(o) nich

[1] Kurzformen

8 Zum Gebrauch der Kasus der Personalpronomen

1. Der Nom. wird nur gebraucht, wenn das Pronomen in dem betreffenden Zusammenhang hervorgehoben werden soll. In allen anderen Situationen wird das Personalpronomen weggelassen, und das Subjekt wird durch die Form des Prädikats signalisiert.
2. Die Langformen werden gebraucht,
   - wenn das betreffende Wort hervorgehoben werden soll und
   - wenn das Personalpronomen in Verbindung mit einer Präposition gebraucht wird.

   In allen anderen Situationen sind die Kurzformen zu gebrauchen. (In bezug auf *„mnie/mię"* kann diese Regel vernachlässigt werden, da sich diese Wortformen phonetisch nur sehr wenig unterscheiden.)
3. Die mit *j-* oder *i-* anlautenden Kasusformen erhalten bei ihrem Gebrauch in Verbindung mit einer Präposition einen n-Vorschlag, wobei *j-* orthographisch durch *-i-* ersetzt wird: do + jej = do **n**iej; dla + ich = dla **n**ich.
4. Einsilbige Kasusformen verschmelzen mit vorangehenden einsilbigen Wörtern zu einer artikulatorischen Einheit, innerhalb derer das vorangehende einsilbige Wort (quasi als vorletzte Silbe dieser Einheit) die Wortbetonung auf sich zieht: *dla*‿mnie; *do*‿nas; *u*‿mnie.
5. Wenn *„mnie"* und *„mną"* in Verbindung mit einer konsonantisch auslautenden Präposition gebraucht werden, löst man die dabei entstehende Konsonantenhäufung durch Anfügen eines *-e* an die Präposition auf, wobei dieses *-e* die Wortbetonung auf sich zieht: od + mnie (Gen.) – od*e* mnie; z + mną (Instr.) – *ze* mną.

9 Beantworten Sie die Fragen!

Kogo Irka szuka?	ty, oni, wy, ja, on
Komu Helena dziękuje?	one, ona, my, ty
Kogo Elwira zaprasza?	on, ja, ona, one, oni
Z kim się spotyka Artur?	ty, oni, my, ona, ja
O kim rozmawiają?	on, oni, ty, my

10 Setzen Sie die eingeklammerten Pronomen in der richtigen Form ein!

zadzwonić do (+ Gen.)
Kiedy zadzwonisz do (ja, my)? Zadzwonię do (ty, wy) wieczorem. Czy zadzwonisz jutro do (ona, on)? Zadzwonimy do (oni). Czy zadzwonicie do (my)? Zadzwonimy do (pan, pani). Czy możesz do (ja, on) zadzwonić?
z/rozumieć (+ Akk.)
Czy (ja) rozumiesz? Nie rozumiem (ty). Czy możesz (on) zrozumieć? Dlaczego nie chcesz (ja) zrozumieć? Czy nie możecie (to) zrozumieć? Czy rozumiecie (ono)? Ja (to) nie rozumiem. Nie rozumiemy (wy). Czy rozumiecie (my)?

za/czekać na (+ Akk.)
Czy zaczekasz na (ja)? Tak, zaczekam na (ty). Czy już długo czekasz na (ja, ona, on)? Dlaczego nie czekasz na (my, oni)? Czy możesz tu na (ja, my, oni) zaczekać? Nie czekam na (ona, oni).

przeszkadzać (+ Dat.)
Przeszkadzam (ty, wy)? Nie chcę (on, ona, ty) przeszkadzać. Czy to (ty, pan) przeszkadza? Teraz nie mogę (on, ona) przeszkadzać. To (ja) nie przeszkadza. Czy muzyka (wy) przeszkadza? (My) to nie przeszkadza. Dlaczego (ja) teraz przeszkadzacie? Dzieci (ja, my) często przeszkadzają.

11 Lesen Sie!

List

Droga koleżanko,
piszę tak do Ciebie, bo jeszcze nie wiem, jak Ci na imię. Ja się nazywam Barbara Malinowska, mieszkam w Warszawie i *chodzę* do drugiej *klasy liceum.* I mój dom, i szkoła znajdują się na Mokotowie. Jest to dzielnica na *południu* Warszawy. Wiem, że w maju w naszej szkole będzie Twoja klasa. Cieszę się z tego, bo *wtedy się poznamy.*
Jeszcze nie wiem, gdzie będziesz mieszkać, ale już teraz zapraszam Cię do siebie. Rodzice też chcą Cię poznać. Nie mam rodzeństwa, ale mam sympatyczne koleżanki. Często się z nimi spotykam. Wtedy *wybieramy się* do kina lub na dyskotekę. Czasem spotykamy się u mnie, słuchamy muzyki i rozmawiamy o tym, co nas interesuje.
A czym Ty się interesujesz? Czy też lubisz muzykę? Ja często nagrywam muzykę z radia. To jest moje *hobby.* A jakie jest Twoje? Czy też chodzisz na dyskotekę? Czy lubisz czytać Stanisława Lema? Znasz go? U nas jest bardzo znany. Czytam właśnie jego „Katar".
Przesyłam Ci zdjęcie. Jestem na nim razem ze swoją koleżanką Danutą. Poznasz ją u nas.
Czekam na list od Ciebie i *pozdrawiam* Cię *serdecznie.* Barbara

12 Prägen Sie sich ein!

chodzić	– gehen, besuchen	wtedy	– dann, damals
klasa	– Klasse	poznać (się) *vo.*	– (sich) kennenlernen
liceum	– Lyzeum; höhere Lehranstalt	wybierać się wybrać się *vo.*	– hier: gehen
znajdować się	– sich befinden	hobby	– Hobby
południe	– Süden, der Mittag	pozdrawiać pozdrowić *vo.*	– grüßen
		serdecznie	– herzlich

13 Äußern Sie sich (polnisch) zu den folgenden Sachverhalten!

a) Barbara pisze do Ciebie list i przedstawia się (sich vorstellen). Proszę się też przedstawić!
b) Jej dom i szkoła znajdują się na Mokotowie. Czy wasz dom i twoja szkoła też znajdują się w tej samej dzielnicy?
c) Barbara się cieszy. Z czego?
d) Barbara nie ma rodzeństwa. Czy jesteś w tej samej sytuacji?
e) Barbara ma różne (unterschiedliche) zainteresowania. A ty?
f) Stanisław Lem jest bardzo znany. Czy znasz jeszcze innego polskiego pisarza?

Przyjdę wieczorem.

1

Dokąd idziesz?	Idę do kina.
Kiedy *przyjdziesz* do nas?	Przyjdę wieczorem.

2 Zum Gebrauch imperfektiver und perfektiver Aspekte

Fast jedes polnische Verb hat zwei Aspekte (Handlungsarten): einen imperfektiven und einen perfektiven Aspekt.
Imp. Aspekt bedeutet: Die Handlung wird mitten im Ablauf (Vollzug) gesehen/vom Sprecher dargestellt.
Perf. Aspekt bedeutet: Die Handlung ist auf Vollendung gerichtet und wird durch ein Resultat bzw. Grad (Maß) begrenzt dargestellt.
Für den praktischen Gebrauch ergibt sich daraus, daß
– mit dem imperf. Aspekt Handlungen (Tätigkeiten) im Präsens, Futur und Präteritum wiedergegeben werden können,
– mit dem perf. Aspekt nur die Wiedergabe von Handlungen (Tätigkeiten) im Futur bzw. Präteritum möglich ist.
Modalverben haben nur eine Form in der Funktion beider Aspekte.

Imperfektiver A. (Unvollendeter A.)	*Perfektiver A.* (Vollendeter A.)
Piszę list. (Ich bin (jetzt) dabei, einen Brief zu schreiben.)	Napiszę list. (Ich werde einen Brief (ganz zuende) schreiben/ geschrieben haben.)
– andauernde Tätigkeit	– Vollendung, ein Resultat einer Tätigkeit

Idę do kina.
(Ich bin dabei, ins Kino zu gehen.)
Darek dzwoni do Ewy.
(Darek ist dabei, Eva anzurufen.)

Pójdę do kina.
(Ich werde ins Kino gehen.)
Kiedy zadzwonisz do mnie?
(Wann wirst du mich anrufen?)
Przyjdę wieczorem.
(Ich werde abends kommen.)

3 Schreiben Sie die Aspektpaare der Verben mit ihren deutschen Bedeutungen heraus!

Beispiel: iść – pójść: (hin-, los-)gehen

Zapraszam cię do Warszawy.	Jutro zaproszę Ewę do kina.
Piszę do ciebie list.	Do Anki napiszę jutro.
Czekam na ciebie.	Zaczekam na pana.
Często spotykamy się w klubie.	Czy spotkamy się jutro?
Darek dzwoni do Ewy.	Kiedy zadzwonisz do mnie?
Szukam ulicy Ogrodowej.	Poszukam jej jutro.
Często nagrywam muzykę z radia.	Nagram to dla ciebie.

4 Lesen Sie im Dialog und machen Sie sich den zeitlichen Ablauf der Handlungen bewußt, die durch die Verbalaspekte ausgedrückt werden!

a) – *Dokąd* idziesz?
– Idę do klubu.
– Kiedy przyjdziesz do nas?
– Przyjdę jutro.

b) – Kiedy przyjdziecie do nas?
– Przyjdziemy wieczorem.
– Co robicie teraz?
– Oglądamy telewizję.

c) – Dokąd idziecie?
– Na dyskotekę.
Pójdziesz z nami?

d) – Do kogo dzwonisz?
– Do Jurka.
– Po co?
– Chcę się zapytać, kiedy przyjdą. ... Ale pech! Zajęty.
– No to zadzwonisz jeszcze raz.

e) – Czy masz jutro czas?
– Dlaczego pytasz?
– Chcemy jutro pójść z Jurkiem do teatru.
Pójdziesz z nami?
– Mogę pójść.
– Świetnie. Pójdziemy razem.
– Gdzie się spotkamy?
– Ja się spotkam z Jurkiem u siebie w domu.
Jeżeli chcesz, możesz też do mnie przyjść.
– Dobrze. Spotkamy się u ciebie.
– Cześć!
– Cześć!

Prüfen Sie sich selbst!

1 Strukturen

– Dokąd idziesz?	– Wohin gehst du?
– Idę do kina.	– Ich gehe ins Kino.
– Kiedy przyjdziesz do nas?	– Wann wirst du zu uns kommen?
– Przyjdę wieczorem.	– Ich werde abends kommen.
– Chcemy jutro pójść do teatru. Czy pójdziesz z nami?	– Wir wollen morgen ins Theater gehen. Wirst du mit (uns) kommen?
– Mogę pójść z wami.	– Ich kann mitkommen.

2 Setzen Sie die Präpositionen und die richtigen Kasusformen der Personalpronomen ein!

1. To pani Milewska. Mama pracuje razem (mit ihr) w wydawnictwie.
2. Czy to jest (für Eva)? – Nie, to (für dich).
3. Czy często się (mit ihm) spotykasz?
4. Nowy tekst jest trudny, prawda? Czy (du) (ihn) rozumiesz?
5. Marek jest bardzo sympatyczny i mądry. Lubię (mit ihm) rozmawiać.
6. Dziękujemy (dir) serdecznie za wszystko. A (dir) też.
7. Gdzie jest Ewa? – Nie wiem, (ich) też (auf sie) czekam.
8. Wolę się uczyć (mit dir).
9. Czy nie chcesz pracować (mit mir)? – Mogę, ale wolę (mit ihnen).
10. To dzieci brata. Bardzo (sie) lubię.
11. A to twoja mama, prawda? Jesteś bardzo do (ihr) podobna!
12. Ania i Tadek są jeszcze w szkole. – No to musimy (auf sie) zaczekać.
13. Co tu robisz? – Czekam (auf euch)!
14. Tekst Ani bardzo (mir) się podoba! A (dir)?
15. Nowa dyskoteka (uns) bardzo interesuje. Wszyscy (darüber = über sie) mówią.

3 Sagen Sie polnisch!

1. Wann kommt ihr morgen zu uns? Kannst du mich anrufen?
2. Ich werde Jurek zu uns einladen. Soll ich Eva auch einladen?
3. Wir treffen uns heute im Klub. Kommst du mit uns?
4. Gehen wir heute zu Herrn Jankowski? Wenn du willst, können wir gehen.
5. Wirst du den Brief an Jurek noch heute schreiben?

Co robisz w wolnym czasie?

Jak spędzasz wolny czas?

1

Jak *spędzasz* wolny czas?	Bardzo *różnie*.

2 Lesen Sie!

Co robi Krzysztof?
Po południu zwykle odpoczywa. A jak odpoczywa? Słucha radia lub coś czyta. *Potem przeważnie odrabia lekcje* i uczy się. Wieczorem często chodzi do kina, bo lubi oglądać filmy. W ten *sposób* odpoczywa po *nauce*.

3 Prägen Sie sich ein!

spędzać, spędzić *vo.*	– verbringen; zubringen verleben
różnie *Adv.*	– verschieden, unterschiedlich; zweierlei
po południu	– am Nachmittag, nachmittags
zwykle	– gewöhnlich, (zu-)meist, im allgemeinen
odpoczywać odpocząć *vo.* odpocznę, odpoczniesz ... odpoczną	– sich erholen, ausruhen
potem	– danach, dann, nachher
przeważnie	– über-/vorwiegend, meistens, meistenteils, vorzugsweise
odrabiać lekcje	– Hausaufgaben machen (erledigen)
sposób	– Art, Weise
nauka	– hier: Lernen, Unterricht; Wissenschaft, Lehre

4 Sagen Sie, wie Krzysztof sich seine Freizeit einteilt!

5 Treffen Sie mit der angegebenen Lexik möglichst viele Aussagen!

po nauce	różnie	spędzać	wolny czas
po południu	zwykle	odpoczywać	w domu, przy muzyce
wieczorem	przeważnie	czytać	coś ciekawego
potem	często	spotykać się	
	zawsze	z ... w ...	kawiarnia, dyskoteka, klub
		odrabiać lekcje	
		uczyć się	
		chodzić do (na)	teatr, kino, trening
		...	

6 Lesen Sie!

Co robię w wolnym czasie?

Wolny czas spędzam bardzo różnie. Po południu zwykle jestem w domu i odpoczywam po nauce. Często przy dobrej muzyce. Jeżeli mi się podoba, nagrywam ją. Lekcje odrabiam przeważnie wieczorem. Potem oglądam telewizję, jeżeli jest dobry program, lub spotykam się z koleżanką w kawiarni. Od czasu do czasu chodzę także do kina. Lubię ciekawe filmy. W ten sposób poznaję *różne* problemy i mogę dyskutować z kolegami.

7 Üben Sie nach dem vorgegebenen Muster!

M Po południu *najpierw* odpoczywam, a potem odrabiam lekcje.

po południu	najpierw	słuchać radia	potem	iść do klubu
po lekcjach		iść do domu		spotykać się z kolegą
wieczorem		uczyć się		oglądać telewizję
		czytać coś ciekawego		często chodzić do kina
		odrabiać lekcje		zwykle odpoczywać

8 Sagen Sie polnisch, daß Susanne

– die Freizeit sehr unterschiedlich verbringt,
– sich am Nachmittag gewöhnlich zuerst ausruht,
– meist zuerst etwas liest und dann Hausaufgaben erledigt,
– häufig Musik hört und sich auf diese Weise nach dem Unterricht ausruht,
– sich fürs Kino interessiert und sich von Zeit zu Zeit interessante Filme ansieht,
– gewöhnlich am Nachmittag zu Hause ist und sich abends mit ihrer Freundin trifft,
– und ihre Freundin vorzugsweise in den Klub zur Disco gehen.

9 Lesen Sie!

Anka ma bardzo mało czasu

Moja koleżanka Anka ma bardzo *mało* wolnego czasu. Często *pomaga* matce w domu. Tylko *w soboty* wieczorem może się wybrać na dyskotekę lub do kina. Czasem dzwonię do niej, ale ona zawsze coś robi. *Mało kiedy* odpoczywa. Zwykle spotykamy się u niej. Wtedy słuchamy radia *lub* rozmawiamy o swoich *sprawach.*

10 Prägen Sie sich ein!

różny *Adj.* – verschieden (-artig), unterschiedlich
najpierw – zuerst, zunächst
mało (+ Gen.) – wenig
pomagać – helfen
  pomóc *vo.*
sobota, – Sonnabend;
  w soboty – an Sonnabenden, sonnabends
mało kiedy – selten, mal
lub – oder aber, beziehungsweise
sprawa – Angelegenheit, Problem, Sache

11 Sagen Sie polnisch:

- niestety, też, mieć, mało, wolny, czas;
- tylko, mało kiedy, móc, wybrać się, do, teatr, lub, do, kino;
- przeważnie, spędzać, wolny czas, w, dom; czytać, coś ciekawego;
- czasem, spotykać się, z, koleżanka, w, kawiarnia, lub, oglądać telewizję;
- zwykle, po południu, pracować, lub, pomagać, w, dom;
- tylko, w soboty, móc, wybrać się, do, teatr, lub, spotkać się, z, kolega.

12 Lesen Sie!

Chcieć to móc!

Rozmawiają: Staś, Danka, Piotr, Janina, Leszek

S.: Wolny czas spędzam bardzo różnie. Po południu najpierw odpoczywam. Słucham radia lub czytam coś ciekawego. Potem przeważnie odrabiam lekcje i uczę się języka. Wieczorem często chodzę do kina, bo lubię oglądać filmy. W ten sposób odpoczywam po nauce.

D.: Nie wiem, jak ty to robisz. Ja mam bardzo mało wolnego czasu. Tylko w soboty wieczorem mogę się wybrać na dyskotekę lub do kina. Czasem spotykamy się z koleżanką u mnie lub u niej. Słuchamy wtedy muzyki i rozmawiamy.

P.: Ale *na* wszystko musi być czas! *Trzeba* pracować, trzeba *trochę* pomagać w domu, ale też trzeba chodzić do kina, do teatru, na koncerty, czytać ciekawe *książki*, oglądać telewizję, słuchać radia i spotykać się z kolegami w klubie.

J.: Kiedy ty to wszystko robisz, ciekawa jestem. Ja *należę do* klubu *sportowego* i chodzę *raz* lub *dwa razy* w *tygodniu* na *trening*. Muszę pomagać matce, *robić zakupy* i odrabiać lekcje. Chcę też trochę odpocząć. Czasem nie wiem, kiedy to wszystko zrobić! Ja nie mam czasu na kino, na *pływalnię* lub na dyskotekę. Cieszę się, jeżeli mogę obejrzeć dobry film w telewizji lub przeczytać dobrą książkę.

L.: Piotr ma rację. Na wszystko musi być czas, tylko trzeba się trochę zastanowić. Chcieć to móc!

13 Prägen Sie sich ein!

na (+Akk.)	– für, zu (Veranstaltung, Anlaß, Termin)	raz	– (ein-)mal
		dwa razy	– zweimal
		tydzień,	– Woche
trzeba	– man muß, es ist erforderlich	w tygodniu	– in der Woche
		trening	– Training

trochę	– etwas, ein wenig/bißchen	robić zakupy	– einkaufen, Einkäufe tätigen
książka, -i	– Buch, Bücher	pływalnia	– Schwimmhalle
należeć do	– angehören, gehören (zu)	zastanawiać się, zastanowić się *vo.*	– überlegen, nachdenken
sportowy	– Sport- (in Zus.)		

14 Bilden Sie Sätze!

wieczorem	zwykle	być w/u ...	dom, kolega
po kolacji	przeważnie	wybierać się do/na ...	kino, koncerty
w soboty	często	dzwonić do ...	koleżanka
	mało kiedy	chodzić do/na ...	klub, dyskoteka
	czasami	spotykać się z/w	kolega, kawiarnia
	czasem	czytać ciekawe książki	
	zawsze	pomagać w domu	
		odpoczywać przy dobrej muzyce	

15 Berichten Sie über Ihre Freizeitbeschäftigung!
Stellen Sie die erforderliche Lexik nach den Lexikverzeichnissen zusammen!

16 Lesen Sie (still) mit Wörterbuch und geben Sie den jeweiligen Inhalt deutsch wieder!

Pan Szczęśniak

Nazywam się Szczęśniak. Na imię mi Władysław. Pracuję jako ślusarz w fabryce maszyn. Co robię w wolnym czasie? A więc – po pracy jestem przeważnie w domu. Czytam najpierw gazetę, bo chcę wiedzieć, co nowego na świecie. Potem zwykle odpoczywam. Wieczorem oglądam telewizję. Czasem jednak zasypiam przed telewizorem, bo jestem zmęczony, a programy nie zawsze są ciekawe. Ale transmisje sportowe, szczególnie mecze piłki nożnej, chętnie oglądam. Lubię sport, ale tylko w telewizji. Czasami wybieramy się z żoną do dzieci lub dzieci przychodzą do nas. Bardzo nas to cieszy, bo zawsze spędzamy z nimi przyjemne chwile.

Krystyna

Moja koleżanka Krystyna chodzi do tej samej klasy, co ja. Znamy się dobrze, bo zwykle spędzamy wspólnie sobotnie wieczory. W pozostałe dni tygodnia Krystyna nie ma czasu. Należy do klubu sportowego i chodzi dwa lub trzy razy w tygodniu na trening. Dlatego właśnie ma mało czasu na naukę. Często nie odrabia lekcji i potem ma trudności w szkole. Ale sport to jej pasja!

7 541002-2

Pani Domarska

Pan chce wiedzieć, jak ja spędzam wolny czas? Wolny czas mam tylko wieczorem. W dzień pracuję, a po pracy robię po drodze do domu zakupy. W domu najpierw trochę odpoczywam przy kawie i rozmawiam ze swoją córką. Potem sprzątam mieszkanie i przygotowuję kolację. Po kolacji czasem słucham radia albo czytam, ale przeważnie oglądam filmy i robię na drutach.

Pan Ogrodnik

Moja rodzina spotyka się zwykle wieczorem przy stole. Rozmawiamy wtedy o naszych sprawach. Dzieci opowiadają o szkole, o kolegach i swoich problemach, a my – słuchamy. Czasem też pomagamy im przy odrabianiu lekcji. Mamy psa. Daje nam dużo radości, ale także dużo pracy. Trzeba z nim wychodzić na spacery. Po południu robią to dzieci, a wieczorem przeważnie ja się z nim gdzieś wybieram.
W soboty i niedziele zwykle wyjeżdżamy na działkę. Zawsze czeka tam na mnie jakaś praca. A więc mogę powiedzieć, że się nie nudzę.

Gdzie byłeś wczoraj?

1

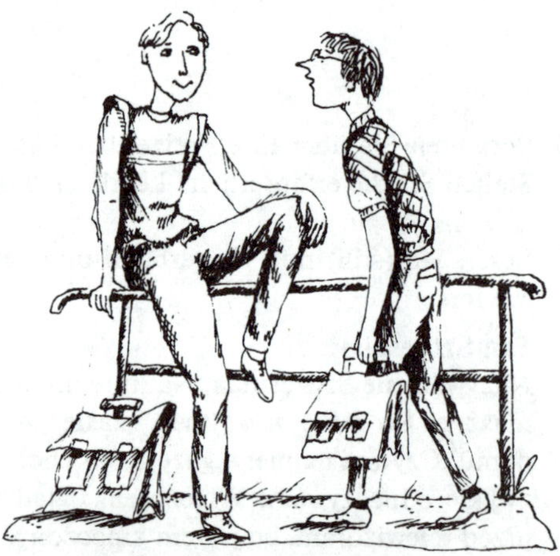

- Co robiłaś wczoraj?
- Byłam u Aliny.
- Co robiłyście?
- Słuchałyśmy radia i rozmawiałyśmy, a potem spotkałam się z Danką.
- Gdzie byłyście?
- Wybrałyśmy się do kina.
- Co grali?
- „Kabaret“, ciekawy film.

- Gdzie byłeś wczoraj?
- Po południu byłem w kinie. A ty?
- Spotkałem się z Robertem i byliśmy na pływalni.
- Czy Andrzej był z wami?
- Nie, Andrzej i Janek byli w klubie.
- A gdzie byliście wieczorem?
- Na dyskotece.

2 **Das Präteritum** (Grundmuster)

Das Präteritum wird vom Infinitivstamm gebildet.

	Singular Mask.	Fem.	Neutra	*Plural* Pers.-form	Sachform
1. Pers.:	-ł-e-m	-ł-a-m	–	-l-i-śmy	-ł-y-śmy
2. Pers.:	-ł-e-ś	-ł-a-ś	–	-l-i-ście	-ł-y-ście
3. Pers.:	-ł	-ł-a	-ł-o	-l-i	-ł-y

3 Interpretieren Sie die in den Dialogen (Üb. 1) vorkommenden präteritalen Verbformen und fertigen Sie eine Übersicht über das Präteritum von „być“ an!

4 Lesen Sie!

Co robiłaś wczoraj?

Wczoraj po południu byłam w domu. Najpierw słuchałam radia i odpoczywałam. Potem odrabiałam lekcje i uczyłam się. Dzwoniłam do Andrzeja, ale nie było go w domu. Spotkałam się więc z koleżankami.

Co robił Zygmunt?

Zygmunt pracował do wieczora. Kiedy był w domu, najpierw czytał gazetę, a potem oglądał telewizję. Trochę opowiadał o pracy.

Co robiliście wczoraj?

Wieczorem byliśmy kinie, ale film nie był ciekawy. Po filmie zadzwoniliśmy do kolegi i spotkaliśmy się u niego w domu. Rozmawialiśmy długo. Spędziliśmy przyjemny wieczór.

5 Lesen Sie im Dialog!

– Dzwoniłem do ciebie, ale nie było cię w domu.
– Kiedy zadzwoniłeś?
– Po południu.
– Po południu byłam na treningu. Dlaczego nie zadzwoniłeś wieczorem jeszcze raz?
– Byłem w klubie. Myślałem, że cię tam spotkam, ale w klubie też cię nie było.
– Szukałeś mnie? – To coś nowego.
– Chciałem wiedzieć, gdzie jesteś.
– A to dlaczego?
– Głupie pytanie!!

Prüfen Sie sich selbst!

1 Strukturen

– Jak spędzasz wolny czas? – Wie verbringst du die Freizeit?
– Bardzo różnie. – Sehr unterschiedlich.
– Gdzie byłeś wczoraj? – Wo warst du gestern?
– Byłem w kinie. – Ich war im Kino.

2 Verwandeln Sie das Präsens ins Präteritum!

1. Chodzimy razem do szkoły i często wspólnie (gemeinsam) spędzamy wolny czas.
2. Jestem u Andrzeja i pomagam mu.
3. Dzwonię do Moniki i zapraszam ją do kina.
4. Kiedy odrabiam lekcje, nie słucham radia.
5. Muzyka mi przeszkadza, kiedy pracuję.
6. Kiedy jesteśmy w klubie, rozmawiamy o naszych sprawach.
7. Kiedy jestem u niego, odrabiamy razem lekcje.
8. Nie znam jeszcze polskiego i dlatego piszemy do siebie po niemiecku.
9. Lubią muzykę i nieźle grają na fortepianie.
10. Nie oglądamy filmu, bo go już znamy.

3 Übersetzen Sie ins Deutsche!

Wählen Sie für jeden Satz eine Übersetzung, die das Wort „uns" enthält, und machen Sie sich dann bewußt, wie dieses Wort in den polnischen Sätzen wiedergegeben ist!

1. Koleżanka nam pomaga.
2. Antek nas zaprasza.
3. Często rozmawiamy o tobie.
4. Monika i Torsten mówią o nas.
5. Przepraszamy nauczycielkę.
6. Oglądamy w telewizji interesującą audycję.
7. Rozumiemy się bardzo dobrze.
8. Interesujemy się tą książką.
9. Janek mieszka nad nami.
10. Ula nie chce z nami rozmawiać.
11. Tadek często do nas dzwoni.

4 Formulieren Sie die Sätze so um, daß statt „uns" Kasusformen von „ihr" an den entsprechenden Stellen stehen.
Wiederholen Sie die Übung mit den entsprechenden Kasus von „sie" (3. P. Pl.) oder „Sie" (Höflichkeitsform)!

Jaką miałeś podróż?

Znacie się?

1 

Andrzej jestem.	Bardzo *mi miło.*

2 Lesen Sie im Dialog!

Na ulicy

Andrzej i Darek spotykają Jolę.

D.: Cześć, Jola!
J.: Cześć, Darek!
D.: Znacie się? To mój kolega.
A.: Andrzej jestem.
J.: Bardzo mi miło. Jola.
D.: Co słychać?
J.: W porządku. A co u ciebie?
D.: Do nas *przyjeżdżają goście* z Krakowa. Właśnie idziemy na *dworzec.*
J.: Nie masz czasu. Prawda?
D.: Niestety.
J.: No to cześć!
D. A.: Cześć!

3 Prägen Sie sich ein!

miło	– angenehm; nett	przyjeżdżać przyjechać *vo.*	– (an-)kommen, eintreffen, gefahren kommen, anreisen
Miło mi.	– Es freut mich. Es ist mir angenehm.	gość, goście	– Gast, Gäste
		dworzec	– Bahnhof

4 a) Lesen Sie im Dialog!

b) Prägen Sie Sich die Konjugation der Verben „przyjeżdżać“ und „przyjechać“ ein!

– Jak często przyjeżdżasz do domu?
– Zawsze przyjeżdżam w soboty.
– Czy twoja koleżanka przyjeżdża z tobą?
– Czasem przyjeżdżamy razem.
– Czym przyjeżdżacie?
– Zwykle przyjeżdżamy autobusem.

– Kiedy przyjedziesz do nas?
– Przyjadę w maju.
– Czy twoja siostra przyjedzie z tobą?
– Jeszcze nie wiem.
– Dlaczego nie przyjedziecie razem?
– Może przyjedziemy razem.
– A dlaczego rodzice nie przyjadą?
– Nie mają czasu.

5 Lesen Sie im Dialog!

Na dworcu

– Hallo, Darek!
– No, jesteście! Dzień dobry. *Witam! Pozwólcie*, że *przedstawię* wam mojego kolegę. To Andrzej.
– Bardzo nam *przyjemnie*.
– Jaką mieliście *podróż*?
– Bardzo przyjemną.
– *Co nowego* w Krakowie?
– Wszystko w porządku.
– No to jedziemy do domu.

6 Prägen Sie sich ein!

witać (się) przywitać (się) *vo.* (persönl., privat)	– begrüßen, willkommen heißen	przedstawiać, przedstawić *vo.*	– (jmdn.) vorstellen
pozwalać, pozwolić *vo.*	– gestatten, erlauben	przyjemnie *Adv.* przyjemny *Adj.*	– angenehm, freundlich, nett
Pozwólcie! (Imp. von „pozwolić“)	– Gestattet!	podróż *f.*	– Reise
		Co nowego?	– Was gibt es Neues?

7 Erzählen Sie den Handlungsablauf der Dialoge *„Na ulicy“* und *„Na dworcu“* im Präteritum! Benutzen Sie dazu die folgende Lexik!

– do, rodzina, Andrzej, przyjechać, goście, z (aus + Gen.), Kraków;
– Andrzej i Darek, pojechać, na (+ Akk.), dworzec;

- po (+ Lok.), droga, Andrzej, spotkać, koleżanka;
- Andrzej, przywitać się, z, Jola, i, przedstawić, ona, Darek;
- goście, Andrzej, przyjechać, na (+ Akk.), dworzec, „Warszawa-Centralna“;
- Andrzej, serdecznie, oni, przywitać;
- potem, pojechać, do, dom.

8 Lesen Sie (im Dialog)!

Pan Weber przyjeżdża do Warszawy. Na dworcu czeka *na* gościa pan Janecki.
- Przepraszam, czy pan nazywa się Weber?
- Tak, jestem Weber.
- Witam pana serdecznie w Warszawie. Janecki jestem.
- Miło mi pana poznać.
- Cieszę się, że pan do nas przyjechał i że pan tak dobrze *mówi po polsku.*
- Mówię jeszcze bardzo mało.
- Ale pan wszystko świetnie rozumie.
- Tak, tylko proszę mówić trochę *wolniej.*
- Rozumiem. Teraz pojedziemy do naszego *zakładu.* Tam czeka na pana dyrektor.
- Teraz wszystko zrozumiałem.
- Świetnie. No to jedziemy.

9 Prägen Sie sich ein!

na (+ Akk.)	– auf (wen?, was?)	wolniej (Komp. von „wolno“)	– langsamer
mówić	– sprechen, sagen, reden		
po polsku	– polnisch	zakład	– Werk, Betrieb
jechać, jadę, jedziesz ... jadą; pojechać *vo.*	– fahren		

10 Gestalten Sie Dialoge, in denen Sie

- kurz eine Situation kennzeichnen,
- sich begrüßen,
- sich nach dem Wohlbefinden erkundigen,
- sich oder jemanden vorstellen,
- sich nach Reiseeindrücken erkundigen,
- Redewendungen für Verstehen bzw. Nicht-Verstehen einbauen,
- den Partner bitten, langsamer zu sprechen, oder ihn veranlassen, einen Satz zu wiederholen,
- das Gespräch mit einer Aufforderung höflich beenden.

Czy widziałeś Ewę?

1

2 Lesen Sie im Dialog!

a) – Czy widziałeś Ewę?
– Tak, wieczorem. Szła do kina.
– Rozmawiałeś z nią?
– Tak, ale niedługo. Nie miała czasu.
– Nie mówiła, czy przyjedzie na trening?
– Nie.

b) – Czy Marek już przyszedł?
– Przyszedł, jest już w klasie.
– A Jurek i Zbyszek?
– Przyszli, przyszli. Czekają na nas.
– Czy są już Zosia i Jadzia?
– Jeszcze nie przyszły.

c) – Gdzie są Ania i Jadzia?
– Już poszły.
– Dlaczego? Miały czekać!
– Czekały, ale chciały jeszcze pójść na pływalnię.

3 Präteritalformen von *„iść"* bzw. *„pójść, przyjść"*

	Singular			*Plural*	
	Mask.	Fem.	Neutra	Pers.-form	Sachform
1. Pers.: 2. Pers.: 3. Pers.:	szedłem szedłeś szedł	szłam szłaś szła	– – szło	szliśmy szliście szli	szłyśmy szłyście szły

Ebenso: pójść – poszedłem bzw. poszłam usw.
przyjść – przyszedłem bzw. przyszłam usw.

4 Wiederholen Sie Ihre Kenntnisse über die Anwendung imperfektiver und perfektiver Verbformen (S. 90) und beachten Sie die Anwendung der Präteritalformen von *„iść"* bzw. *„pójść"*, *„przyjść"* in den folgenden Beispielen!

Imperfektiv	*Perfektiv*
Darek szedł na dworzec. (Darek ging /war unterwegs/ zum Bahnhof.)	Darek poszedł na dworzec. (Darek ist/war zum Bahnhof gegangen.)
	Darek już przyszedł. (Darek ist/war bereits gekommen.)
Kiedy szłam do klubu, (Als ich zum Klub ging,	spotkałam Ewę. habe/hatte ich Eva getroffen.)
Szliśmy długo przez las. (Wir gingen lange durch den Wald.)	Przyszliśmy bardzo późno do domu. (Wir sind/waren sehr spät nach Hause gekommen.)

5 Sagen Sie im Präteritum!

Czy pójdziesz na balet? Nie, pójdę do kina. Dokąd pójdzie Jurek? Pójdzie do klubu. Czy pójdziecie na pływalnię? Jurek i Zbyszek pójdą na pływalnię, ale Zosia i Marek nie pójdą. Kiedy przyjdziesz? Przyjdę wieczorem. Czy Zosia też przyjdzie? Zosia i Jadzia przyjdą razem. Czy Andrzej i Jurek też przyjdą? Nie, przyjdą tylko Andrzej i Ania. Kiedy przyjdziecie do klubu? Przyjdziemy już po południu.

6 Lesen Sie im Dialog! Beachten Sie das Präteritum der Verben *„chcieć, mieć, musieć, wiedzieć, woleć, rozumieć, umieć, móc"!*

a) – Gdzie byłeś *wczoraj*?
– Wiem, że mieliśmy się spotkać. Ja też chciałem z wami pojść do kina, ale musiałem pomagać w domu. Wiedziałem, że będziesz na mnie czekał. Ale co miałem zrobić?
– Czy nie mogłeś zadzwonić?
– Nie mogłem, bo nie miałem czasu.

b) – Pan Weber chciał rozmawiać ze mną po niemiecku, ale wolałem mówić z nim po polsku.
– Czy pan Weber cię rozumiał?
– Świetnie mnie rozumiał. Nie spodziewałem się, że będzie tak dobrze umiał po polsku.

7 Die Präteritalformen der Verben auf *-(i)eć* und des Hilfsverbs *„móc"*.

Beispiele: chcieć, woleć

Singular

	Mask.	Fem.	Neutra	Mask.	Fem.	Neutra
1. Pers.:	chciałem	chciałam	–	wolałem	wolałam	–
2. Pers.:	chciałeś	chciałaś	–	wolałeś	wolałaś	–
3. Pers.:	chciał	chciała	chciało	wolał	wolała	wolało

Plural

	Pers.-form	Sachform	Pers.-form	Sachform
1. Pers.:	chcieliśmy	chciałyśmy	woleliśmy	wolałyśmy
2. Pers.:	chcieliście	chciałyście	woleliście	wolałyście
3. Pers.:	chcieli	chciały	woleli	wolały

Beispiel: móc

Singular *Plural*

	Mask.	Fem.	Neutra	Pers.-form	Sachform
1. Pers.:	mogłem	mogłam	–	mogliśmy	mogłyśmy
2. Pers.:	mogłeś	mogłaś	–	mogliście	mogłyście
3. Pers.:	mógł	mogła	mogło	mogli	mogły

8 Sagen Sie im Präteritum!

Czy musisz pojechać do Krakowa? Muszę. Janek musi pracować po południu. Andrzej i Jurek muszą pójść na dworzec. Anka nie musi tego zrobić. Nie musimy czekać.
Czy chcesz zrobić zdjęcie? Chcę. Kto chce przyjść? Anka i Dorota chcą przyjść. Czy Janek nie chce pójść z nami? Chce, ale nie może. Kiedy chcecie przyjść? Chcemy być u was wieczorem.
Czy umiesz to zrobić? Umiem, ale nie chcę. Czy pani umie przetłumaczyć ten tekst? Umiem, ale nie mogę, bo nie mam czasu. Czy pan mnie rozumie? Rozumiem. Muszę mówić wolniej. Chcę mówić po polsku, ale jeszcze dobrze nie umiem.

Przyjeżdżają goście

1 Lesen Sie (still) und erschließen Sie den Inhalt – falls nötig – mit Hilfe des Wörterbuches!

Dzisiaj przyjeżdżają do nas koledzy z Warszawy. Andreas wita ich na dworcu.

- Dzień dobry. Witam was serdecznie w Berlinie. Bardzo nam miło, żeście przyjechali do nas. Chciałbym wam przedstawić przewodniczącą rady uczniowskiej w naszej szkole – koleżankę Heike, a to grupa uczniów z naszej klasy. Oni będą się wami opiekować w czasie waszego pobytu u nas. Ja mam na imię Andreas, a po polsku – Andrzej. Będziemy razem zwiedzać nasze miasto. Życzę miłego pobytu. Dziękuję.
- My też dziękujemy. Nie spodziewaliśmy się, że przywita nas ktoś w Berlinie tak pięknym językiem polskim.

2 Lesen Sie im Dialog!

W autokarze

- Dzień dobry. Monika jestem.
- Bardzo mi przyjemnie. Roman.
- Jaką miałeś podróż?
- Przyjemną. Dużośmy rozmawiali, a czas ...
- Proszę? Nie zrozumiałam. Czy możesz mówić trochę wolniej?
- O, przepraszam. Podróż była bardzo przyjemna. W czasie podróży dużo rozmawialiśmy. Zrozumiałaś?
- Tak, teraz wszystko zrozumiałam.
- Dobrze. Dokąd jedziemy?

– Do hotelu.
– *Co* to *za* hotel?
– *Turystyczny.*
– A jaki jest program na dzisiaj?
– Najpierw odpoczniecie trochę w hotelu, a wieczorem spotkamy się w klubie na dyskotece.
– Czy ty też będziesz w klubie?
– *Oczywiście.*
– *Doskonale.*

Ⓜ Die Personalendungen des Präteritums sind beweglich; sie können mit vielen der dem Verb vorangehenden Wörter verbunden werden, z. B. dużo*śmy* rozmawiali oder: dużo rozmawiali*śmy*; Nie wiedziałam, że*ś* był w teatrze oder: Nie wiedziałam, że byłe*ś* w teatrze.

3 Prägen Sie sich ein!

autokar	– Reisebus	oczywiście	– selbstverständlich, gewiß doch, natürlich
co za?	– was für ein?		
turystyczny	– Touristen- (in Zus.), touristisch	doskonale	– hervorragend, fein, ausgezeichnet, prima

4 Gestalten (Inszenieren) Sie einen Dialog!

– Begrüßung, Vorstellung, Fragen stellen, Auskunft erteilen, Erklärungen geben.

5 Formulieren Sie den Dialog in einen Monolog um!

Prüfen Sie sich selbst!

1 Strukturen

– Pozwólcie, że przedstawię wam mojego kolegę Andrzeja.	– Gestattet, daß ich euch meinen Kollegen Andrzej vorstelle.
– Andrzej jestem.	– Ich bin (heiße) Andrzej.

– Bardzo mi miło.	– (Es ist mir) sehr angenehm.
– Co słychać?	– Was gibt es Neues?
– W porządku. A co u ciebie?	– (Alles) In Ordnung. Und bei dir?
– Jaką miałeś podróż?	– Was hattest du für eine Reise?
– Bardzo przyjemną.	– Eine sehr angenehme.
– Janecki jestem.	– Ich bin Janecki.
– Miło mi pana poznać.	– Es ist mir angenehm, Sie kennenzulernen.
– Cieszę się, że pan tak dobrze mówi po polsku.	– Ich freue mich, daß Sie so gut polnisch sprechen.
– Mówię jeszcze bardzo mało.	– Ich spreche noch sehr wenig.
– Pan wszystko świetnie rozumie.	– Sie verstehen alles ausgezeichnet.
– Proszę mówić trochę wolniej!	– Sprechen Sie, bitte, etwas langsamer.
– Czy mnie rozumiesz?	– Verstehst du mich?
– Tak, wszystko zrozumiałam.	– Ja, ich habe alles verstanden.
– Dokąd jedziemy?	– Wohin fahren wir?
– Do hotelu.	– Ins Hotel.
– Co to za hotel?	– Was für ein Hotel ist das?
– Turystyczny.	– Ein Touristen-Hotel.
– Jaki jest program na dzisiaj?	– Was für ein Programm ist für heute vorgesehen?
– Najpierw odpoczniecie trochę w hotelu, a potem spotkamy się w klubie.	– Zunächst ruht ihr euch im Hotel ein wenig aus, und danach treffen wir uns im Klub.

2 Sagen Sie polnisch, daß

– Sie in Warszawa gewesen sind,
– Sie während (in der Zeit) der Reise einen Polen kennengelernt haben,
– Sie sich lange mit ihm unterhalten haben,
– Sie über sich und Ihre Familie gesprochen haben,
– er Ihnen seine Tochter vorgestellt hat,
– er Ihnen ein Foto von seiner Frau (żona) und seinem Sohn gezeigt hat,
– Sie mit ihm nur polnisch gesprochen haben,
– Sie, wenn er langsamer sprach, sehr viel verstanden haben,
– das Gespräch (rozmowa) für Sie sehr interessant war,
– Sie in Warszawa in einem Touristen-Hotel gewohnt haben,
– Sie sich mit Ihrer polnischen Freundin (Kollegin) getroffen haben,
– Sie gemeinsam ins Theater gegangen sind,
– Ihnen der Aufenthalt in Warszawa gefallen hat.

Z którego wieku jest…?

W centrum Berlina

1

Co *zwiedzimy* jutro?	Będziemy zwiedzać *miasto.*

2 Lesen Sie im Dialog!

– Co zwiedzimy jutro?
– Będziemy zwiedzać stare *centrum* Berlina.
– Czy miasto będziemy zwiedzali *cały* dzień?
– Nie, tylko do południa, a po południu będziecie mieli wolny czas.
– A co będzie wieczorem?
– Pójdziemy na *koncert.*

3 Prägen Sie sich ein!

zwiedzać, zwiedzić *vo.*	– besichtigen	cały	– ganz, heil
centrum	– Zentrum	koncert	– Konzert

4 Das Futur

a) **Einfaches Futur** (= perfektive Verben)

Zwiedzimy centrum Berlina.	Wir werden das Zentrum Berlins besichtigen.
Pójdziemy na koncert.	Wir werden ins Konzert gehen.

Falsch wäre es, diese Formen mit „będę, będziesz" usw. zu gebrauchen.

b) **Zusammengesetztes Futur** (= imperfektive Verben)

1. Typ (Hilfsverb + 3. Pers. Prät. imperfektiver Verben)

Singular

	Mask.	Fem.	Neutr.
1. Pers.: 2. Pers.: 3. Pers.:	będę będziesz } zwiedzał będzie	będę będziesz } zwiedzała będzie	– – będzie zwiedzało

Plural

	Pers.-Form	Sachform
1. Pers.: 2. Pers.: 3. Pers.:	będziemy będziecie } zwiedzali będą	będziemy będziecie } zwiedzały będą

2. Typ (nur imperfektive Verben)

	Singular	*Plural*
1. Pers.: 2. Pers.: 3. Pers.:	będę będziesz } zwiedzać będzie	będziemy będziecie } zwiedzać będą

Der Infinitiv darf vor und nach *„będę, będziesz"* usw. stehen.

5 Lesen Sie im Dialog! Vergleichen Sie die Wiedergabe der Zeiten durch imperfektive und perfektive Aspekte!

– Co będziesz robił wieczorem?
– Będę musiał zadzwonić do domu. Danka czeka na telefon. A ty co?
– Jeszcze nie wiem.
– Jeżeli zaczekasz, możemy pójść do kina.
– Dobrze. Zaczekam.

6 Lesen Sie im Dialog!

Gdzie się jutro spotkamy?	*Przed* hotelem.

– Gdzie się jutro spotkamy?
– Przed hotelem i pojedziemy *metrem* na Alexanderplatz.
– Co zwiedzimy?
– Centrum starego Berlina i ulicę „Unter den Linden“, – po polsku: „Pod Lipami“.
– Czy będziemy też na *wieży telewizyjnej*?
– Ależ oczywiście!
– Czy możemy się spotkać *pod* wieżą, a nie przed hotelem?
– Jeżeli wszyscy będą chcieli, możemy się spotkać pod wieżą.

7 Prägen Sie sich ein!

przed (+ Instr.)	– vor	pod (+ Instr.)	– unter, unterhalb (von); (dicht) an
metro	– U-Bahn		
wieża	– Turm		
telewizyjny	– Fernseh- (in Zus.)		

8 Variieren Sie die Fragen und Antworten!

- Gdzie mieliśmy się spotkać? Przed hotelem czy pod wieżą? — klub – szkoła, szkoła – dom, dworzec – zegar (Uhr);
- Gdzie czeka Janek? Przed teatrem czy przed operą? — hotel – restauracja, kawiarnia – kino, klasa – szkoła;
- Kiedy zadzwonisz do mnie? Przed podróżą czy po podróży? — południe – trening; teatr – kino.

Na wieży telewizyjnej

1

W *którym wieku powstał* Berlin?	W trzynastym (XIII) wieku.

2 Lesen Sie im Dialog!

- Co to za *budynek*?
- Który?
- Ten wysoki z wieżą.
- To *Czerwony Ratusz*.

– Z którego jest wieku?
– Z dziewiętnastego (XIX). Na budynku możesz zobaczyć *sceny* z *historii* Berlina.
– W którym wieku powstał Berlin?
– Pierwsze *wzmianki pochodzą* z trzynastego (XIII) wieku, ale osiedla znajdowały się w tym miejscu już w ósmym (VIII) wieku przed naszą *erą*.
A teraz *popatrz! Za* Czerwonym Ratuszem znajduje się *zrekonstruowana* stara dzielnica.
– Gdzie?
– Nie widzisz? Tam, *nad Sprewą*.
– Z tą wysoką wieżą *kościoła*?
– Tak, to *najstarszy* kościół Berlina.
– Czy będziemy go oglądać?
– Będziemy oglądali całe stare miasto.
– Czy będziemy też w operze?
– Oczywiście. Jutro wieczorem na koncercie.

3 Prägen Sie sich ein!

który	– welcher (Interrogativpron.)
wiek	– Jahrhundert; (Lebens-)Alter
powstawać, 3. Pers.: powstaje, -ą powstać vo. 3. Pers.: powstanie, -ną	– entstehen, sich herausbilden
budynek	– Gebäude
Czerwony Ratusz	– Rotes Rathaus
z (+ Gen.)	– aus
scena, Pl.: -y	– Szene, -n
historia	– Geschichte
wzmianka, Pl.: -i	– Erwähnung, -en
pochodzić z (+ Gen.)	– stammen, kommen aus
era	– Zeitrechnung; Ära, Zeitalter
Popatrz!	– Sieh! Schau hin!
za (+ Instr.)	– (da-)hinter
zrekonstruowany	– rekonstruiert
nad (+ Instr.)	– über (wo?), oberhalb (von)
Sprewa	– Spree
kościół w kościele	– Kirche, in der Kirche
najstarszy (Superl. von „stary“)	– der älteste

4 Beantworten Sie die Fragen zum Text!

Co goście zwiedzają w Berlinie?
Czy cały dzień będą zwiedzali miasto?
Dokąd pójdą wieczorem?
Z którego wieku pochodzą pierwsze wzmianki o Berlinie?
W którym wieku znajdowały się tu osiedla?
Co można zobaczyć na Czerwonym Ratuszu Berlina?
Z którego wieku pochodzi ratusz?
Jakie znasz budynki w centrum Berlina?

5 Geben Sie Ihren Gästen eine kurze Auskunft über Ihre Stadt bzw. einzelne Sehenswürdigkeiten!

nasze miasto	pochodzić z	*dziesiąty* (10.) wiek
stare miasto ...	(+ Gen.)	*jedenasty* (11.)
centrum	powstać w	*dwunasty* (12.)
ten budynek	(+ Lok.)	*trzynasty* (13.)
ten kościół		*czternasty* (14.)
kościół ...		*piętnasty* (15.)
uniwersytet ...		*szesnasty* (16.)
nasza opera		*siedemnasty* (17.)
dom ...		*osiemnasty* (18.)
ten teatr		*dziewiętnasty* (19.)
teatr imienia ...		*dwudziesty* (20.)

6 Informieren Sie Ihre Gäste über einen Tagesablauf!

dzisiaj	przed południem	spotykać się/	przed ..., pod ...
jutro	po południu	spotkać się	w ...
	wieczorem	zwiedzać/zwie-	centrum naszego
		dzić	miasta
		oglądać/obejrzeć	stare centrum ...
		pojechać do ...	Zoo
		iść/pójść do ...	teatr, kino, opera,
		na ...	dyskoteka, koncert

7 Geben Sie Auskunft über die Lage eines Objekts!

uniwersytet	znajdować się	niedaleko od	plac ..., dworzec
teatr	być	naprzeciwko	park ..., hotel
opera		blisko	ulica ..., ratusz
kino		koło	centrum ...,
			szkoła

ten budynek	przy	stare miasto
dom ...	na	kościół ...
restauracja	w	pałac ...
kawiarnia	za	nowe osiedle
klub	przed	dzielnica ...

8 Gestalten Sie einen Dialog (Gast – Gastgeber), in dem Sie

- Tageszeit und Ort einer Begegnung vereinbaren,
- einen zeitlichen Ablauf für eine (kurze) Stadtbesichtigung besprechen,
- Auskunft über ausgewählte Objekte geben,
- Möglichkeiten der Freizeitgestaltung besprechen, und erklären, wo sich bestimmte Objekte befinden.

9 Lesen Sie (still) und geben Sie den wesentlichen Inhalt deutsch wieder!

Kto dużo widział, (ten) dużo wie.

Goście przebywają dzisiaj drugi dzień w Berlinie. Przed obiadem chcą zwiedzić centrum miasta i obejrzeć je z wieży telewizyjnej. Spotkali się z niemieckimi kolegami przed hotelem. Najpierw opowiadali sobie o tym, co robili wczoraj wieczorem. Potem pojechali metrem na Alexanderplatz. Silke chciała im pokazać znane budynki przy tym placu. Pod wieżą telewizyjną mieli trochę czasu. Tam Silke opowiadała o wieży i o historii Berlina. Goście mieli dużo pytań. Silke odpowiadała.
- W którym wieku powstała opera?
- W osiemnastym. Zbudował ją Knobelsdorff.
- To bardzo piękny budynek.
- Tak, odbudowano go dokładnie według historycznych planów.
- Czy będziemy w operze?
- Niestety, nie.
- A to pech! Tak bardzo chciałam tam być na koncercie.
- Poznamy teraz Muzeum Historyczne. Ten budynek pochodzi z czasów baroku.
- Przepraszam, a gdzie można zobaczyć w Berlinie zabytki z czternastego, piętnastego i szesnastego wieku?
- Na Starym Mieście. Będziemy je też zwiedzać, ale możemy tam zaraz pójść, jeżeli chcecie.
- Proponuję pójść tam pojutrze, a dziś obejrzeć wystawę w Muzeum Historycznym.
- Czy wszyscy się zgadzacie? Jeżeli tak, to tam idziemy.

Wiederholung

1 Deklination der Substantive und Adjektive im Singular

Beantworten Sie die folgenden Fragen mit der angegebenen Lexik!

Kto to jest? Kogo szukasz? Komu podoba się opera? Kogo pytasz? Z kim się spotykasz? O kim mówisz?	a) Robert, Dagmara b) nasz sąsiad, pan Rogalski c) moja siostra, nasza matka d) nasze dziecko
Co to jest? Czego tu nie ma? Co tu powstaje? Czym się interesujesz? O czym rozmawiacie?	a) hotel, szkoła, boisko b) nowy park, nowa ulica, nowe osiedle

2 Präsens und Präteritum schwieriger Verbformen

Fertigen Sie eine Übersicht mit schwierigeren bzw. unregelmäßigen Verbformen an! Setzen Sie jeweils die 3. Pers. Sg. bzw. Pl. ein!

Verben: iść, pójść, chcieć, mieć, umieć, rozumieć, móc, pomóc, wiedzieć, widzieć, stać, powstawać, powstać, wybrać się, obejrzeć

Infinitiv	Präsens	Präteritum
iść pójść usw.	Sg.: idzie; Pl.: idą	Sg.: szedł, szła, szło; Pl.: szli, szły

Prüfen Sie sich selbst!

1 Strukturen

– Co zwiedzimy jutro?	– Was werden wir morgen besichtigen?
– Będziemy zwiedzać miasto.	– Wir werden die Stadt besichtigen.
– Gdzie się spotkamy?	– Wo werden wir uns treffen?
– Przed hotelem.	– Vor dem Hotel.
– W którym wieku powstał Berlin?	– In welchem Jahrhundert ist Berlin entstanden?

– W trzynastym.
– Z którego wieku pochodzi ten budynek?
– Z osiemnastego.

– Im 13. (Jahrhundert).
– Aus welchem Jahrhundert stammt dieses Gebäude?
– Aus dem 18. (Jahrhundert).

2 Gebrauch der Aspekte

Bestimmen Sie, welchem Aspekt die Verben der folgenden Sätze angehören, und begründen Sie die Verwendung des betreffenden Aspektes!

1. Jutro pójdziemy na koncert.
2. Kiedy przyjechał Tadek, goście właśnie się nam przedstawiali.
3. Janka już znam. Już mi się przedstawił.
4. Kiedy będziesz w Berlinie, często będziemy się spotykać.
5. Spotkałam ją wczoraj przed operą, kiedy tam czekałam na Andrzeja.
6. Czy spotkamy się pod wieżą?
7. Kiedy przyjedziecie do Warszawy?
8. Dobrze, zaczekam na ciebie. Pójdziemy razem.
9. Czekałam bardzo długo, ale Ewa nie przyszła.
10. Zadzwonimy jutro wieczorem.
11. Dobrze, że zaczekałaś na nas.
12. Kiedy Monika jeszcze mieszkała w Berlinie, czasem dzwoniła wieczorem i zapraszała nas.

3 Verbformen

Setzen Sie die richtige polnische Verbform ein!

1. Pojechaliśmy do centrum, bo wszyscy chcieli (sehen) wieżę telewizyjną.
2. Goście często (trafen sich) z nami na dyskotece.
3. Jutro (gehen wir) razem na koncert.
4. (Ihr seid gekommen) wczoraj?
5. Wczoraj (haben wir uns getroffen) z nimi przed operą.
6. Z wieży telewizyjnej (sehen wir) całe miasto.
7. Często (kommen) do nas goście z Polski.
8. Goście (stellen sich vor) nam.
9. Tu (entsteht) nowa dzielnica mieszkaniowa.
10. Dzisiaj wieczorem (fahren wir) do teatru.
11. Nie wiem, kiedy (ist entstanden) ten budynek.
12. Dziś (treffen wir uns) w klubie.

Gdzie znajduje się ...?

Gdzie znajduje się dworzec?

1

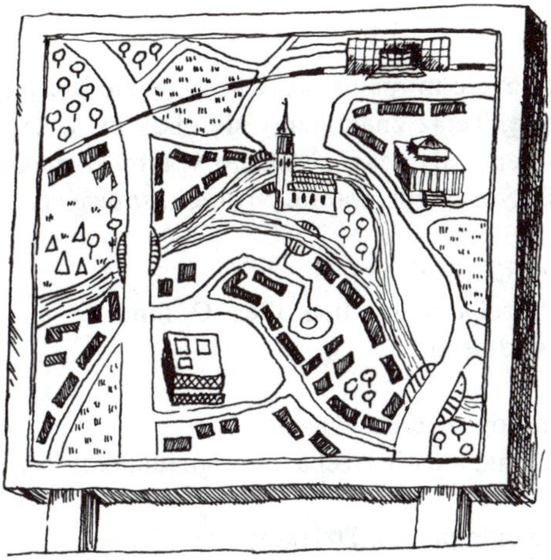

Przepraszam, gdzie znajduje się dworzec?	Trzeba najpierw iść *prosto*, a potem *skręcić w prawo.*

2 Lesen Sie und variieren Sie im Dialog!

– Przepraszam, gdzie znajduje się dworzec? — jest; muzeum, *postój taksówek, przystanek,* kawiarnia

– Trzeba najpierw iść prosto *aż* do *następnej przecznicy,* — do *skrzyżowania*, do *rogu*
a potem skręcić w prawo. — *w lewo*
Tam dworzec już *widać.* — muzeum, postój taksówek, przystanek, kawiarnia

3 Prägen Sie sich ein!

prosto	– gerade(-aus); direkt	postój taksówek	– Taxihaltestelle
aż	– bis	następny	– nächster
skręcić	– ein-, abbiegen	przecznica	– Querstraße
w prawo	– (nach) rechts	skrzyżowanie	– Kreuzung
w lewo	– (nach) links	róg	– Ecke
przystanek	– Haltestelle	widać (+ Akk.)	– ist zu sehen, man sieht

4 Inszenieren Sie einen Dialog, in dem Sie die Lage eines Objektes Ihrer Stadt und den Weg dorthin erfragen!

5 Lesen Sie im Dialog!

Na ulicy

– Przepraszam, czy może mi pan(i) *powiedzieć*, gdzie jest restauracja ...?
– Już panu(i) mówię. Teraz znajdujemy się obok kina. Trzeba *przejść* na *lewą stronę* ulicy, a potem cały czas iść prosto w tym *kierunku* aż do następnego skrzyżowania. Na tym skrzyżowaniu, *po drugiej stronie ulicy* jest na rogu restauracja ...
– Czy tu *wolno* przejść ulicę?
– Nie, nie wolno. Trzeba przejść pod ulicą. O, tam!
– Czy to blisko, czy daleko?
– Raczej blisko.
– A czy *można* tam pojechać autobusem?
– Oczywiście że można, ale nie trzeba, bo to niedaleko. *Pieszo stąd* dziesięć (10) minut.
– Ma pan(i) rację. Pójdę pieszo. Dziękuję.
– Proszę bardzo.

6 Prägen Sie sich die folgende Lexik ein:

powiedzieć *vo.*	– sagen	druga strona ulicy	– die andere Straßenseite
przejść *vo.*	– überqueren, durchgehen	wolno (+ Inf.)	– es ist erlaubt, gestattet; man darf
lewy, -a, -e	– linker, -e	można (+ Inf.)	– man kann, man darf
prawy, -a, -e	– rechter, -e	pieszo	– zu Fuß
strona	– Seite	stąd	– von hier (aus)
kierunek	– Richtung		
po (+ Lok.)	– auf (wo?)		

7

wejść	– hineingehen, hereinkommen
wyjść	– hinausgehen, herauskommen

przejść	– überqueren hinübergehen, hindurchgehen
zejść	– hinuntergehen, herunterkommen

Fragen Sie polnisch! Geben Sie eine positive und eine negative Antwort!

– Darf man hier | die Straße überqueren?
auf die andere Straßenseite gehen?
hineingehen?

– Muß man | geradeausgehen?
bis zur Kreuzung gehen?
in diese Richtung gehen?
auf der linken oder auf der rechten Seite gehen?
rechts oder links gehen?

– Kann man | dort links abbiegen?
von hier aus zu Fuß gehen?
dort mit dem Bus fahren?
hier hinuntergehen?
dort hinausgehen?
dort auf die andere Straßenseite gehen?
in dieser Richtung zum Theater gehen?

8 Sytuacja: Pan/Pani stoi na skrzyżowaniu i nie wie, jak iść dalej do teatru (do ...).

Pan/Pani pyta: – Przepraszam, czy pan/pani może mi powiedzieć,

- wo sich das Theater (...) befindet,
- ob man hier geradeaus gehen kann,
- ob man nach rechts oder links gehen muß,
- ob das Theater weit weg oder in der Nähe ist
- wo die nächste Taxihaltestelle ist,
- ob die Taxihaltestelle in dieser Richtung ist,
- wo die Haltestelle (Bus, Straßenbahn) ist,
- wie die nächste Querstraße heißt,
- ob um die Ecke (hinter der Ecke) ein Café ist,
- ob man von hier zu Fuß ins Theater (...) gehen kann oder mit dem Bus fahren muß.

9 Lesen Sie (still) mit Hilfe des Wörterbuches und geben Sie den Inhalt deutsch wieder!

Trzeci dzień w Berlinie

Polscy koledzy są już trzeci dzień w Berlinie. Wczoraj zwiedzaliśmy z nimi śródmieście. Pokazywaliśmy im najbardziej znane budowle dawnego i nowego Berlina. Niektórzy z nich już zaczynają się orientować w mieście. Wieczorem siedzą nad jego planem i przypominają sobie, gdzie byli i co widzieli. Wysyłają widokówki do domu. Umówiliśmy się na jutro przed Muzeum Pergamońskim. Marek nie wiedział, jak tam trafić. Pokazałem mu drogę na planie miasta.

Czym można dojechać do teatru?

1

Czym można *dojechać* do teatru?	Autobusem.

2 Lesen Sie im Dialog!

W mieście

Marek nie wie, jak *trafić* do Muzeum Marchii Brandenburskiej.
M.: Gdzie jest to muzeum?
Ja: Zaraz ci *pokażę*. Tu widzisz Alexanderplatz, a *stacja*, na *której* musisz *wysiąść*, nazywa się Jannowitzbrücke.
M.: Co tam dojeżdża?
Ja: *Kolej miejska* – S-Bahn i metro.
M.: Byliśmy tam wczoraj. Prawda?
Ja: Tak, ale stacja kolei miejskiej jest blisko muzeum. Widzisz, tu.

M.: Aha. Teraz ja *powtórzę*, czy wszystko dobrze zrozumiałem. *Zgoda?*

Ja: Dobrze, słucham.

M.: Więc *wsiadam* do metra koło naszego hotelu, jadę metrem do Alexanderplatz, tam *przesiadam się* i dojeżdżam do Jannowitzbrücke lub Märkisches Museum.

Ja: Doskonale. Bardzo dobrze już *się orientujesz*. Ale jak będziesz się przesiadać na Alexanderplatz, musisz wyjść z metra w kierunku *jazdy*.

M.: Widzę, że do muzeum też można dojechać autobusem.

Ja: Można, ale popatrz! Ze stacji Jannowitzbrücke jest przecież niedaleko do muzeum, możesz iść pieszo.

M.: *Zgadza się*. A jeżeli nie trafię, to zapytam.

Ja: Masz rację. Kto pyta, nie *błądzi*.

3 Prägen Sie sich ein!

dojeżdżać (do) dojechać *vo.*	– (fahrend) hingelangen, hinkommen	wsiadać, wsiąść *vo.*	– einsteigen
trafić	– treffen, hinfinden	przesiadać się, przesiąść się *vo.* (na + Akk.)	– umsteigen (in)
pokazywać, pokazać *vo.* pokażę, pokażesz ... pokażą	– zeigen	orientować (się) zorientować-się *vo.*	– sich orientieren, sich zurechtfinden
stacja	– Station	jazda	– Fahrt
który, -a, -e	– der, die, das (Relativpr.)	tramwaj	– Straßenbahn
wysiadać, wysiąść *vo.* wysiądę, wysiądziesz ... wysiądą	– aussteigen	zgadzać się, zgodzić się *vo.*	– stimmen, einverstanden sein, sich einverstanden erklären
kolej miejska	– Stadtbahn	błądzić, zabłądzić *vo.*	– irren, sich verirren, verlaufen, verfahren, vom Weg abkommen
powtarzać, powtórzyć *vo.*	– wiederholen		
Zgoda?	– hier: Einverstanden?; (Einverständnis, Eintracht, Übereinstimmung)		

4 Beantworten und variieren Sie die Fragen!

– Czym dojeżdżasz do szkoły? Autobusem?	pan(i) dojeżdża do pracy; metrem, koleją (miejską), *tramwajem*
– Na którym przystanku wsiadasz, a na którym wysiadasz?	której stacji – pan(i) wsiada wysiada
– W którym kierunku musisz iść potem?	pan(i) musi
– Czy twój gość trafi ze szkoły do waszego domu? (Proszę opisać drogę!)	pana(i) z ... do pana(i)

5 Lesen Sie im Dialog!

Czy ja tam trafię?

– Ten hotel się znajduje na Aristotelessteig. To bardzo daleko. Tam można dojechać metrem.
– Ale czy ja tam trafię?
– Trafi pan. Trzeba jechać metrem do stacji Platon-Straße.
– A potem?
– Pójdzie pan ulicą Giordano-Bruno-Straße w kierunku jazdy metrem. Po prawej stronie ulicy znajduje się Wyższa Szkoła Filozoficzna. Za nią pan skręci w prawo w ulicę Römerweg. Sto metrów dalej jest po lewej stronie biblioteka. Zaraz za nią skręci pan w lewo i już zobaczy pan hotel.
– Nie tak prosto tam trafić!
– Może pan tam zapytać kogoś o hotel. To nowy budynek – hotel „Universum“.
– Zobaczę. Nie lubię mieszkać tak daleko od centrum. Czy tam nie można dojechać autobusem lub tramwajem?
– Oczywiście że można, ale tylko jeden przystanek.
– Dziękuję serdecznie. Mam dużo czasu, pójdę pieszo. Trzeba przecież poznać Berlin.
– Ma pan rację.

6 Indefinitpronomen

Durch Anfügen des Suffixes *-ś* werden Interrogativpronomen (Fragefürwörter) zu Indefinitpronomen (unbestimmten Fürwörtern), z. B.:

co? – was?	→	co*ś* – (irgend) etwas,
		o czym*ś* – über etwas;
kto? – wer?		kto*ś* – jemand,
		z kim*ś* – mit jemandem;

gdzie? – wo?	*gdzieś* – irgendwo, *gdzieś* za stadionem – irgendwo hinterm Stadion;
kiedy? –wann?	*kiedyś* – einst, irgendwann, (irgendwann) einmal, *kiedyś* na urlopie – irgendwann im Urlaub.

7 Lesen Sie im Dialog! Sagen Sie, wie die Indefinitpronomen zu übersetzen sind!

1. – Czy tu ktoś mówi po polsku?
   – Tak, ja mówię!
2. – Czy znasz tam kogoś?
   – Tak, w tym zakładzie pracuje mój ojciec.
3. – Czy masz adres Doroty?
   – Nie, nie mam. Wiem tylko, że mieszka gdzieś niedaleko poczty.
4. – Czy jeszcze na kogoś czekacie?
   – Tak. Tadka jeszcze nie ma.
5. – A co robi Ania?
   – Rozmawia z kimś.
6. – A Haliny i Darka nie ma?
   – Nie. Są jeszcze na politechnice. Zajmują się tam jakimś nowym komputerem.
7. – A gdzie możemy się spotkać?
   – Może w czyimś mieszkaniu.
8. – Czy czegoś szukasz?
   – Tak. Telefonu Magdaleny.
9. – Czy nie możemy się kiedyś spotkać?
   – Proszę bardzo! Wieczorem zawsze mam czas.
10. – Czy znasz jakiś język bardzo dobrze?
    – Tak. – Niemiecki!

8 Prägen Sie sich die Konjugation der Grundformen von „*(–)siadać*" und „*(–)siąść*" ein!

Präsens bzw. Futur

	Imp. Aspekt	Perf. Aspekt
1. Pers. Sg.: 2. Pers. Sg.:	(-)siadam (-)siadasz	(-)siądę (-)siądziesz
. . . .	. . . .	. . . .
3. Pers. Pl.:	(-)siadają	(-)siądą

Präteritum

3. Pers. Sg.: 3. Pers. Pl.:	(-)siadał, -a, -o (-)siadali, siadały	(-)siadł, -a, -o (-)siedli, siadły

9 Schreiben Sie die Sätze ab und gebrauchen Sie die eingeklammerten Verben in der richtigen Form!

Präsens bzw. Futur

1. Tu zawsze (ich, wysiadać), kiedy jadę do szkoły.
2. Dziś (wir, wysiąść) na przystanku przy parku Kasprzaka.
3. Na którym przystanku (du, wysiąść)?
4. Czy (ihr, przesiąść się) z nami, czy będziecie jechać dalej?
5. (ich, wysiąść) przed twoim domem, proszę tam na mnie zaczekać.
6. Jeżeli pani z nami (wysiąść), to pokażemy pani, jak można dojść do Politechniki.
7. (ich, przesiąść się) z wami.
8. Kiedy jadę do Tadka, przy ulicy Mickiewicza zawsze (ich, przesiadać się) na autobus.
9. Nie (ich, wsiąść) z wami; zaczekam na Anię i pojadę z nią.
10. Czy (wir, wysiąść) na twoim przystanku, czy dopiero na moim?

Präteritum

1. (ich, fem., wysiąść) już tam, bo chciałam jeszcze coś kupić.
2. (wir = Ania + Darek, wysiąść) przy kinie, bo tam czekała na nas Zosia.
3. Monika i Angelika już (wsiąść).
4. Ewa i Ralf nie (wsiąść) jeszcze.
5. Na którym przystanku (ihr = Basia + Krysia, wysiąść)?
6. Gośka i Tadek nie (przesiąść się) z nami.
7. Czy ktoś tu (wysiąść)?
8. (ich, mask., wysiąść) już przy wieży.
9. Dlaczego nie (du, mask., wsiąść) z nami?
10. (wir = Baśka + Gośka, wysiąść) razem z Ewą i Tadkiem.

10 Übersetzen Sie und beachten Sie die Verwendung des perfektiven und des imperfektiven Aspektes *(powiedzieć – mówić)* in den verschiedenen Tempora!

1. Jutro powiem Tadkowi, że tym razem spotkamy się u ciebie.
2. Ania mówi, że dziś nie przyjdzie.
3. Wczoraj z Zosią długo mówiłem o tobie.
4. Nie powiem ci, od kogo to mam.
5. Mówię ci! Ten film musisz zobaczyć!

6. Roman nie mówił, gdzie był.
7. Już mu powiedziałam, że nie pójdziemy dziś do kina.
8. Ewa nie chce nam powiedzieć, z kim przyjdzie na dyskotekę.
9. Proszę mi powiedzieć, gdzie jest postój taksówek.
10. Wczoraj powiedzieli Jankowi, że przyjdą.
11. Kiedy wychodziła z domu, zawsze mówiła, dokąd idzie.
12. Powiem ci, kiedy wysiądziemy.
13. Jest, jak mówię! – Nie było jej.
14. Nie wiem już, kto mi to powiedział, ale wiem, że tak jest.
15. Wszyscy mówią, że podróż była bardzo przyjemna.

11 Lesen Sie den Text (still) mit Wörterbuch und beantworten Sie deutsch die darunter befindlichen Fragen!

W ośrodku sportowo-wypoczynkowym

Jest niedziela. Ten dzień polscy goście spędzają u rodzin swoich berlińskich kolegów. Ralf, Jurek, rodzice i siostra Ralfa poszli do ośrodka sportowego w dzielnicy Friedrichshain. Rodzice Ralfa chcą go pokazać młodemu gościowi z Polski. Jest to duży, nowoczesny i piękny budynek, w którym można spędzać wolny czas zgodnie ze swoimi zainteresowaniami. Jurek cieszy się, że w tym dniu pozna życie berlińczyków z innej strony, nie tylko ich pracę, ale także ich roz-

rywki. Ralf i Jurek oglądają najpierw budynek. Już z ulicy widać bardzo dużą pływalnię, salę gimnastyczną i kawiarnię. W tym czasie ojciec Ralfa kupił bilety.
Potem wszyscy weszli do środka. Ralf z Jurkiem chcą jeździć na łyżwach, matka Ralfa z córką poszły na pływalnię, a ojciec do sauny. Spotkają się na obiedzie w restauracji.

Fragen:

1. An welchem Wochentag ging wer mit wem wohin?
2. Warum sind sie dorthin gegangen, und was kann man dort machen?
3. Was ist Jurek aufgefallen?
4. Wie wird das Objekt beschrieben?
5. Welche Tätigkeiten führen die einzelnen Personen aus?

Prüfen Sie sich selbst!

1 Strukturen

– Przepraszam, gdzie znajduje się dworzec?	– Entschuldigung, wo befindet sich der Bahnhof?
– Trzeba najpierw iść prosto, a potem skręcić w prawo.	– Man muß zuerst geradeaus gehen und dann nach rechts einbiegen.
– Czy można tam pojechać autobusem?	– Kann man dort mit dem Bus fahren?
– Oczywiście, można, ale nie trzeba.	– Selbstverständlich kann man, aber man muß nicht.
– Czy tu wolno przejść ulicę?	– Darf man hier die Straße überqueren?
– Nie, nie wolno.	– Nein, es ist nicht gestattet.
– Przepraszam, czy może mi pan(i) powiedzieć, gdzie jest teatr ...?	– Entschuldigen Sie, können Sie mir sagen, wo das Theater ... ist?
– Proszę iść w tym kierunku do skrzyżowania, a potem w prawo.	– Gehen Sie in dieser Richtung bis zur Kreuzung und dann rechts.
– Czym można dojechać do teatru?	– Womit kann man zum Theater fahren?
– Autobusem.	– Mit dem Bus.
– Co tam dojeżdża?	– Was fährt (bis) dorthin?
– Kolej miejska.	– Die S-Bahn.
– Gdzie trzeba wysiąść?	– Wo muß man aussteigen?
– Na drugiej stacji.	– Auf der zweiten Station.
– Czy musimy się przesiadać?	– Müssen wir umsteigen?
– Tak, na Alexanderplatz.	– Ja, auf dem Alexanderplatz.

2 Verben

Ergänzen Sie die jeweils fehlenden Aspekte!

Imperf. Aspekt	*Perf. Aspekt*
skręcać	.....
.....	powiedzieć
przechodzić	.....
trafiać	.....
.....	pokazać
wsiadać	.....
.....	wysiąść
przesiadać się	.....
dojeżdżać	.....
.....	powtórzyć
zgadzać się	.....
orientować się	.....
błądzić	.....

3 Sagen Sie polnisch!

1. an der Haltestelle warten,
2. sich an der Kreuzung ... Straße und ... Straße treffen,
3. bis zur Ecke gehen und dann rechts einbiegen,
4. an der nächsten Haltestelle aussteigen,
5. die Straße überqueren,
6. in dieser Richtung weitergehen bis zur nächsten Querstraße,
7. auf der Station ... umsteigen,
8. mit dem Bus (der Straßenbahn, der U-Bahn, der S-Bahn) fahren,
9. den Weg zeigen,
10. auf die andere Straßenseite gehen,
11. einverstanden sein,
12. sich verlaufen,
13. nicht Bescheid wissen, sich nicht orientieren,
14. Man kann von hier zu Fuß gehen.
15. Hier ist es nicht gestattet, nach links einzubiegen.

4 Tragen Sie in die Tabelle die Grundformen folgender Verben ein:

	Präsens/Futur			Präteritum	
Infinitiv	1. Pers. Sg.	2. Pers. Sg.	3. Pers. Pl.	3. Pers. Sg.	3. Pers. Pl.
pracować					
rozumieć					
umieć					
woleć					
chodzić					
stać					
wiedzieć					
chcieć					
móc					
zostać					
zdawać					
iść					
udać się					
dostawać					
dostać					
cieszyć się					
zaprosić					
przyjść					
pomóc					
odpoczywać					
odpocząć					
wybrać się					
przyjechać					

Co sądzisz o ...?

Uta zostanie nauczycielką.

1 Lesen Sie!

Uta ma szesnaście (16) *lat.* Od pierwszej do ósmej klasy chodziła do szkoły imienia Henryka Heinego. Zawsze dobrze się uczyła. Teraz jest w dziesiątej klasie. *Za* dwa lata zda *maturę.* Uczy się *trzech języków obcych: rosyjskiego, angielskiego* i polskiego. Chce studiować *pedagogikę,* a potem zostać nauczycielką.

2 Prägen Sie sich ein!

rok	– Jahr,	język obcy	– Fremdsprache
N. Pl.: lata	– Jahre	język rosyjski	– Russisch,
G. Pl.: lat			russ. Sprache
za (+ Akk.)	– in (temporal)	język angielski	– Englisch,
			engl. Sprache
matura	– Abitur	pedagogika	– Pädagogik
trzech	– drei		
(= Gen. von „trzy")			

3 Beantworten Sie die Fragen!

Ile lat ma Uta?
Do której szkoły chodziła? Jak długo?
W której jest klasie?
Czego się uczy?
Co chce studiować?
Kim chce zostać?

4 Sprechen Sie anhand der Fragen (Üb. 3) über Ihre bisherige Entwicklung.

5 Lesen Sie!

Krzysztof ma zostać chemikiem.
Krzysztof ma siedemnaście (17) lat. Po *szkole podstawowej* zdał egzamin do liceum imienia Jana Kochanowskiego. Jest teraz uczniem trzeciej *klasy biologiczno-chemicznej.* Uczy się języka niemieckiego. Po maturze chce studiować elektronikę.

6 Lesen Sie im Dialog!

Krzysztof rozmawia z Utą.
K.: Dlaczego chcesz zostać nauczycielką?
Uta: Lubię pracę z dziećmi i języki.
K.: Zawsze tak było?

U.: Nie. W *przedszkolu* bardzo chciałam być lekarzem. W drugiej czy trzeciej klasie *myślałam*, że zostanę aktorką.
K.: Dlaczego z tego *zrezygnowałaś*?
U.: Rodzice nie chcieli.
K.: Ze mną jest podobnie.
U.: Jak to rozumieć?
K.: Mam zostać inżynierem chemikiem, jak ojciec. Ale chemia mnie teraz już nie interesuje.
U.: Przecież chodzisz do klasy biologiczno-chemicznej.
K.: Chodzę, ale wolę studiować elektronikę.
U.: Może zostaniesz nauczycielem, tak jak ja?

7 Prägen Sie sich ein!

szkoła podstawowa – Grundschule
klasa biologiczno-chemiczna – Spezialklasse für Bio.-Chem.
przedszkole – Kindertagesstätte, Vorschule
myśleć – denken, meinen, glauben
podobnie – ähnlich (so wie)
Jan Kochanowski (1530–1584) – bedeutender Dichter der poln. Renaissance, schuf mit seiner Lyrik die Grundl. der poln. dichter.-künstl. Sprache
rezygnować, zrezygnować *vo.* (z + Gen.) – resignieren, verzichten (auf), aufgeben

8 Sprechen Sie über die Entwicklung von Krzysztof:

- wie alt er ist,
- welche Schule er jetzt besucht,
- welche Voraussetzung er erfüllen mußte,
- in welcher Klasse er ist,
- was er werden möchte.

9 Lesen Sie im Dialog!

Rozmowa

Uta: Wczoraj mówiłeś, że musiałeś zdawać egzamin do liceum.
K.: Tak jest.
U.: Czy są to *egzaminy ze* wszystkich *przedmiotów*?
K.: Nie. Tylko z polskiego i matematyki, a trzeci *wybiera kandydat.*
U.: *Całkiem dowolnie?*

K.: No nie. Ja na *przykład* zdawałem do klasy biologiczno-chemicznej i *dlatego* był to egzamin z biologii z chemią.
U.: Czy są to egzaminy *ustne*, czy *pisemne*?
K.: Z polskiego i z matematyki – pisemne, a z *przedmiotu* wybranego – ustny. A jak jest u was?
U.: U nas nie ma egzaminów *wstępnych*. *Ponieważ* chciałam studiować, rozmawiałam o tym z rodzicami, a potem z naszym *wychowawcą*.
K.: To wszystko?
U.: Nie, nie. Najpierw wybrałam szkołę, potem napisałam *podanie* i czekałam na wstępną rozmowę w gimnazjum.
K.: Musiałaś mieć dobrą *opinię*, prawda?
U.: No i dobre *stopnie*.

10 Prägen Sie sich ein!

rozmowa	– Gespräch, Unterhaltung
przedmiot	– hier: Fach
egzamin z (+ Gen.)	– Prüfung in
polskiego	Polnisch
matematyki	Mathematik
biologii	Biologie
wybranego przedmiotu	Wahlfach
wybierać wybrać *vo.* wybiorę, wybierzesz ... wybiorą	– auwählen
kandydat	– Bewerber, Kandidat
całkiem	– völlig, ganz (und gar)
dowolnie	– nach Belieben, beliebig
przykład	– Beispiel
dlatego	– deshalb, deswegen, daher
ustny	– mündlich
pisemny	– schriftlich
wstępny	– hier: Aufnahme- (in Zus.)
ponieważ	– weil
wychowawca	– Klassenleiter, Erzieher
podanie	– Antrag
opinia	– Beurteilung
stopień, Pl.: stopnie	– Zensur; Grad, Stufe, Rang

11 Gestalten Sie einen Dialog (Gast–Gastgeber), in dem Sie dem Gast einen Einblick in Ihren Schulbesuch geben!
Sagen Sie polnisch,
– wo/wann Sie die Grundschule beendet (ukończyć) haben,
– warum Sie Ihre jetzige Schule gewählt haben,
– wie es zu Ihrer Bewerbung kam/wie Sie sich beworben haben,

– was Ihre Lehrer/Eltern/Bekannten zu Ihrer Bewerbung gesagt haben,
– ob Sie mit der Entscheidung, diese Schule zu besuchen, zufrieden sind (Zustimmung, Ablehnung, Stellungnahme zu bestimmten Fächern).

Co sądzisz o swojej szkole?

1 | Co *sądzisz* o swojej szkole? | *Myślę*, że jest dobra. |
|---|---|

2 Lesen Sie im Dialog!

– Co sądzisz o swojej szkole?
– *Trudne pytanie.* Myślę, że jest dobra. Mamy dobrych nauczycieli ...
– A lubisz swoją szkołę?
– Nie bardzo.
– Dlaczego? Taka świetna szkoła!
– Jest bardzo dużo uczniów. Nie znamy się wszyscy. Nauczyciele nas dobrze nie znają.
– Rozumiem. A budynek?
– Budynek jest ładny, *jasny*, blisko parku. Ale sądzę, że to nie jest *ważne.*
– Masz rację. Moja szkoła jest *mała*, znajduje się w starym budynku, ale ja ją lubię. Mamy *kółko* teatralne i turystyczne, klub sportowy.
– *Żałuję*, że nie mogę chodzić do twojej szkoły.

3 Lesen Sie im Dialog!

Co sądzisz o Wojtku?
– Co sądzisz o Wojtku?
Myślę, że to bardzo mądry *chłopiec*. Bardzo angażuje się *społecznie* i jeszcze ma czas na teatr i książki.
– A jaki jest w szkole?
– O, nauczyciele go bardzo lubią, bo to inteligentny i pracowity uczeń.
– A jak myślisz? Kim chce zostać?
– On mówi, że zostanie nauczycielem.
– Podobnie jak Anka. Ale ona nie będzie dobrą nauczycielką.
– Tak sądzisz? To taka mądra dziewczyna.
– Nie lubi małych dzieci.
– No tak. Myślę, że masz rację. Dobry nauczyciel musi lubić swoich uczniów.
– *Przecież* ona chce zostać nauczycielką tylko dlatego, że Wojtek chce zostać nauczycielem.

4 Prägen Sie sich ein!

sądzić o (+ Lok.)	– halten von, meinen zu, denken über, urteilen über	trudny	– schwierig
		pytanie	– Frage
		jasny	– hell, klar
		kółko	– Zirkel, AG
sądzić, że ...	– finden, daß ...; meinen, daß ...; der Ansicht sein, daß ...	żałować (+ Gen.)	– bedauern
		ważny	– wichtig, gültig
		chłopiec	– Junge, Knabe
		społecznie *Adv.*	– gesellschaftlich
myśleć	– denken	przecież	– doch, ja (doch)

5 Gestalten Sie ähnliche Dialoge, in denen Sie Ansichten über jemanden oder etwas (z. B. ein Objekt in Ihrer Stadt) äußern! Gebrauchen Sie dabei folgende Wendungen:

sądzę, że ...	Masz rację, bo ...	Myślę, że ..., ponieważ ...
Co sądzisz o ...?	Nie masz racji,	Jaka szkoda, że ...
Jak myślisz?	bo przecież ...,	Żałuję (bardzo), ale ...
myślę, że ...	dlatego że ...	Żałuję, że ..., ale ...

6 Lesen Sie (still), erschließen Sie die Texte mit Hilfe des folgenden Wörterverzeichnisses! Geben Sie den Inhalt (stichpunktartig) deutsch wieder!

Spotkanie w klubie

Wczoraj zaprosiliśmy polskich kolegów na dyskotekę do klubu. Podzielili się z nami swoimi wrażeniami z pobytu u nas.

Kierownik klubu w naszej szkole serdecznie powitał młodzież z Polski. Krótko poinformowal gości o zadaniach i inicjatywach klubu młodzieżowego i jego roli

w życiu naszej dzielnicy. Życzył gościom przyjemnego i pożytecznego pobytu w naszym kraju oraz ciekawych przeżyć.
Na spotkaniu było bardzo wesoło. Przez cały czas panowała serdeczna i przyjazna atmosfera. Kto nie tańczył, rozmawiał ze swoim gościem. Wszyscy mieli dużo pytań. Mogliśmy naszym gościom sporo powiedzieć o warunkach życia młodzieży u nas. A my też dużo dowiedzieliśmy się o kraju i zwyczajach naszych gości. Wieczór ten był dla wszystkich bardzo ciekawy. Można powiedzieć, że teraz o wiele lepiej się rozumiemy.

Lexik

spotkanie	– Treffen, Begegnung	przeżycie	– Erlebnis
		panować	– herrschen
podzielić się wrażeniami	– Eindrücke austauschen	przyjazny	– freundschaftlich
pobyt	– Aufenthalt	tańczyć	– tanzen
kierownik	– Leiter	pytanie	– Fragen
krótko	– kurz	sporo	– recht viel
zadanie	– Aufgabe	warunek	– Bedingung
życie	– Leben	zwyczaj	– Brauch, Sitte;
kraj	– Land	dowiedzieć się	– erfahren
pożyteczny	– nützlich	wiele	– viel
wesoły	– lustig, fröhlich	lepiej	– besser

Nie chcę pomagać leniuchom

R.: Czy ty też masz takie kłopoty jak ja?
M.: Kłopoty? Z kim lub z czym?
R.: Z niektórymi kolegami.
M.: A to dlaczego?
R.: Nie chcę pomagać leniuchom.
M.: Mów dalej, bo to mnie interesuje.
R.: Widzisz, uczę się dobrze, pomagam tym, którzy sami nie dają sobie rady z lekcjami. Ale nie znoszę takich sytuacji, gdy zdolny, ale leniwy uczeń chce przepisać ode mnie zadanie.
M.: Znam takie sytuacje.
R.: Rozumiesz, ja też wolę być w kinie, oglądać ciekawe filmy lub spotykać się z kolegami, zamiast siedzieć nad książką.
M.: Właśnie. Ja też kiedyś rozwiązywałam trudne równania cały wieczór, a mój kolega Ronald w tym czasie grał w piłkę. Następnego dnia mówi: „Daj zadania“.
R.: No i co zrobiłaś?
M.: Nie dałam, a on się obraził. Omówiliśmy sprawę na zebraniu. Teraz nasza

klasa jest trochę inna. Zorganizowaliśmy pomoc dla słabszych, ale uczyć się musi każdy sam.

R.: No tak. Bez pracy nie ma kołaczy.

Lexik

leniuch	– Faulpelz	trudny	– schwierig
kłopot	– Unannehmlichkeit, Ärger	równanie	– Gleichung
niektóry	– manch(-er)	grać w piłkę	– Fußball spielen
dalej	– weiter	obrazić się	– sich beleidigt fühlen, beleidigt sein
sam	– selbst	omówić	– besprechen
dać radę z (+ Instr.)	– schaffen, zurechtkommen	zebranie	– Versammlung
znosić	– ertragen	inny	– anders
zdolny	– befähigt, begabt	pomoc	– Hilfe
leniwy	– faul	słabszy	– schwächer
przepisać	– abschreiben	praca	– Arbeit
zamiast	– (an-)statt	kołacz	– Kuchen; hier: Lohn
rozwiązywać	– lösen		

7 Lesen Sie (still) mit Hilfe des Wörterbuches und geben Sie den wesentlichen Inhalt deutsch wieder!

Żółty piasek

Chodź, usiądziemy tutaj – powiedziała.

Nie, pójdziemy na ławeczkę, tam jest piasek – odpowiedział. Siedzieli razem na ławeczce. On rysował coś patykiem w piasku.

– Co rysujesz?

– Ciebie.

– Niepodobna jestem.

– Nie szkodzi.

Trudno było rysować, bo piasek był suchy.

– O, popatrz, przeleciał chrabąszcz (Maikäfer).

– To samiczka (Weibchen).

– Skąd wiesz?

– Samczyki (Männchen) nie latają tak nisko.

– Przyjdziemy jutro na to samo miejsce, dobrze?

– Dobrze.

Nie przyszedł następnego dnia. Nie przyszedł pojutrze. I za dwa dni. I za miesiąc. Nie przyszedł już nigdy. Często siedziała samotnie na małej ławeczce. Sama.

Nie wiedziała, że rodzice przenieśli go do innego przedszkola.

Prüfen Sie sich selbst!

1 Strukturen

– Co sądzisz o swojej szkole?	– Was hältst du von deiner Schule?
– Myślę, że jest dobra.	– Ich denke, daß sie gut ist. (Ich denke, sie ist gut.)
– Anka nie będzie dobrą nauczycielką.	– Anka wird keine gute Lehrerin sein.
– Tak sądzisz?	– Meinst du?
– Anka nie lubi dzieci.	– Anka mag keine Kinder.
– Sądzę, że nie masz racji.	– Ich finde, du hast unrecht.

2 Deklination

Gebrauchen Sie die eingeklammerten Wörter im richtigen Kasus!

1. W (szkoła podstawowa) chciałam zostać (aktorka).
2. Ania po (matura) chce studiować (historia).
3. Nie lubiłem chodzić do (przedszkole).
4. Z (język polski) mam dobre stopnie, ale (fizyka) nie lubię.
5. Piotr nie wie jeszcze, (kto) ma zostać.
6. Po (egzamin) spotkamy się u (Angelika).
7. Byliśmy z (oni) w (klub, park, ratusz, kawiarnia, kino, teatr, muzeum).
8. Dyskoteka jest niedaleko (dworzec), obok (biblioteka).
9. Jutro pójdziemy z (Tadek) do (zakład), w (który) pracuje ojciec.
10. Koledzy rozmawiali z (my) o (życie) (młodzież) w (Polska).

3 Sagen Sie polnisch!

1. Als ich in die Kindertagesstätte ging, wollte ich … werden.
2. In der Schule, in die ich später gegangen bin, mochte ich Englisch sehr, und darum dachte ich, ich würde Dolmetscher (tłumacz).
3. Ich hatte immer gute Zensuren, deshalb wollte ich studieren.
4. Vielleicht werde ich Lehrer, aber ich weiß noch nicht, welches Unterrichtsfach ich wählen werde – Fremdsprachen oder Mathematik.
5. Ich finde, daß man seinen Beruf gern haben muß.
6. Deshalb denke ich, daß ich Lehrer werde, weil ich Kinder sehr gern habe und gern mit ihnen arbeite.
7. Manchmal bedaure ich, daß ich nicht jetzt schon in der Kindertagesstätte arbeiten kann.
8. Du hast recht, wenn du sagst, daß die Arbeit dort schwierig ist.
9. Bist du nicht auch der Ansicht, daß sie wichtig ist?
10. Es ist schade, daß wir darüber noch nicht gesprochen haben.

Czy lubisz zwierzęta?

1

2 Lesen Sie!

Zabawne zdarzenie

Wczoraj zwiedzaliśmy Zoo. W tej dzielnicy nazywa się „Park *zwierząt*". Tak jest *naprawdę*! Można tu oglądać *nie tylko* zwierzęta z całego świata, *ale i* różne *drzewa* i *piękne kwiaty*. Są tu nawet kawiarnie, w których odpoczywają *ludzie dorośli* i dzieci. W *pogodne* dni spędzają w „Parku“ wolny czas całe rodziny. Nie *spodziewałem się*, że *niektóre nazwy* zwierząt w języku polskim i niemieckim są tak do siebie podobne. Takie *słowa*, jak na przykład: tygrys, lew (1), pantera, żyrafa, kangur (2), hiena, zebra, papuga (3) czy krokodyl (4), można zrozumieć w różnych językach. A gdy chciałem Klausowi *wytłumaczyć*, co to jest nosorożec, było już trochę *trudniej*. Pokazałem więc najpierw na nos. To zrozumiał. Potem musiałem wytłumaczyć *znaczenie* słowa „róg“. Było to bardzo zabawne! Zrozumieliśmy wtedy, że „róg“ znaczy nie tylko „Ecke“, ale też „Horn“. Od tego czasu mówiliśmy, że spotkamy się „auf dem Horn der Straße“.

3 Prägen Sie sich ein!

zabawny	– lustig, amüsant	drzewo	– Baum; Holz
zdarzenie	– Ereignis, Begebenheit	piękny	– schön, hübsch
zwierzę	– Tier	kwiat	– Blume
naprawdę	– wirklich, tatsächlich	ludzie	– Menschen
nie tylko ..., ale i ...	– nicht nur ..., sondern auch	dorosły	– erwachsen; der E-e
spodziewać się (+ Gen.)	– erwarten	pogodny	– heiter, sonnig
nazwa	– Bezeichnung (Name)	niektóre (Pl. Sf.)	– manche, einige bestimmte
słowo	– Wort	trudniej	– schwieriger
wytłumaczyć *vo.*	– erklären, erläutern	nos	– Nase
		znaczenie	– Bedeutung

4 Schreiben Sie aus dem Text alle Substantive heraus (Nom. Sing.)! Fertigen Sie eine Übersicht an, in die Sie diese Substantive nach folgenden Kriterien einordnen:

a) Maskulina und Feminina, deren letzte Konsonanten sind:
- b-p, w-f, z-s, m, n, d-t;
- ł, r; ch (h);
- g, k;
- l, j;
- rz/ż-sz, dż-cz, dz-c;
- ź(zi)-ś(si), dź(dzi), -ć(ci), ń(ni);

b) Alle Neutra, auf
- -o, -(i)e, -(i)ę, -um.

5 Nominativ bzw. Akkusativ Plural der Substantive (Sachform)
Maskulina und Feminina

● b-p, w-f, z-s, m, n, d-t ● ł, r; ch(h)	Endung:	-y
● g, k	Endung:	-i
● rz/ż-sz, dż-cz, dz-c ● ź(zi), ś (si), dź(dzi), -ć(ci), ń(ni); l, j	Endung:	-e -(i)e
Neutra	Endung:	-a

Besonderheiten ↗ S. 220

6 Adjektive

Adjektive und andere adj. deklinierte Wörter haben im Nom. und Akk. Pl. Sf. immer die *Endung -(i)e* (= neutrale Form der Adjektive im Singular).

7 Lesen Sie und überprüfen Sie die Bildung des Nom. bzw. Akk. Plural!

a) – Jak się po polsku nazywają te zwierzęta?
– Które?
– No te, które widzisz?
– To są lwy, to tygrysy, a to – pantery.
– A te, które już oglądaliśmy?
– To były słonie (5), niedźwiedzie (6), jelenie, sarny (7) i małpy (8).
– Nie rozumiem.
– Nie rozumiesz, bo to nowe słowa, ale możesz wyszukać je w słowniku. Od czego są słowniki?

b) – Gdzie byliście wczoraj?
– Zwiedzaliśmy dzielnicę Spandau.
– Co oglądaliście?
– Przede wszystkim stare części tej dzielnicy, wąskie ulice, przytulne zaułki, zrekonstruowane domy, ciekawe galerie i inne zabytki.

c) – Co robiliście przed południem?
– Spotkaliśmy się na Alexanderplatz. Tu usłyszeliśmy pierwsze informacje o historii miasta, poznaliśmy miłe koleżanki z Berlina, które pokazały nam na mapie nowe dzielnice Berlina, budynki przy Alexanderplatz i dwa place: Wittenbergplatz i Gendarmenmarkt.

8 Lesen Sie (still) mit Hilfe des Wörterbuches und schreiben Sie (stichwortartig) auf, was sich Darek während seines Berlinbesuches notiert hat!

Notatki Darka

Postanowiłem robić notatki z naszego pobytu w Berlinie. Wczoraj nasze koleżanki pokazały nam Czerwony Ratusz i wieżę telewizyjną.
Czerwony Ratusz:
- siedziba berlinskiego Senatu,
- powstał w drugiej połowie XIX wieku (1861–1869),
- budowniczym jest architekt Hermann Friedrich Waesemann,
- wieża ratusza ma wysokość 94 metrów,
- mury ratusza zdobi fryz z terakoty, który obiega cały gmach i przedstawia sceny z historii miasta,
- tablice pamiątkowe na ratuszowym dziedzińcu przypominają pierwsze zebranie berlińskiego Magistratu (30. 6. 1865),
- w czasie II wojny światowej Czerwony Ratusz został poważnie uszkodzony,
- odbudowa rozpoczęła się w 1951 roku.

Wieża telewizyjna:
- najwyższa budowla w Berlinie (wysokość 365 metrów),
- powstała w latach 1965–1969 jako wieża telewizyjno-radiowa,
- Telecafé dla 200 osób; stoliki i fotele stoją na pierścieniu, który w ciągu godziny wykonuje jeden obrót,
- przy dobrej pogodzie maksymalna widoczność sięga 40 kilometrów,
- obudowa wieży z pasażami i pomostami, restauracje i kawiarnia,
- centrum wystawowe prezentuje ciekawe eksponaty sztuki rzemieślniczej,
- szerokie schody prowadzą na skwery i zieleńce,
- wodotryski tworzą różne kompozycje figuralne.

Jola i Astrid rozmawiają.

1

Która fotografia jest *ładniejsza*?	*Obie* są *niezłe*, ale ta podoba mi się *bardziej*.

2 Lesen Sie im Dialog!

a) – Która fotografia jest ładniejsza?
– Obie są niezłe, ale ta podoba mi się bardziej.
– Dlaczego?
– Bo ładniej i sympatyczniej na niej *wyglądasz*.
– Tak sądzisz? Tu mam jeszcze jedną.
– O, ta jest najładniejsza.

b) – Nie wiedziałam, że jesteś *młodsza* niż Ania.
– Tak, Ania jest o dwa tygodnie starsza ode mnie.
– A ile lat ma Monika?
– Szesnaście (16). Ona jest najmłodsza z klasy.

c) – Która kawiarnia podobała ci się najbardziej?
– Ta, w której byliśmy wczoraj, była bardzo przyjemna.
– Czy nie było przyjemniej w naszej kawiarni?
– Masz rację. Jest ciekawsza.

3 Prägen Sie sich ein:

ładniejszy	– schöner, hübscher	bardziej (Komp. zu „bardzo")	– mehr; stärker, intensiver
obie (f.)	– beide		
niezły	– nicht schlecht, ganz gut	młody	– jung
		młodszy,	jünger,
wyglądać	– aussehen	najmłodszy	jüngster, am jüngsten

4 Lesen Sie und unterscheiden Sie zwischen Adjektiven und Adverbien!

Tam stoi *ładny* budynek.	*Ładnie* wygląda.
Otrzymałem *serdeczny* list.	*Serdecznie* ci dziękuję.
Mamy *różne* zainteresowania.	Wolny czas spędzamy bardzo *różnie.*
To jest *inteligentny* uczeń.	Zawsze *inteligentnie* odpowiada.
Nasz sąsiad to *przyjemny* człowiek.	Można z nim bardzo *przyjemnie* rozmawiać.
Jestem w *dobrym* humorze.	Czy to *dobrze* zrozumiałaś?
Jurek to *dobry* uczeń.	Uczy się *dobrze.*
Marcin jest *lepszym* uczniem.	*Lepiej* się uczy.

5 Komparation der Adjektive und Adverbien

Adjektive		*Adverbien*	
Positiv:		Positiv:	
stary ładny	Ø	wolno ładnie	-o -(i)e
Komparativ:		Komparativ:	
starszy ładniejszy	-sz-y	wolniej ładniej	-(i)ej

Superlativ: najstarszy najładniejszy	naj-... szy	Superlativ: najwolniej najładniej	naj-... (i)ej

Adjektive haben drei Genusformen im Singular und zwei im Plural (Sach- bzw. Personalform). Sie können dekliniert und gesteigert werden.

Von Qualitätsadjektiven können Adverbien gebildet werden. Sie können nur gesteigert werden.

Einige Adjektive und Adverbien werden unregelmäßig gesteigert.

Dazu zählen:

Adjektive	*Adverbien*
dobry – lepszy – najlepszy	dobrze – lepiej – najlepiej
zły – gorszy – najgorszy	źle – gorzej – najgorzej
duży, wielki – większy – największy	dużo – więcej – najwięcej
mały – mniejszy – najmniejszy	mało – mniej – najmniej

6 Lesen Sie und bestimmen Sie die gesteigerten Formen der Adjektive bzw. Adverbien!

a) – Kogo wybraliście na waszego kierownika?
– Rolfa.
– Czy dlatego, że jest aktywniejszy od innych?
– Nie tylko. Rolf lepiej pracuje i częściej pomaga kolegom.

b) – Kogo wolisz, Janka czy Marka?
– Oczywiście, że Janka.
– Dlaczego?
– Janek jest milszy od Marka.
– Być może. Ale Marek jest mądrzejszy od niego.
– Nie sądzę. Dla mnie Janek jest milszy i inteligentniejszy niż Marek.

7 Übersetzen Sie folgende Sprichwörter (mit Wörterbuch)!

Dobre słowo – lepsze niż pieniądze.
Kto pierwszy – ten lepszy.
Między mądrymi głupi najwięcej mówią.
Kto późno przychodzi, ten sam sobie szkodzi.
Każdy wie najlepiej, gdzie go buty cisną.
Prawdziwego przyjaciela poznajemy w biedzie.
Bardziej boli od języka niż od miecza.
Lepszy wróbel w ręku niż kanarek na dachu.

8 Lesen Sie!

List

Drogi Uwe!

Od czterech dni jestem już w domu, ale często myślę o *pobycie* w Berlinie. Berlin bardzo mi się podoba. Cieszę się, że mogłem zwiedzić to miasto, a Tobie najserdeczniej dziękuję za *opiekę* nade mną.

W domu *opowiedziałem* rodzicom i rodzeństwu o tym, co zobaczyłem. *Opisałem* im *aleję* Unter den Linden i jej nowe i stare budynki. Aleja podobała mi się bardzo, ale bardziej – *Wyspa* Muzeów. Tam zwiedziłem najważniejsze muzea i zobaczyłem dużo *cennych eksponatów*. Moja siostra powiedziała, że najcenniejszym eksponatem jest *Ołtarz* Zeusa w Muzeum Pergamońskim. Dla brata cenniejsza od ołtarza jest *brama* Isztar.

Opisałem także rodzinie Charlottenburg, *pomniki* Berlina i zrekonstruowane dzielnice. Oczywiście opowiadałem o Spandau i Starym Muzeum. Ojciec jest architektem i wie, że ten budynek projektował znany architekt XVIII wieku Fryderyk Schinkel. Pokazał mi fotografie *innych* jego budynków. Tym bardziej się teraz cieszę, że mogłem w Berlinie zobaczyć jego *oryginalne dzieła.* Pokazałem rodzinie fotografie Opery *Państwowej,* Starego Miasta i Wieży Telewizyjnej. *Podziwiali* też najnowsze dzielnice Berlina. Brat żałował, że nie mógł być w Berlinie razem ze mną. Dziękuję Ci jeszcze raz i zapraszam Cię do Warszawy.

Serdecznie pozdrawiam Ciebie i całą Rodzinę

Romek

9 Prägen Sie sich ein!

pobyt	– Aufenthalt	eksponat	– Exponat, Ausstellungsstück
opieka	– Betreuung	ołtarz	– Altar
opowiadać, opowiedzieć *vo.* -wiem, -wiesz, ... wiedzą	– erzählen	brama	– Tor
		pomnik	– Denkmal
		inny	– anderer
opisywać, opisać *vo.*	– beschreiben	oryginalny	– Original- (in Zus.), originell
aleja L. Sg.: alei	– Allee	dzieło	(Kunst-)Werk
		państwowy	– Staats- (in Zus.), staatlich
wyspa	– Insel		
cenny	– wertvoll	podziwiać	– bewundern

10 Beantworten Sie die Fragen zum Text!

O czym pisze Romek?
Z czego się cieszy?
O czym opowiadał w domu?
Co sądzi jego siostra (brat)?
Co podobało się ojcu (rodzinie)?
Za co podziękował?
Jak zakończył list?

11 Gestalten Sie mit einem Partner einen Dialog zum Thema: Stadtführung. Nutzen Sie die folgende Lexik:

Co to za budynek?		pomnik, plac, ulica, aleja, wieża, brama, pałac
Z którego wieku pochodzi	ten uniwersytet?	ratusz, kościół
	ta opera?	brama, wieża
	to muzeum?	miasto
Czyj to pałac (Palast)?		dom, budynek
Czyja to brama?		opera, wieża
Czyje to dzieło?		muzeum
Co jest	w tym budynku?	znajduje się – pałacu
	w tym muzeum?	można zobaczyć – domu
	w tej wieży?	można obejrzeć – ulicy, alei
	(na)	
Kto projektował	ten pomnik?	plac, pałac, teatr
	tę bramę?	wieżę, operę, aleję

Gdzie
- można zobaczyć dzieła ...?
- można obejrzeć pomnik ...?
- znajduje się ...?
- jest ...?

12 Geben Sie einem Gast einen Überblick über Ihre Stadt!
Nutzen Sie die folgende Lexik:

a) Pierwsze wzmianki o ...
pochodzą z ... wieku.
... znajduje (-ją) się ...
Przy ... można obejrzeć ...
Na ... można zobaczyć ...
Niedaleko od ... jest (są) ...
Do ... można dojechać ...
Teraz jesteśmy
- na ...
- w ...
- przy ...

b) To jest ...
... pochodzi z ...
Projektował go (ją, je) ...
W nim (niej) jest (są) ...

c) Tu
- można obejrzeć cenny
- znajduje się
  - (-ą, -e) ...
  - oryginalny (-a, -e) ...
  - stary (-a, -e) ...
  - nowy (-a, -e) ...

Tam można
- zobaczyć różne ...
- podziwiać ważny (-ą, -e) ...
- zwiedzić piękny (-ą, -e) ...
- spędzić ciekawy (-ą, -e) ...

Prüfen Sie sich selbst!

1 Strukturen

– Jak długo zostaniesz?	– Wie lange wirst du bleiben?
– Dziesięć (10) dni.	– 10 Tage.
– Co oglądaliście?	– Was habt ihr euch angesehen?
– Nowe i stare ulice, zrekonstruowane domy.	– Neue und alte Straßen, rekonstruierte Häuser.
– Która fotografia jest ładniejsza?	– Welches Foto ist hübscher?
– Obie są niezłe, ale ta podoba mi się bardziej.	– Beide sind ganz gut (nicht schlecht), aber das gefällt mir besser.

2 Substantive und adj. deklinierte Wörter

Schreiben Sie die Sätze im Plural auf!

a) Nominativ

1. To wysokie drzewo jest już stare. 2. Młody lew był zabawny. 3. Ten kwiat jest naprawdę piękny. 4. To zwierzę bardzo mi się podoba. 5. Ten mały tygrys jest zabawny. 6. Moja rodzina często chodzi do Zoo. 7. Nie wiem, jak się to zwierzę nazywa po polsku. 8. To było ciekawe pytanie.

b) Akkusativ

1. Czasem spędzam tu cały dzień. 2. Lubię ten kwiat. 3. Ralf zaprasza koleżankę do Zoo. 4. Każdy chce mieć dobry stopień z matematyki i zdać egzamin. 5. Czytam książkę Stanisława Lema. 6. Opisałem każdy plac i pomnik. 7. Oglądałem nową dzielnicę. 8. Zobaczyłem cenny eksponat. 9. Znam to miasto. 10. Pokazałem rodzinie twoją fotografię. 11. Podziwiałem jego oryginalne dzieło. 12. Ten budynek zaprojektował F. Schinkel. 13. Zwiedziłem najważniejsze muzeum. 14. Otrzymałem ciekawą informację od ciebie. 15. Poznałem miłą koleżankę. 16. Pokazałem mu nową dzielnicę.

3 Adjektiv oder Adverb?

1. Ten film był (dobry/dobrze). 2. Ulica, przy której mieszkam, nie jest (długo/długa). 3. Czy już (długo/długi) czekasz? 4. Na tym zdjęciu twoja siostra (dobrze/dobra) wygląda. 5. Było tam wczoraj bardzo (piękny/pięknie). 6. Ralf już (dobrze/dobry) mówi po polsku. 7. Na egzaminie miałam (trudne/trudno) zadanie. 8. Ewa z historii ma (lepiej/lepszy) stopień. 9. (Lepszy/lepiej) będzie jechać autobusem. 10. Ten (wysoki/wysoko) budynek to nasza szkoła. 11. Mieszkamy teraz bardzo (wysoki/wysoko). 12. Było to (interesujące/interesująco). 13. U Ani było (wesoły/wesoło). 14. Czy mieszkasz (daleki/daleko) od szkoły? 15. Nie (trudny/trudno) będzie przetłumaczyć ten list.

Która godzina?

1 

Warszawa. Dworzec Warszawa Centralna.

2 Übersetzen Sie!

	Telegram	
Przyjedziemy we wtorek rano, godzina ósma, dworzec Warszawa Centralna. Serdeczne pozdrowienia. Lutz		

3 Lesen Sie!

Pierwszy dzień w Warszawie

Goście z *Niemiec* przyjechali o ósmej *godzinie* na dworzec Warszawa Centralna. Tam ich serdecznie *przywitali* polscy koledzy. *Następnie* pojechali razem do Domu *Akademickiego* „Riviera“, *zjedli śniadanie,* a po śniadaniu *omówili* plan pobytu w Warszawie.
Goście mają tylko tydzień na *zwiedzanie* Warszawy. To jest *za mało, żeby* dokładnie poznać *stolicę.*

4 Prägen Sie sich ein!

Niemcy	– Deutschland	jeść, zjeść vo.	– essen
rano	– morgens, früh	Präs.: jem, jesz … jedzą	
godzina	– Stunde; Uhr(-zeit)	Prät.: zjadł, zjadła	
przywitać vo.	– begrüßen	Pf.: zjedli, Sf.: zjadły	
następnie	– anschließend, danach	śniadanie	– Frühstück
akademicki	– akademisch, hochschul-; Studenten- (in Zus.)	omawiać, omówić vo.	– besprechen
		zwiedzanie, zwiedzenie	– Besichtigung, Rundgang
		za mało	– zu wenig
		żeby (+ Inf.)	– (um) zu
		stolica	– Hauptstadt

5 Beantworten Sie die Fragen!

Kiedy koledzy z Niemiec przyjechali do Warszawy? (dzień, godzina)
Kto ich przywitał?
Co następnie zrobili?
Jak długo goście zostaną w Warszawie?
Czy to dużo, czy mało? (Dlaczego?)

6 Ergänzen Sie die Sätze!

Przyjechałem (-am) … do …
Tam serdecznie przywita- mnie …
Następnie pojechaliśmy do …

Zjadłem (-am) …
Po …
W … byłem (-am) tylko …
… bardzo mało, żeby …

7 Prägen Sie sich anhand der Fragen die Bezeichnungen der Wochentage und ihren Gebrauch ein!

a) Jak nazywa się	pierwszy dzień tygodnia? – *poniedziałek.*			
	drugi	–	–	? – *wtorek.*
	trzeci	–	–	? – *środa.*
	czwarty	–	–	? – *czwartek.*
	piąty	–	–	? – *piątek.*
	szósty	–	–	? – *sobota.*
	siódmy	–	–	? – *niedziela.*

b) Co robicie

Co robicie	w poniedziałek?	– Zwiedzamy Stare Miasto.
	we wtorek?	– Idziemy do kina.
	w środę?	– Mamy wolny dzień.
	w czwartek?	– Będziemy w parku Łazienkowskim.
	w piątek?	– Zwiedzimy Muzeum Narodowe.
	w sobotę?	– Będziemy w polskiej rodzinie.
	w niedzielę?	– Pojedziemy autokarem do Żelazowej Woli.

8

rano, *przed południem,* *w południe,* *po południu,* *wieczorem*

9 Bilden Sie Fragen (Futur, Präteritum) und lassen Sie diese beantworten!

Gdzie	być	wczoraj	rano?
	robić	jutro	przed południem?
Dokąd	pójść		w południe?
	pojechać		po południu?
Co	obejrzeć		wieczorem?
	zwiedzać		
	zrobić		

10 Lesen Sie!

Klaus w Warszawie

Miasto podoba mu się bardzo. Widział Stare Miasto i zwiedził centrum Warszawy. Teraz omawia z Markiem plan na następne dni tygodnia.

– Wczoraj byliśmy w Teatrze Wielkim, a dokąd pójdziemy jutro?
– Może do Muzeum Narodowego?
– *W poniedziałki* muzea są *nieczynne.*
– Nie zwiedziliśmy jeszcze Ogrodu Botanicznego.
– Dzisiaj nie *zdążymy.* Pojedziemy tam we wtorek.
– A co podobało ci się najbardziej, Klaus?
– Stare Miasto jest ciekawe, ale najbardziej *wzruszył* mnie Pawiak. Teraz lepiej rozumiem Polaków. Widziałem też Pomnik *Bohaterów Getta* i warszawską „Nike“.

– W środę rano pojedziemy do Wilanowa. *Wrócimy* w południe, a po południu pójdziemy do klubu.
– A kiedy będziemy w Żelazowej Woli?
– W niedzielę.

11 Prägen Sie sich ein!

w poniedziałki	– an Montagen, montags	Pawiak	– ehem. faschistisches Gefängnis, jetzt Mahn- u. Gedenkstätte
czynny	– geöffnet, in Betrieb sein (funktionieren); aktiv	bohater	– Held
młodzież *f.*	– Jugend(-liche)	getto	– Ghetto
zdążyć *vo.*	– (es) schaffen (zeitl.)	Nike	– griech. Siegesgöttin
wzruszać, wzruszyć *vo.*	– (innerlich) rühren, bewegen, ergreifen	wracać, wrócić *vo.*	– zurückkommen, wiederkehren

12 Lesen Sie im Dialog!

– Co robimy jutro przed południem?
– Zwiedzimy Ogród Botaniczny.
– Nie wiesz, czy Muzeum Narodowe jest czynne?
– Co jest jutro?
– Wtorek.
– Sądzę, że we wtorki wszystkie muzea są czynne.
– Czy zdążymy obejrzeć Ogród Botaniczny i Muzeum Narodowe?
– Jeszcze przed południem? – Nie wiem. Ale jeżeli chcesz, możemy pójść do muzeum po południu. Najpierw obejrzymy Ogród Botaniczny, wrócimy do hotelu, a następnie pojedziemy do muzeum. Zgoda?

13 Gestalten Sie ähnliche Dialoge, in denen Sie Ihrem Gast Vorhaben für eine Woche Aufenthalt in Ihrer Heimatstadt vorschlagen! Gebrauchen Sie die folgende Lexik!

w poniedziałek	rano	przed śniadaniem
we wtorek	przed południem	po śniadaniu
w środę	w południe	przed obiadem
w czwartek	po południu	po obiedzie
w piątek	wieczorem	przed kolacją
w sobotę		po kolacji

Która godzina?

1

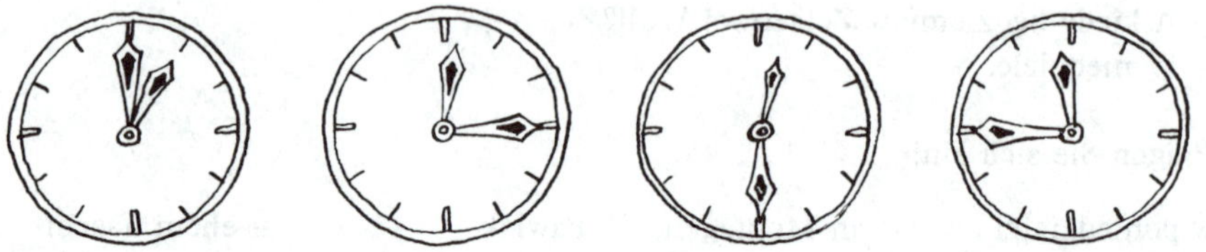

Pierwsza (godzina)	*Kwadrans* po dwunastej (godzinie).	*(W)pół* do pierwszej (godziny).	Za kwadrans dwunasta (godzina).

Która (jest) godzina?	(Jest) (godzina) Szósta.

2 Prägen Sie sich ein!

Która godzina?	– Wie spät ist es?	za	– in (zeitl.)
kwadrans	– Viertelstunde, viertel …	(w)pół	– halb

3 Lesen und variieren Sie im Dialog!

a) *Volle Stunden:*

– Która godzina? – Jest pierwsza.	druga (2), trzecia (3), czwarta (4), piąta (5), szósta (6), siódma (7), ósma (8), dziewiąta (9), dziesiąta (10)
– O której się spotkamy? – O pierwszej (godzinie).	o drugiej, o trzeciej, o czwartej usw.
– O której będziemy w Pałacu Młodzieży? – O dziesiątej (godzinie).	o jedenastej (11), o dwunastej (12), o trzynastej (13), o czternastej (14), o piętnastej (15), o szesnastej (16)
– O której będziemy w hotelu? – O siedemnastej (17).	o osiemnastej (18), o dziewiętnastej (19), o dwudziestej (20)
– O której przyjeżdża pociąg? – O dwudziestej pierwszej (21).	o dwudziestej drugiej (22), o dwudziestej trzeciej (23), o dwudziestej czwartej (24)

– Od której do której będziemy w muzeum?	
– Od 9.00 do 12.00.	od 10.00 do 11.00
– Jak długo jesteś w szkole?	w pracy, w zakładzie
– Od 8.00 do 14.00.	7.00–13.00, 6.00–14.00, 8.00–17.00
– Kiedy możesz do nas przyjść?	
– W piątek, ale po 18.00.	w środę – po 7.00, w sobotę – po 16.00, we wtorek – po 20.00, w niedzielę – po 10.00
– Do której możesz czekać?	
Do 20.00.	do 12.00, do 15.00, do 16.00, do 9.00, do 10.00

b) *Halbe Stunden:*

– O której wybieramy się do teatru?	
– O (w)pół do siódmej (= 18.30).	o (w)pół do 8.00 (= 19.30), o (w)pół do 6.00 (= 17.30)
– Kiedy będziesz u nas?	
– Między (w)pół do czwartej (= 16.00), a czwartą.	(w)pół do 3.00 (= 14.30), a 3.00 (= 15.00); (w)pół do 7.00 (= 18.30), a 7.00.

c) *Viertelstunden:*

– Kiedy pociąg odjeżdża?	
– Za kwadrans.	
– Która (godzina) jest teraz?	
– Za kwadrans szósta (= 5.45).	18.00 (= 17.45), 12.00 (= 11.45), 22.00 (= 21.45)
– O której odjeżdżamy?	
– Kwadrans po siódmej (= 7.15).	8.00 (= 8.15), 13.00 (= 13.15)

5 Bilden Sie ähnliche Kurzdialoge nach folgendem Beispiel!

Beispiel: spotkać się – wieczór, o 19.00
– Kiedy się spotkamy?
– Wieczorem o dziewiętnastej.

przyjść do nas	– w piątek, o 16.30.
pójść do kina	– w sobotę, po południu, 14.45.
zobaczyć Marka	– jutro rano, o 7.00.
przyjechać	– we wtorek, o 12.15.

6 Lesen Sie – wenn nötig – mit Wörterbuch und sagen Sie deutsch, was die deutschen Gäste an den einzelnen Wochentagen machen werden!

Plan pobytu w Warszawie

Gospodarze zaproponowali swoim gościom taki plan pobytu w Warszawie:

Wtorek

8.00	– Powitanie gości na dworcu. Śniadanie, zakwaterowanie w „Akademiku". Do obiadu: czas wolny.
14.00	– Obiad. Po obiedzie: zwiedzanie Starego Miasta.
19.00	– Kolacja. Wieczorek zapoznawczy w klubie „Akademik"

Środa

9.00–12.00	– Warszawa z Pałacu Kultury i Nauki. Zwiedzanie Muzeum Techniki lub Ogrodu Botanicznego.
14.00	– Obiad. Po obiedzie: czas wolny.
19.00–21.00	– Opera „Halka" Stanisława Moniuszki.

Czwartek

9.00–13.00	– Zwiedzanie miasta: Aleje Ujazdowskie, Łazienki, pałac Na Wodzie.
14.00	– Obiad. Czas wolny.
19.00	– Teatr Polski: komedia Aleksandra Fredry.

Piątek

9.00–12.00	– Zwiedzanie Muzeum Narodowego i Muzeum Wojska Polskiego.
13.00	– Obiad. Po południu: spacer po terenie byłego getta.
19.00	– Kolacja. Czas wolny.

Sobota

9.00–12.00	– Wycieczka autokarem: Warszawa dawna i nowa.
12.30	– Obiad. Czas wolny.
od 19.00	– Wieczór u polskiej rodziny.

Niedziela

7.00	– Całodzienna wycieczka autokarem do Żelazowej Woli, zwiedzanie rodzinnego domu F. Chopina, koncert, spacer po parku. Po obiedzie: powrót do Warszawy.

Poniedziałek

	– Wolny dzień.
19.00	– Kino lub teatr, do uzgodnienia.

Wtorek

9.00–14.00	– Wycieczka do Wilanowa, zwiedzanie pałacu i parku, Muzeum Plakatu. Obiad w Wilanowie, czas wolny.
22.00	– Wyjazd do Berlina, pożegnanie na dworcu.

7 Lesen Sie! Erschließen Sie die Bedeutung des Textes mit Hilfe der nachfolgenden Lexik!

W Warszawie

Jest niedziela, godzina 10 przed południem. Dziś będziemy zwiedzać autokarem stolicę Polski. Najpierw oglądamy w Pałacu Kultury i Nauki salę kongresową, a potem jedziemy windą na 32 piętro.
Jesteśmy na tarasie Pałacu. Widzimy stąd prawie całą Warszawę. Za Wisłą, po lewej stronie mostu Poniatowskiego, można zobaczyć Stadion Dziesięciolecia, a niedaleko Starego Miasta na Placu Teatralnym obok Teatru Wielkiego pomnik Nike, poświęcony bohaterom Warszawy. Na północy i na południu znajdują się nowe dzielnice. Zjeżdżamy windą w dół. Wsiadamy do autokaru i jedziemy na Stare Miasto.
Na Placu Zamkowym gospodarze pokazują nam były zamek królewski i kolumnę Zygmunta III Wazy. Od czasu jego panowania jest Warszawa stolicą Polski. Teraz koledzy prowadzą nas do Muzeum Historycznego na rynku Starego Miasta. Tutaj słyszymy wykład o historii miasta. Potem oglądamy piękne renesansowe kamieniczki i Barbakan. Niestety nie możemy tu zostać dłużej. Autokar czeka. Jedziemy dalej.

Lexik

winda	– Fahrstuhl
piętro	– Stockwerk
taras	– Terrasse
stąd	– von hier (aus)
prawie	– fast, beinahe
most	– Brücke
poświęcony	– gewidmet
północ *f.*	– Norden
zjeżdżać	– (hinunter)fahren
gospodarz	– Gastgeber
były	– ehemalig
zamek	– Schloß
królewski	– Königs- (in Zus.)
panowanie	– Herrschaft
prowadzić	– führen
rynek	– Markt(-platz)
wykład	– Vortrag
kamieniczka	– Bürgerhaus
Barbakan	– Barbakane, rd. Wehranlage

Prüfen Sie sich selbst!

1 Strukturen

– Kiedy przyjedziesz?	– Wann wirst du (gefahren) kommen?
– We wtorek rano.	– Am Dienstagmorgen.
– Która godzina?	– Wie spät ist es?
– (Jest) Szósta.	– (Es ist) Sechs (Uhr).
– O której się spotkamy?	– Wann werden wir uns treffen?
– O dziesiątej (godzinie).	– Um 10 (Uhr).
– Jak długo będziesz w szkole?	– Wie lange wirst du in der Schule sein?
– Od ósmej do czternastej.	– Von acht bis vierzehn Uhr.
– Kiedy możesz do nas przyjść?	– Wann kannst du zu uns kommen?
– W piątek, ale po szóstej wieczorem.	– Am Freitag, aber nach sechs Uhr abends.
– O której wybieramy się do teatru?	– Wann gehen wir (los) ins Theater?
– O (w)pół do siódmej. (= 18.30)	– Um halb sieben.
– Kiedy będziesz u nas?	– Wann wirst du bei uns sein?
– Między (w)pół do czwartej a czwartą.	– Zwischen halb vier und vier.
– Jak długo tam jedziemy?	– Wie lange fahren wir dorthin?
– Pół godziny.	– Eine halbe Stunde.
– Która jest teraz?	– Wie spät ist es jetzt?
– Za kwadrans szósta.	– Viertel vor sechs.
– O której odjeżdżamy?	– Wann fahren wir ab?
– Kwadrans po siódmej.	– Viertel nach sieben.

2 Dni tygodnia — Wochentage

poniedziałek, w poniedziałek	– Montag, am Montag
wtorek, we wtorek	– Dienstag, am Dienstag
środa, w środę	– Mittwoch, am Mittwoch
czwartek, w czwartek	– Donnerstag, am Donnerstag
piątek, w piątek	– Freitag, am Freitag
sobota, w sobotę	– Sonnabend, am Sonnabend
niedziela, w niedzielę	– Sonntag, am Sonntag

3 Pory dnia — Tageszeiten

(po-)ranek; rano	– der Morgen; morgens, am Morgen
przedpołudnie	– der Vormittag
przed południem	– vormittags, am Vormittag

południe, w południu	– der Mittag, mittags
popołudnie, po południu	– der Nachmittag, nachmittags, am Nachmittag
wieczór, wieczorem	– der Abend, abends, am Abend

4 Setzen Sie die richtigen Formen des Verbs *„(z)jeść"* ein!

1. Ewa i Ralf już (haben gegessen) śniadanie.
2. Dziś (werden wir essen) razem w hotelu.
3. Muszę jeszcze coś (essen).
4. Kiedy dziś (werdet ihr essen) obiad?
5. Ania zadzwoniła, kiedy (wir aßen) śniadanie.
6. Basia i Zosia zawsze (aßen) bardzo długo.
7. Proszę (aufessen) wszystko!
8. Poszliśmy do restauracji, żeby coś (essen).
9. Nie chcę teraz (essen).
10. Lubię (essen) śniadanie z całą rodziną.

5 Sagen Sie polnisch!

am Mittwoch um 16.00 Uhr – am Sonntag um 12.00 Uhr – am Sonnabend um 10.00 und 14.00 Uhr – am Dienstag und Donnerstag um 20.00 Uhr – am Montag um 22.00 Uhr – am Donnerstag um 17.00 Uhr – am Montag, Mittwoch und Freitag um 19.00 Uhr.

Ile? Jak długo? Jak często?

… 3, … 2, … 1 … Start!

1 Lesen Sie und variieren Sie im Dialog!

a)

Gdzie mieszkasz?	Przy ulicy Kopernika *(numer) jeden.*

– Gdzie mieszkasz?
– Przy ulicy Kopernika, (numer) jeden (1).
– Na którym *piętrze*?
– Na *pierwszym.*
– A numer mieszkania?
– *Zero* jeden (01), zero trzy (03).

dwa (2), *trzy* (3), *cztery* (4), *pięć* (5)

drugim, trzecim, czwartym, …

sześć (6), *siedem* (7), *osiem* (8), *dziewięć* (9), *dziesięć* (10)

b)

Czym można do was dojechać?	Tramwajem, (numer) *jedenaście* (11).

– Czym się tam *dostanę*?
– Tramwajem numer jedenaście (11).

dwanaście (12), *trzynaście* (13), *czternaście* (14), *piętnaście* (15) *szesnaście* (16), *siedemnaście* (17), *osiemnaście* (18), *dziewiętnaście* (19),

– Czym można do was dojechać?
– Tramwajem numer *dwadzieścia.*

dwadzieścia jeden (21), dwadzieścia dwa (22) …

c)

Jaki masz numer telefonu?	*Czterdzieści* cztery (44), zero trzy (03), dwadzieścia dziewięć (29).

– Czy masz telefon?
– Tak.
– Czy można *zapisać* numer?
– Proszę bardzo: 5 – 49 – 21 – 38.

czterdzieści pięć (45), dwadzieścia osiem (28), *trzydzieści* dwa (32)

– Przepraszam, czy to numer *pięćdziesiąt jeden (51), sześćdziesiąt dwa (62), siedemdziesiąt trzy (73)?* — *osiemdziesiąt* (80), *dziewięćdziesiąt* (90)
– Nie, to pomyłka.
– Czy można do pana/pani zadzwonić?
– Oczywiście, proszę zapisać mój numer telefonu: 6 – 94 – 08 – 89. — 5 – 89 – 41 – 39, 6 – 03 – 25 – 12

– Czy masz mój adres?
– Niestety, nie. Gdzie mieszkasz?
– Na Mokotowie, ulica Puławska 67 — Woli – Górczewska 96, Ochocie – Grójecka 116
– Czym się tam dostanę?
– Autobusem *sto czterdzieści* cztery (144). — 125; 155; 184; 151; 164

Ile (kilometrów) jest z Warszawy do Gdańska?	*Trzysta* pięćdziesiąt sześć kilometrów (356 km).

– Jutro pojedziemy *samochodem do* Gdańska. — Gniezna
– Ile to jest kilometrów?
– Trzysta pięćdziesiąt sześć (356). — *dwieście* osiemdziesiąt dwa kilometry (282)

– Jak długo *będziemy w drodze*?	
– Sześć albo siedem godzin.	pięć – sześć
– Ile jest z Warszawy do Krakowa?	Jeleniej Góry
– 293 kilometry.	*czterysta* sześćdziesiąt siedem kilometrów (467 km)
– A do Poznania?	Szczecina
– 303 kilometry.	*pięćset* dwadzieścia kilometrów (520 km)

3 Prägen Sie sich ein!

numer	– Nummer	droga	– Weg
piętro	– Stockwerk, Etage	być w drodze	– unterwegs sein, auf dem Weg sein
zero	– Null		
dostawać się, dostać się *vo.*; dostanę się, dostaniesz się, ... dostaną się	– hier: gelangen, (hin-)kommen		
zapisać *vo.*	– notieren, aufschreiben		
ile (Sf.)	– wieviel(e)		
samochód	– Kfz, Auto		
kilometr	– Kilometer		

4 Beantworten und variieren Sie die Fragen!

Gdzie mieszkasz? (miasto, ulica, numer domu)	pan(i) mieszka
Na którym piętrze znajduje się twoje mieszkanie?	pana(i)
Jaki masz numer mieszkania?	pan(i) ma
Jaki jest twój numer telefonu?	pan(i)
Czym dojeżdżasz do szkoły? (numer)	pan(i) dojeżdża – pracy

5 Führen Sie einen Dialog, in dem Sie

- sich nach der genauen Adresse Ihres Gesprächspartners erkundigen,
- fragen, wie man zu ihm hinkommt,
- sich seine Telefonnummer geben lassen,
- sich nach Entfernungen erkundigen,
- nach der Dauer einer Fahrt fragen.

6

Co *zamawiamy*?	3 *bułki*, 5 *rogalików*, 2 *porcje szynki* i *masła*, 2 *kawy*.

7 Lesen Sie im Dialog!

– Czy zjadłeś już śniadanie?
– Jeszcze nie. Czekałem na ciebie.
– Co zamawiamy?
– Dla mnie jedną bułkę, jeden rogalik i jedno jajko.
– Dlaczego tak mało?
– Ale to i tak bardzo dużo, bo w domu nie jem śniadania.
– Tu musisz dużo jeść, bo będziemy cały dzień w drodze.

***

– Co dla *państwa*?
– Poproszę 3 bułki, 5 rogalików, 3 jajka, dwie porcje szynki i masła, *dżem* i dwie kawy.

8 Prägen Sie sich ein!

zamawiać, zamówić vo.	– bestellen	szynka	– Schinken
bułka	– Brötchen	masło	– Butter
rogalik	– Hörnchen	kawa	– Kaffee
jajko	– Ei	państwo (Sing.)	– Sie; Herrschaften, Damen und Herren; ↗ S. 228
dżem	– Konfitüre		
porcja	– Portion		

11 541002-2

9 Die Zahlwörter *jeden, jedna, jedno* werden wie Adjektive behandelt und wie die Demonstrativpronomen *ten, ta, to* dekliniert.

10 Übersetzen Sie!

Nom:	W naszej grupie jest tylko *jeden* chłopak. Tutaj jest tylko *jedno* miejsce wolne. *Jedna* dziewczyna już przyszła.
Gen.:	Jeszcze nie mam dla ojca ani *jednego* ładnego prezentu. Tutaj nie ma ani *jednego* wolnego miejsca. Nie ma jeszcze *jednej* dziewczynki.
Dat.:	Mogę pomóc tylko *jednemu.* Tylko *jednej* koleżance ten film się nie podobał. Nauczyciel pomaga nie tylko *jednemu* dziecku.
Akk.:	Mam tylko | *jednego* syna. | *jedno* dziecko. | *jedną* córkę.
Instr.:	Rozmawiałem o tym tylko z *jednym* kolegą. Interesowałem się tylko | *jedną* sprawą. | *jednym* muzeum.
Lok.:	Na *jednym* filmie już byłem. Ewa jest | tylko | na *jednym* zdjęciu. Wiem | | o *jednej* ciekawej imprezie.

11 Inszenieren Sie einen Dialog zum Thema „Śniadanie"!

Sie gehen in ein Restaurant.
Fragen Sie, | ob noch Plätze frei sind,
| ob die Plätze besetzt sind.
Treffen Sie eine Vorauswahl und geben Sie eine Bestellung auf.

Jak często? Jak długo? Kiedy? Ile?

1 Lesen und variieren Sie im Dialog!

Jak często przyjeżdża pan do Polski?

– Czy pan(i) zna Warszawę?
– Można powiedzieć, że tak, ponieważ przyjeżdżam tu co trzy miesiące.

miesiąc, dwa (cztery) miesiące, rok, pół roku, dwa razy w roku

– Kiedy pan(i) był(a) ostatnio u nas?	
– Miesiąc temu.	dwa (trzy) miesiące, pół roku
– A kiedy pan(i) przyjedzie następnym razem?	
– Dokładnie jeszcze nie wiem. Może za miesiąc.	za dwa (trzy) miesiące, za rok, za dwa lata
– Jak długo pan(i) będzie tym razem?	
– Tylko trzy dni.	tydzień, dwa tygodnie

2

Ile lat ma córka pani?	Dwa lata. / Pięć lat!

3 Lesen Sie im Dialog!

O dzieciach

a) – Co robią pana(i) dzieci?
– Najstarsza córka studiuje, a najmłodsza chodzi jeszcze do szkoły.
– A synowie?
– Mamy tylko jednego syna.
– Ile lat mają dzieci pana(i)?
– Ania ma dwadzieścia (20) lat, Ina – siedemnaście (17), a Jurek – dwadzieścia dwa (22) lata.

b) – Czy pan(i) też ma dzieci?
– Tak, mam dwie córki.
– Ile mają lat?

– Jedna ma cztery (4) lata, a druga siedem lat.	pięć (5) lat ... dwadzieścia jeden (21) lat, pół roku, dwa i pół roku

4

Czy pan już długo czeka?	Nie. Może 5 minut.

5 Lesen Sie und variieren Sie im Dialog!

- Dzień dobry! Czy pan długo czeka?
- Nie, nie. Może trzy minuty.

dwie (cztery) minuty;
dziesięć (10), piętnaście (15) minut

- Przepraszam, że się spóźniłem. Czekałem na taksówkę ponad dwadzieścia (20) minut.
- Nie szkodzi, mamy dużo czasu.

pół godziny, kwadrans

6 Die Minutenangabe erfolgt mit der Grundzahl.

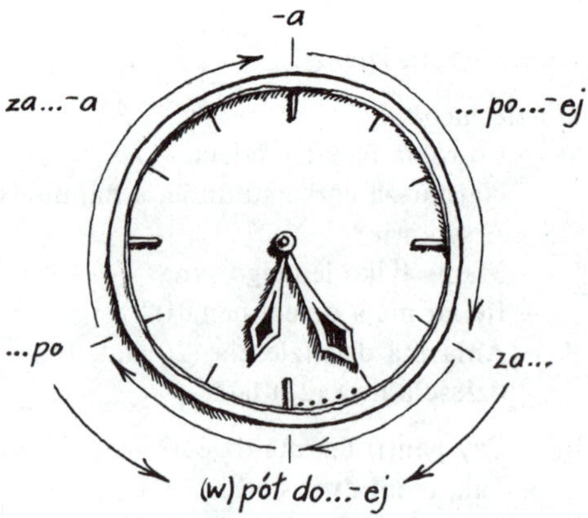

Üben Sie anhand der Zeichnung die Uhrzeitangabe!
Sagen Sie:
Es ist 10 Uhr.
Es ist 5 (Minuten) nach 10 (Uhr). usw.

Która (godzina) jest teraz?	5 (minut) po dziesiątej.

7 Lesen und variieren Sie im Dialog!

a) – O której mamy się dziś spotkać?			
– O 10.30.	8.30;	9.00	9.15
– Która jest teraz?			
– 5 (minut) po dziesiątej.	8.10	9.02	8.43
– Ile minut trzeba tam iść?			
– 10.	5;	15;	20
– A więc musimy wyjść o 10.20.	8.25;	8.45;	8.55
– Tak. Mamy jeszcze 15 minut.	15	17;	12
b) – O której odjeżdża nasz autobus?			
– O 6.00.	7.00	13.30	
– Która jest teraz?			
– 5.20.	6.08	12.12	
– Jak długo jedziemy tramwajem?			
– 10 minut.	15	20	
– Czy długo będziemy musieli czekać na przystanku?			
– Nie. Tramwaje teraz często jeżdżą.			
– O której musimy wyjść?			
– Za dwadzieścia (20) szósta.	za kwadrans siódma		
– Nie wolno nam się spóźnić!			

8 Der Genitiv Plural (Sachform)

Maskulina	*Nom. Sg./Pl.*	*Gen. Pl.*	
1. Nom. Sg.: harter Kons.	klub, -y komputer, -y przykład, -y	klubów komputerów przykładów	-ów
2. Nom. Sg.: weicher Kons.	dzień, dnie (dni) niedźwiedź, -dzie tramwaj, -e hotel, -e	dni niedźwiedzi tramwajów hoteli	-i od. -ów
3. Nom. Sg.: hist. weicher Kons.	ołtarz, -e ratusz, -e miesiąc, -e plac, -e	ołtarzy ratuszy miesięcy placów	-y od. -ów

Feminina

1. Nom. Sg.: harter Stamm-kons. + -a	minuta, -y godzina, -y szkoła, -y koleżanka, -i ulica, -e	minut godzin szkół koleżanek ulic	Ø
2. Nom. Sg.: weicher Stamm-kons. + -a	kawiarnia, -ie fotografia, -ie restauracja, -je	kawiarni fotografii restauracji	-i (Ø) -ii -ji
3. Nom. Sg.: weicher Konso-nant oder hist. weicher Kons.	wieś (Dorf), wsie znajomość, -i noc, -e podróż, -e	wsi znajomości nocy podróży	-i bzw. -y

Neutra

1. Nom. Sg.: harter Stamm-kons. + -o bzw. -e	miasto, -a kino, -a miejsce, -a	miast kin miejsc	Ø
2. Nom. Sg.: weicher Stamm-kons. + -e	mieszkanie, -ia pytanie, -ia zdjęcie, -ia	mieszkań pytań zdjęć	Ø
3. Nom. Sg.: -(i)ę	imię, imiona zwierzę, -ta	imion zwierząt	Ø
4. Nom. Sg.: -um	muzeum, -a trofeum, -a	muzeów trofeów	-ów

9 Zum Gebrauch der Kardinalia

Nach den Kardinalia (im Subjekt) steht der gezählte Gegenstand

a) im Nominativ Pl. nach den Zahlen: 2–4, 22–24, 32–34 usw.

b) im Genitiv Pl. nach den Zahlen: 5–21, 25–31, 35–41 usw. und unbestimmten Mengenangaben wie: dużo, mało, więcej, kilka u. a.

Beispiele:

Stunden, Minuten, Sekunden

Nom. Pl.	*Gen. Pl.*
dwie (2) godziny	pięć (5) godzin
trzy (3) minuty	dziesięć (10) minut
cztery (4) sekundy	dwadzieścia (20) sekund

Jahre, Monate, Wochen, Tage

Nom. Pl.	*Gen. Pl.*
dwa (2) lata	dwadzieścia jeden (21) lat
trzy (3) miesiące	pięć (5) miesięcy
cztery (4) tygodnie	sześć (6) tygodni
(dni)(!)	trzysta sześćdziesiąt pięć (365) dni

Zahlungsmittel

Nom. Pl.	*Gen. Pl.*
dwadzieścia dwa (22) złote	sto dwadzieścia pięć (125) złotych
trzydzieści trzy (33) marki	dwieście (200) marek
czterdzieści cztery (44) dolary	trzysta (300) dolarów

Maßeinheiten

Nom. Pl.	*Gen. Pl.*
dwa (2) kilometry	osiem (8) kilometrów
trzy (3) kilo(gramy)	sześćdziesiąt pięć (65) kilo(gramów)
cztery (4) centymetry	piętnaście (15) centymetrów

10

Ile *kosztuje* ta *papeteria*?

Sto dwadzieścia pięć (125) złotych.

11 Lesen Sie im Dialog!

Kiosk „Ruchu"

a) – Czy jest nowy *WIK*?
– Jest. Proszę. Czy to wszystko?
– Ile kosztuje ta papeteria?
– Sto dwadzieścia pięć złotych.
– Ile jest w niej *kopert*?
– Dziesięć.
– A *kartek*?
– Piętnaście.
– Ile *płacę* (razem)?
– Sto sześćdziesiąt pięć złotych.

b) – Co kupiłaś?
– Papeterię, WIK i trzy *widokówki.*
– Ile zapłaciłaś za papeterię?
– Sto dwadzieścia pięć złotych.
– *Pokaż!*
– Ładna, co?
– A widokówki?
– Tę ze Starym Miastem *wyślę* do rodziców, a tę z pomnikiem Chopina do Roberta.
– Dlaczego nie kupiłaś *znaczków*?
– Oj, *zapomniałam*! Ale tam jest następny kiosk.

12 Prägen Sie sich ein!

kiosk	– Kiosk
„Ruch"	– Bez. für Handelsorg.
ruch	– Bewegung; Verkehr
WIK = Warszawski Informator Kulturalny	– Warschauer Veranstaltungsplan
kosztować	– kosten
papeteria	– Briefpapier (-mappe, -karton)
koperta	– Briefumschlag
kartka	– Kärtchen, Zettel
płacić zapłacić vo.	– zahlen, bezahlen
znaczek (pocztowy)	– Briefmarke
zapominać, zapomnieć vo. zapomnę, zapomnisz ... zapomną	– vergessen
kupować kupić vo.	– kaufen
widokówka	– Ansichtskarte
Pokaż!	– Zeig mal!
wysyłać, wysłać vo. wyślę, wyślesz ... wyślą	– (ab-)schicken, senden

13 Inszenieren Sie ähnliche Dialoge, in denen Sie

- sich nach dem Preis mehrerer Gegenstände erkundigen (siehe anschließende Wortliste),
- den Inhalt/die Qualität genauer erfragen,
- nach dem Gesamtpreis fragen,
- den gekauften Gegenstand (qualitativ) beurteilen,
- (nach Möglichkeit) den Verwendungszweck nennen.

Wortliste:

gazeta	– Zeitung
czasopismo	– Zeitschrift
magazyn	– Magazin
krem (ogórkowy)	– Creme (mit Gurkenzusatz)
okulary od słońca	– Sonnenbrille
długopis	– Kugelschreiber
pisak	– Filzstift
wkład do długopisu	– Kugelschreibermine
szampon do włosów	– Haarshampoo(n)

14 Lesen Sie (still) – mit dem Wörterbuch!

Kolega chemik

Pewnego razu Tuwim[1] zatelefonował do dyrektora wielkiego zakładu chemicznego.

Sekretarka:	A kto mówi?
Tuwim:	Tuwim.
S.:	Kuzyn? ... Ale jak nazwisko?
T.:	Tuwim.
S.:	Tuzin? Nie rozumiem.
T.:	Mówię wyraźnie: Tuwim.
S.:	Jak? Rubin?
T.:	Łaskawa pani: nie, i z góry pragnę zaznaczyć, że nie łubin, nie kulig, nie rufin, nie kucyk, nie bucik, nie muślin.
S.:	(z niecierpliwością) Może pan będzie łaskaw przeliterować? ...
T.:	Czy wolno użyć innych słów, niekoniecznie imion?

[1] Julian Tuwim (1894–1953), jeden z najwybitniejszych poetów polskich XX wieku.

S.: Wolno.
T.: W takim razie niech pani łaskawie słucha: tetramethylenediamine.
S.: Tak jest. Dalej ...
T.: Umbelliferon ...
S.: Tak jest. Pan mówi o $C_9H_6O_3$?
T.: Oczywiście.
S.: Dalej ...
T.: Witamina B_1 ...
S.: $C_{12}H_{17}CI\ N_4OS$.
T.: Tak jest, łaskawa pani.
S.: Dalej (głos staje się coraz bardziej melodyjny i uprzejmy).
T.: Izohydroanisoin.
S.: Zwana inaczej dimethoxyhydrobenzoine?
T.: Tak jest, urocza pani.
S.: Dalej ...
T.: Methyldihidromorphinone, skarbie.
S.: Czyli metopan, czy tak?
T.: Tak, luba. Tak, najdroższa. I koniec.
S.: No to teraz wiem. Tuwim. Kolega chemik, prawda?
T.: Tak jest, nie myli się pani.

Prüfen Sie sich selbst!

1 Strukturen

– Gdzie mieszkasz?	– Wo wohnst du?
– Przy ulicy ... numer ...	– An der ... – Straße, Nummer ...
– Czym można do was dojechać?	– Womit kann man zu euch fahren?
– Tramwajem numer 19.	– Mit der Straßenbahn Nummer 19.
– Czym się tam dostanę?	– Wie komme ich dort hin?
– Autobusem numer 154.	– Mit dem Bus Nummer 154.
– Jaki masz numer telefonu?	– Was für eine Telefonnummer hast du? (Wie ist deine ...)
– 44 – 03 – 29.	
– Ile (kilometrów) jest z Warszawy do Gdańska?	– Wieviel Kilometer sind es von Warschau nach Gdańsk?
– 356 kilometrów.	– 356 Kilometer.
– Co zamawiamy?	– Was bestellen wir?
– 3 bułki, 5 rogalików, 2 porcje szynki i masła, 2 kawy.	– 3 Brötchen, 5 Hörnchen, 2 Portionen Schinken, 2 Stücke Butter, 2 Kaffee.

– Jak często przyjeżdża pan do Polski?	– Wie oft kommen Sie nach Polen?
– Co trzy miesiące.	– Alle drei Monate.
– Ile lat ma pani córka?	– Wie alt ist Ihre Tochter?
– Dwa (3, 4) lata (5 … 21 lat).	– 2 (3, 4) Jahre. (5 … 21 Jahre).
– Jak długo pan tu pracuje?	– Wie lange arbeiten Sie hier?
– Pięć (5) miesięcy.	– Fünf Monate.
– Czy pan już długo czeka?	– Warten Sie schon lange?
– Nie. Może 5 minut.	– Nein. Vielleicht 5 Minuten.
– Która (godzina) jest teraz?	– Wie spät ist es jetzt?
– 5 (minut) po dziesiątej.	– 5 (Minuten) nach zehn.
– Ile kosztuje ta papeteria?	– Wieviel kostet diese(s) Briefpapier(-mappe)?
– 125 złotych.	– 125 Zloty.

2 Plural

Verwandeln Sie Singular in Plural!

1. Czy nie macie miejsca?
2. Czy jest już gazeta?
3. Nie kupiliśmy jeszcze biletu!
4. W Warszawie jest piękna kawiarnia.
5. Masz piękne imię.
6. To zwierzę mi się podoba.
7. Oglądaliśmy ciekawy film.
8. Nie znamy adresu.
9. Tadek ma sympatyczną siostrę.
10. Tam jest niedźwiedź!
11. Czy ktoś ma jeszcze pytanie?
12. Proszę nam pokazać fotografię!

3 Diktieren Sie einem Partner die folgenden Telefonnummern und vergleichen Sie anschließend mit der vorliegenden Aufstellung!

4–68–10–15	3–74–91–62	8–12–34–27	6–17–45–96
7–38–67–74	2–45–78–63	1–56–89–32	5–67–99–21
6–89–27–01	9–91–36–72	4–12–45–03	7–02–54–04

Kiedy są twoje urodziny?

1 Lesen Sie (still) – möglichst ohne Benutzung des Wörterbuches – und geben Sie den Inhalt deutsch wieder!

Dlaczego mają takie nazwy?

Rok ma 12 miesięcy. Jak się nazywają miesiące w języku polskim? Nazwy dziesięciu z nich to stare polskie słowa.
Pierwszy miesiąc roku nazywa się styczeń. Dlaczego? W tym miesiącu ludzie przygotowywali „tyki“ potrzebne na wiosnę. Dlatego ten miesiąc nazywał się „tyczeń“, a teraz *„styczeń“*. A więc nazwa stycznia pochodzi od słowa „tyka“ (Stange, Stab; zum Einzäunen eines Gebietes, z. B. bei der Jagd).
Drugi miesiąc to *luty*. Słowo „luty“ znaczyło w języku staropolskim „zły“ (böse). A więc zły miesiąc, bo bardzo zimny.
Marzec – to nazwa trzeciego miesiąca roku. Pochodzi ona od łacińskiej nazwy „Martius“, czyli miesiąca boga wojny, Marsa. Dawniej był to pierwszy miesiąc roku.
Czwartym miesiącem roku jest *kwiecień*. Znacie już słowo „kwiaty“. W tym właśnie miesiącu zaczynają one kwitnąć. Kwiecień więc to miesiąc kwiatów (kwiat, kwitnąć, kwiecień).
Piątym miesiącem roku jest *maj*. To druga łacińska nazwa. Pochodzi od słowa „maius“. Maius i Maja to rzymscy bogowie wiosny.
Czerwiec – szósty miesiąc roku – ma swoją nazwę od czerwonego koloru czerwia (Larven einiger Insekten), z którego ludzie wyrabiali (produkowali) czerwony barwnik (barwa = kolor) do farbowania materiałów.
Siódmy miesiąc roku nazywa się *lipiec*. Ma on swoją nazwę od słowa „lipa“ (lipa – to drzewo, które kwitnie w tym miesiącu). Jedno z dużych miast w Saksonii nazywa się po polsku Lipsk (od słowa „lipa“), bo w tym miejscu było dużo lip.
Ósmy miesiąc roku – to *sierpień*. W tym miesiącu rolnicy zbierają zboże. Dawniej pracowali oni sierpem. – Dlatego ten miesiąc nazywa się sierpień.
Wrzesień – to miesiąc, w którym kwitną wrzosy (wrzos – Erica, Glockenheide).
Nazwa 10. miesiąca – *październik* – pochodzi od słowa „paździerze“ (Leinen- od. Hanfabfall; Schäbe, schaben, kratzen).
W listopadzie liście spadają z drzew. Miesiąc, w którym spadają liście z drzew, nazywa się *listopad*.
Dwunasty miesiąc roku – to *grudzień*. W grudniu jest już zimno, na polach i drogach widać grudy. („Gruda“ – po niemiecku: „Klumpen, Schollen“). Więc dlatego miesiąc ten nazywa się grudzień. Czy teraz wiecie już, jak powstały polskie nazwy miesięcy?

2 Prägen Sie sich die polnischen Monatsnamen ein!

Nom.	Gen. od ..., do ...	Lok. w ...
styczeń	stycznia	styczniu
luty	lutego	lutym
marzec	marca	marcu
kwiecień	kwietnia	kwietniu
maj	maja	maju
czerwiec	czerwca	czerwcu
lipiec	lipca	lipcu
sierpień	sierpnia	sierpniu
wrzesień	września	we wrześniu
październik	października	październiku
listopad	listopada	listopadzie
grudzień	grudnia	grudniu

3 Lernen Sie eine dieser Bauernregeln auswendig!

Kiedy styczeń najostrzejszy,
wtedy roczek najpłodniejszy.

ostry – scharf, streng; płodny – fruchtbar;

Czasem luty się zlituje,
że człek niby wiosnę czuje,
ale czasem tak się zżyma,
że człek prawie nie wytrzyma.

zlitować się – sich erbarmen; człek = człowiek; niby – quasi; wiosna – Frühling; zżymać się – unwirsch werden; prawie – fast; wytrzymać – aushalten.

Gdy w marcu niebo od
południa ryknie,
wielki ci z tego urodzaj
wyniknie.

niebo – Himmel; ryknąć – aufschreien (-brüllen); urodzaj – (gute) Ernte, Ertrag; wyniknąć – hervorgehen;

Kwiecień – plecień,
bo przeplata – trochę zimy,
trochę lata.

plecień – „Flechtmeister"; przeplatać – (ver-)flechten; zima – Winter; lato – Sommer;

Grzmot w maju,
sprzyja urodzaju.

grzmot – Donner; sprzyjać – begünstigen, förderlich sein (für); urodzaj – (gute) Ernte;

W czerwcu gorącego lata
najzdrowsza bywa sałata!

gorący – heiß; zdrowy – gesund; sałata – Salat; bywać – sein, zu sein pflegen;

Kiedy sierpień następuje
resztki zboża koszą
albo sierpem dożynają
i przepiórki płoszą.

następować – nahen; resztka – Rest; zboże – Korn; kosić – mähen; sierp – Sichel; dożynać – (zu Ende) abernten; przepiórka – Wachtel; płoszyć – (auf-)scheuchen

We wrześniu, gdy tłuste ptaki,
mróz w zimie nie lada jaki.

tłusty – fett; mróz – Frost; zima – Winter; nie lada (jaki) – nicht gering, außergewöhnlich;

Październik chodzi po kraju
i ptactwo wygania z gaju.
Grudzień ziemię grudzi i izdebki studzi.

kraj – Land; ptactwo – Vögel; wyganiać – vertreiben; gaj – Hain
ziemia – Erde, Land; grudzić – zerfurchen; izdebka – Stübchen; studzić – (aus-)kühlen;

4 Lesen Sie im Dialog!

Co kraj – to obyczaj.

Iwona i Anette rozmawiają.
A.: Kiedy są twoje *urodziny*?
I.: W Polsce nie *obchodzi się* urodzin. W Polsce obchodzimy *imieniny*.
A.: Co to są imieniny?
I.: Zaraz ci wytłumaczę. W bardzo *dawnych* czasach *dawano* dziecku imię i tak *przyjmowano* je do rodziny. Imię jest dla nas ważniejsze od dnia urodzin. *Każdy* dzień tygodnia ma *patrona* jakiegoś imienia: piętnasty maja (15.5.) jest w *kalendarzu* dniem Zofii. W ten dzień wszystkie Zosie obchodzą swoje imieniny.
A.: Kiedy są imieniny Piotra?
I.: O, tu masz kalendarz. Możesz zobaczyć.
A.: Aha, imieniny Piotra są dziewiętnastego maja (19.5.). To dziś!
I.: Tak.

Maj	
15 P	Zofii
16 W	Andrzeja
17 S	Sławomira
18 Cz	Aleksandra
19 P	Piotra
20 S	Wiktora
21 N	Heleny

A.: Czy pójdziemy do niego?
I.: Możemy pójść, *złożymy* mu *życzenia*.
A.: Mam dla niego prezent. *Podaruję* mu *album* o Berlinie.
I.: A *po drodze* kupimy kwiaty. Piotr się *na pewno* ucieszy.

5 Prägen Sie sich ein!

kraj	– Land
obyczaj	– Brauch, Sitte
urodziny (Pl.)	– Geburtstag
obchodzić	– begehen, feiern
obchodzi się (+ Akk.)	– man feiert
imieniny (Pl.)	– Namenstag
dawny *Adj.*	– früher, ehemalig
dawać, dać vo. dam, dasz, ... dadzą	– geben
dawano	– man gab, es wurde gegeben
na pewno	– bestimmt, gewiß

przyjmować przyjąć vo. przyjmę, przyjmiesz, ... przyjmą.	– hier: aufnehmen, annehmen, entgegennehmen; empfangen
każdy, -a, -e	– jeder, -e, -es
patron	– Patron
kalendarz	– Kalender
składać, złożyć *vo.*	– hier: überbringen, übermitteln
zyczenie	– (Glück-) Wunsch
podarować *vo.*	– schenken
album	– Album
po drodze	– unterwegs

6 Fassen Sie den Dialog (Nr. 4) monologisch zusammen, indem Sie

- erklären, in welchem Land was gefeiert wird;
- über die Herkunft der Sitte, den Namenstag zu feiern, berichten;
- die Besonderheiten eines polnischen Kalenders erklären;
- zu der Sitte, den Namenstag zu feiern, Ihre Gedanken äußern;
- einen Glückwunsch zum Geburtstag zu formulieren.

7 Übersetzen Sie (schriftlich)! Nutzen Sie die nachfolgende Lexikliste!

Życzenia

a) W dniu imienin składam Ci życzenia szczęścia, zdrowia i pomyślności.
b) Życzę Ci wszystkiego dobrego oraz sukcesów w nauce.
c) Przesyłam najserdeczniejsze życzenia imieninowe.
d) Z okazji Wielkanocy przesyłamy Państwu najserdeczniejsze życzenia zdrowych i wesołych świąt.
e) Z okazji Nowego Roku składam Ci z całego serca życzenia zdrowia, powodzenia w pracy i szczęścia w życiu.

Lexik

szczęście	– Glück	z okazji	– aus Anlaß, anläßlich, zu
zdrowie	– Gesundheit	Wielkanoc	– Ostern
pomyślność *f.*	– Wohlergehen	zdrowy	– gesund
życzyć (+ Gen.)	– wünschen	wesoły	– fröhlich, lustig
oraz	– sowie	święto	– Feiertag, Fest
sukces	– Erfolg	serce	– Herz
powodzenie	– alles Gute	życie	– Leben
okazja	– Anlaß, Gelegenheit		

9 Formulieren Sie aus folgenden Elementen einen Glückwunsch (schriftlich)!

a) z okazji	imienin		przesyłać życzenia (+ Gen.)
w dniu	Wielkanocy		życzyć (+ Gen.)
	Świąt		składać życzenia (+ Gen.)
	Nowego Roku		
b) najserdeczniejsze		życzenia	szczęścia, zdrowia, pomyślności
z całego serca		życzę Ci	zdrowych i wesołych świąt
		życzymy	powodzenia w pracy
		Wam	sukcesów w nauce, szczęścia w życiu

Daty i fakty

1 Lesen und variieren Sie im Dialog!

a) – Kiedy przyjedziesz do nas?	
– W styczniu.	w lutym, w marcu, w kwietniu
– Którego (stycznia)?	lutego, marca, kwietnia
– Piętnastego (15.).	6., 10., 21., 12., 30., …
– A jak długo zostaniesz?	
– Od piętnastego do dwudziestego (20.).	od 5. do 12., od 16. do 22., od 25. do 31., …
– Tak krótko (kurz)?	
– Niestety.	
b) – Kiedy masz urlop?	
– W maju.	w czerwcu, w lipcu, w sierpniu
– Od pierwszego (1.)?	
– Nie, od ósmego (8.) do dwudziestego dziewiątego (29.) maja.	od 2. do 14., od 5. do 28., od 3. do 16., …
	czerwca, lipca, sierpnia

– To na moich imieninach cię już nie będzie?	urodzinach
– Kiedy obchodzisz imieniny?	urodziny
– Drugiego (2.) czerwca.	3 lipca, 5 sierpnia, 18 października
– Niestety, od pierwszego (1.) czerwca muszę pracować.	od 2 sierpnia, od 15 października

c) – Jak długo tam mieszkałeś (-aś)?

– Od	czerwca do	listopada.	stycznia – lutego, listopada – grudnia
	piątku	niedzieli.	poniedziałku – środy, piątku – wtorku
	21.2.	24.4.	31.7.–14.8., 12.2.–21.2., 13.6.–30.8.

2 Lesen Sie die Jahreszahlen (laut)!

a) rok 1263 – rok tysiąc dwieście sześćdziesiąty trzeci,
z 1263 roku – z tysiąc dwieście sześćdziesiątego trzeciego roku;
Ta katedra pochodzi z 1263 roku.

b) 1338 rok – tysiąc trzysta trzydziesty ósmy rok,
z 1338 roku – z tysiąc trzysta trzydziestego ósmego roku;
Pierwsze wzmianki o Warszawie pochodzą z 1338 roku.

c) od 1494 do 1517 roku –
od tysiąc czterysta dziewięćdziesiątego czwartego do tysiąc pięćset siedemnastego roku;
Od 1494 do 1517 roku powstawały w Krakowie pierwsze drukarnie.
drukarnia – Druckerei
W 1475 roku ukazał się pierwszy druk w języku polskim.
Od 1596 roku Warszawa jest stolicą Polski.
ukazać się – erscheinen
druk – Druckerzeugnis

d) w 1661 roku – w tysiąc sześćset sześćdziesiątym pierwszym roku;
Najstarsza gazeta w języku polskim, „Merkuriusz“, ukazała się w 1661 roku w Krakowie.
gazeta – Zeitung

e) w 1773 roku – w tysiąc siedemset siedemdziesiątym trzecim roku;
W 1773 roku powstała Komisja Edukacji Narodowej (= pierwsze „ministerstwo oświaty“ w Polsce).
oświata – Volksbildung

f) w 1863 roku – w tysiąc osiemset sześćdziesiątym trzecim roku;
W 1863 roku (23 stycznia) wybuchła walka narodowowyzwoleńcza w Królestwie Polskim i na Litwie.

g) 1 września 1939 roku – (dnia) pierwszego września tysiąc dziewięćset trzydziestego dziewiątego roku;
(Dnia) 1 września 1939 roku faszystowskie Niemcy napadły (überfiel) na Polskę.

3 Lesen Sie den Text „Odbudowa stolicy Polski" (still) mit Hilfe des Wörterbuches und geben Sie seinen Inhalt deutsch wieder!

Beachten Sie dabei die folgenden Hinweise:
In der polnischen Schriftsprache werden oft Partizipien verwendet. Am häufigsten kommen adjektivische Partizipien vor, und zwar:
- das Partizip Passiv
  a) Endung: -ny (-na, -ne; Pl. Sf.: -ne, Pf.: -ni) oder
  b) Endung: -ty (-ta, -te; Pl. Sf.: -te, Pf.: -ci)
  Beispiel: zniszczony → Inf.: zniszczyć (zerstören) → zniszczone miasto = die zerstörte Stadt oder Miasto było zniszczone. =Die Stadt war zerstört.
- das Partizip Präsens Aktiv
  Endung: -cy (-ca, -ce; Pl. Sf.: -ce, Pf.: -cy)
  Beispiel: mający → Inf.: mieć →
  Warszawa jest miastem mającym niepowtarzalne oblicze. = Warszawa ist eine Stadt, die ein einmaliges (unnachahmliches) Antlitz hat (besitzt).
- eine unpersönliche Präteritalform auf -no bzw. -to (+ Akk. Obj.),
  Beispiel: odgruzowywano – man enttrümmerte, es wurde enttrümmert,
  rozbierano – man trug ab (riß ab), es wurde abgerissen,
  uruchomiono – man setzte in Betrieb, es wurde in Betrieb gesetzt

Odbudowa stolicy Polski[1]

Po II wojnie światowej Warszawa należała do najbardziej zniszczonych miast (75% zabudowy). Niektóre dzielnice, jak na przykład Muranów, zrównane były dosłownie z ziemią. Nie ocalał też żaden z warszawskich mostów.
Ówczesny Rząd Polski w styczniu 1945 r. uchwalił odbudowę Warszawy jako stolicy, a od wyzwolenia miasta (17.1.1945 r.) miał tu swoją siedzibę.

[1] Tekst według podręcznika „Historia 4. Z naszych dziejów", J. Centkowski, A. Syta – Warszawa 1986, WSiP, wyd. piąte

Mieszkańcy Warszawy, którzy wracali z wygnania lub niewoli, przystąpili do pracy w zniszczonym mieście. Odgruzowywano miasto, rozbierano wypalone domy.
W odbudowie stolicy uczestniczył cały naród.
Na ten temat napisano dużo książek. W albumie „Warsow Revisited“, amerykańskiego dziennikarza i fotografa Juliana Bryana, czytamy: „Nie wiem, czy tego rodzaju poświęcenie jest rozsądne, by odbudować tak cudownie i w tej skali, gdy ludzie myślą o lepszym jedzeniu i mieszkaniach ... Wiem natomiast, że Polacy tego dokonali.“
Najbardziej typowymi obiektami okresu odbudowy Warszawy są most Poniatowskiego, Trasa W-Z, dzielnica Muranów, Starówka (= Stare Miasto) i Marszałkowska Dzielnica Mieszkaniowa (MDM).
Z biegiem lat nastąpił czas rozbudowy stolicy. Z każdym rokiem powstawały nowe dzielnice mieszkaniowe, fabryki, szkoły, nowoczesne trasy komunikacyjne. Obecnie Warszawa jest zaliczana do najciekawszych i mających swoje niepowtarzalne oblicze stolic europejskich.

4 Die Deklination der Adjektive und Substantive im Plural (Sachform)

	Adjektive				Substantive
N.	stare	duże	drogie	tanie	M.: albumy F.: książki N.: zdjęcia
G.	starych	dużych	drogich	tanich	M.: albumów F.: książek N.: zdjęć
D.	starym	dużym	drogim	tanim	M.: albumom F.: książkom N.: zdjęciom
A.	= N.				= N.
I.	starymi	dużymi	drogimi	tanimi	M.: albumami F.: książkami N.: zdjęciami
L.	starych	dużych	drogich	tanich	M.: albumach F.: książkach N.: zdjęciach

5 Sagen Sie polnisch, daß

- sich in Warszawa große Parks, alte Straßen und schöne Plätze befinden;
- man verschiedene Schlösser bewundern, viele originelle Denkmäler sehen und in Cafés angenehme Stunden verbringen kann;
- Sie sich für Architektur interessieren und deshalb neue Wohnsiedlungen, rekonstruierte Häuser und Wohnungen sowie einige Kirchen besichtigt haben;
- man in großen Museen wertvolle Kunstwerke betrachten und in Theatern Werke bekannter Autoren sehen kann;
- in den letzten Jahren neue, große Stadtteile mit breiten (szeroki) Straßen und Alleen entstanden sind;
- in ehemaligen Palästen Konzerte bekannter Komponisten (kompozytor) stattfinden;
- man an heiteren Tagen in Parks und auf Straßen viele junge und alte Menschen sieht.

6 a) Lesen Sie zunächst (still) und erschließen Sie den Inhalt der Texte mit Hilfe des Wörterbuches!

b) Lesen Sie (laut)!

O Warszawie

Mury obronne starej Warszawy. Pierwsza wzmianka o Warszawie pochodzi z 1338 roku. W XVI wieku powstał Barbakan jako brama, przez którą prowadziła droga do Nowego Miasta. Latem urządza się tu wystawy malarstwa i innych dzieł sztuki.

To, co widzimy na zdjęciu, to rekonstrukcja dawnego Zamku Królewskiego z XVII wieku. Pierwszy zamek powstał na miejscu byłego grodu w XIII wieku. Z biegiem lat był rozbudowywany i przebudowywany. Od XVII wieku stał się rezydencją królów polskich. W okresie międzywojennym był siedzibą prezydenta Rzeczpospolitej. W czasie II wojny światowej został spalony i wysadzony w powietrze. W 1971 roku zapadła decyzja o odbudowie zamku. Wysiłkiem wielu Polaków Zamek Królewski w Warszawie powrócił do dawnej świetności.

Plac ten stanowił ośrodek życia gospodarczego i administracyjnego najstarszej części Warszawy. Warszawiacy kochają tę dzielnicę. Tu sami często przychodzą, tu zapraszają gości z zagranicy. A jest tu co oglądać! Zrekonstruowane kamieniczki z XVII wieku, w których znajdują się Muzeum Historyczne miasta Warszawy, Muzeum Literatury, liczne kawiarnie, salony wystawowe, sklepy z pamiątkami.

Kościół św. Krzyża, który powstał w XVII wieku, stoi przy Krakowskim Przedmieściu. Podczas powstania warszawskiego (1944 r.) został bardzo zniszczony, a w latach 1945–53 odbudowany. Dużo turystów zwiedza ten kościół, ponieważ znajdują się w nim epitafia słynnych Polaków: Juliusza Słowackiego, Józefa Ignacego Kraszewskiego, Bolesława Prusa, generała Władysława Sikorskiego oraz Władysława Reymonta i Fryderyka Chopina, w miejscach, gdzie złożone są ich serca.

Pałac Kultury i Nauki jest najwyższym budynkiem w Polsce. Ma 234 m wysokości i 38 kondygnacji. Jego kubatura wynosi 817 tys. m^3. Zbudowany został w latach 1952–55.
Przed głównym wejściem znajdują się rzeźby Adama Mickiewicza i Mikołaja Kopernika. Mają tu swoją siedzibę Polska Akademia Nauk, instytuty Uniwersytetu Warszawskiego, Polski Komitet ds. (do spraw) UNESCO, Pen Club, Pałac Młodzieży, Muzeum Techniki oraz 4 teatry, 3 kina, Sala Kongresowa, restauracje, sale sportowe, wielka księgarnia. Na 30. piętrze znajduje się taras widokowy.

Ściana Wschodnia. Na wschód od Pałacu Kultury i Nauki przy ulicy Marszałkowskiej powstał w latach 1960–69 zespół budynków, który nosi nazwę „Ściana Wschodnia". Stoją tam trzy wieżowce mieszkalne, cztery domy towarowe („Wars", „Sawa", „Junior", „Sezam"), biurowce oraz rotunda PKO. Jest to centrum handlowe.

Prüfen Sie sich selbst!

1 Strukturen

– Kiedy są twoje urodziny?	– Wann hast du Geburtstag?
– 6 sierpnia.	– Am 6. August.
– Kiedy obchodzisz imieniny?	– Wann feierst du Namenstag?
– 19 maja.	– Am 19. Mai.
– Dziś są imieniny Piotra. Czy pójdziemy do niego?	– Heute ist Peters Namenstag. Gehen wir hin?
– Możemy pójść złożyć życzenia.	– Wir können ihm gratulieren gehen.
Z okazji imienin życzę Ci zdrowia, szczęścia oraz sukcesów w nauce.	Anläßlich (Deines) Namenstages wünsche ich Dir Gesundheit, Glück und Erfolg beim Lernen.
– Z którego roku pochodzi ta katedra?	– Aus welchem Jahr stammt der Dom?
– Z 1263 roku.	– Aus dem Jahre 1263.
– Od którego roku Warszawa jest stolicą Polski?	– Seit wann (welchem Jahr) ist Warszawa Hauptstadt Polens?

– Od 1596 roku.	– Seit 1596.
– W którym roku powstała Komisja Edukacji Narodowej?	– In welchem Jahr entstand die Kommission für Nationale Erziehung?
– W 1773 roku.	– 1773 (Im Jahre 1773).

2 Sagen Sie polnisch!

im Mai	von April bis September
im Juli	von August an
im Januar	zwischen Oktober und Dezember
im Februar	noch vor Juni
im April	von Januar bis März
im Juni	im November – Dezember
im März	für den ganzen August
im August	von März bis Juni
im Dezember	bis Februar
im September	nur bis Mai
im November	von August bis Oktober
im Oktober	von November an

3 Sagen Sie polnisch, daß

– Sie vom ... bis zum ... in ... gewesen sind,
– Sie nett empfangen wurden,
– Sie anläßlich des ... Geburtstages Ihres(-er) ... nach ... gefahren sind,
– Sie Ihrem(-er) ... Glückwünsche der ganzen Familie übermittelt haben,
– Ihr(-e) ... viele schöne Geschenke erhalten hat,
– Sie interessante Gespräche geführt haben, sich nett unterhalten haben,
– Sie bei dieser Gelegenheit Bräuche/Sitten kennengelernt haben, die sie bislang nicht kannten,
– man Ihnen erklärt hat, woher diese Bräuche stammen,
– Ihr(e) ... im ... am ... zu Ihnen kommen will, Sie aber noch nicht genau wissen, ob ... kommt,
– Sie Ihren(e) ... gebeten haben, zwischen dem ... und dem ... anzurufen,
– Sie am ... zurückgekommen sind,
– Sie bestimmt im ... zu Ihrem(-er) ... fahren werden.

Czy znasz Chopina?

1 Lesen Sie!

W Żelazowej Woli

60 kilometrów od Warszawy, niedaleko od Sochaczewa (trasa E 30), znajduje się mała, ale bardzo znana *wieś* – Żelazowa Wola. W tej wsi *urodził się* w 1810 roku polski *kompozytor* i pianista – Fryderyk Chopin, którego muzykę zna cały świat.

Dom *rodzinny* kompozytora, mały i *skromny,* stoi w parku *wśród* kwiatów i drzew. Dzisiaj jest w nim muzeum, w którym można oglądać *pamiątki* z czasów Chopina. W miejscu, gdzie się urodził, zawsze stoi piękny *bukiet* kwiatów.

Latem odbywają się tu w każdą niedzielę koncerty. Grają znani pianiści z kraju i *zagranicy.* W czasie koncertu ludzie *siedzą* na *ławkach* przed domem lub w parku i słuchają muzyki. Jest to dla każdego *wielkie przeżycie.*

2 Prägen Sie sich ein!

wieś	– Dorf,	pamiątka	– Andenken; Erinnerung
we wsi	– im Dorf,	bukiet	– Strauß
na wsi	– auf dem Lande	latem	– im Sommer
urodzić się *vo.*	– geboren werden	odbywać się, odbyć się *vo.*	– stattfinden
kompozytor	– Komponist	zagranica	– Ausland
rodzinny	– Geburts-, Familien- (in Zus.)	siedzieć	– sitzen
skromny	– bescheiden	wielki	– groß
wśród (+ Gen.)	– inmitten (von), (dar-)unter		

3 Führen Sie einen Dialog zum Text „W Żelazowej Woli“ anhand folgender Fragen:

Gdzie znajduje się Żelazowa Wola?
Jak można tam dojechać?
Dlaczego ta wieś jest taka znana?
Kim był Fryderyk Chopin?
Kiedy się urodził?
Co można powiedzieć o jego muzyce?
Jak wygląda dom rodzinny kompozytora?
Co znajduje się w tym domu?
Co stoi w miejscu, w którym się urodził?
Kiedy odbywają się w Żelazowej Woli koncerty?
Kto gra na tych koncertach?

4 Sagen Sie polnisch, daß

- F. Chopin auf dem Lande geboren wurde,
- seine Eltern in einem bescheidenen und kleinen Haus wohnten,
- das Dorf, in dem er geboren wurde, in der Welt bekannt ist,
- Sie in seinem Geburtshaus viele Andenken aus seiner Zeit gesehen haben,
- jetzt wissen, daß sein Vater Lehrer war,
- seine Mutter von Hause aus Justyna Krzyżanowska hieß,
- Sie Briefe Chopins an seine Mutter gelesen haben,
- Sie am Sonntag in Żelazowa Wola waren,
- Sie am Denkmal Chopins einen Strauß Blumen niedergelegt haben,

- dort ein Konzert stattfand,
- Ihnen das Konzert gefallen hat,
- Sie im Park auf einer Bank inmitten von Blumen gesessen haben,
- es für Sie ein schönes Erlebnis war, im Sommer unter Bäumen zu sitzen und Musik zu hören,
- es für Sie ein sehr schöner Tag war.

5 Erschließen Sie den Inhalt (mit Wörterbuch) und lesen Sie!

Życiorys Fryderyka Chopina

Fryderyk Chopin jest Polakiem najbardziej znanym na świecie. Urodził się w 1810 roku w Żelazowej Woli. Jego ojciec w roku 1787 przyjechał z Francji do Polski. Był tu nauczycielem języka francuskiego w liceum warszawskim.
Od najmłodszych lat Fryderyk grał na fortepianie. Najpierw uczyła go matka, a potem Wojciech Żywny – nauczyciel muzyki. W tym czasie młody Chopin napisał swój pierwszy *utwór* – Polonez g-moll. Gdy miał osiem lat, dał pierwszy koncert. Bardzo lubił *pieśni* i *tańce ludowe.* Znał je dobrze, bo *wakacje* spędzał na wsi. Tam zapisywał słowa i melodie ludowych pieśni. Ich motywy są częste w muzyce Chopina.
Studia muzyczne ukończył w Szkole *Głównej* Muzyki w Warszawie. Tam jego nauczycielem był Józef Elsner.

W roku 1830 gra w Warszawie swoje koncerty f-moll i e-moll, komponuje *mazurki, kilka* pieśni i *rozpoczyna* Wielkiego Poloneza es-dur na fortepian i orkiestrę.
2 listopada 1930 roku Chopin *opuścił* Warszawę i Polskę na zawsze. Jechał przez Wrocław, Drezno, Pragę, Wiedeń, Salzburg, Monachium do Paryża. W drodze dał kilka koncertów, które *przyniosły* mu już *sławę* światową.
W Paryżu spotykał się z Lisztem, Meyerbeerem, z wielkim pisarzem francuskim Balzakiem i polskimi emigrantami, jak na przykład z wielkim poetą polskim Adamem Mickiewiczem. Tu powstały jego najpiękniejsze utwory muzyczne.
W zimie 1835 roku po raz pierwszy *ciężko zachorował.* Tego samego roku poznał w Lipsku Roberta Schumana, a w Paryżu George Sand, z którą później, już bardzo *chory,* wyjechał na Majorkę.
Od 1842 do 1848 roku nie *występował publicznie.* Wyjechał do Londynu, spędził *lato* w Szkocji, a *jesienią* wrócił do Paryża.
Chopin *umarł* 17 października 1849 roku.
Nie zobaczył swojego kraju, tylko serce jego wróciło do Polski. Znajduje się ono w kościele św. Krzyża. Jest drogą pamiątką Warszawy: serce Chopina w sercu Polski.

6 Prägen Sie sich ein!

życiorys	– Lebenslauf
utwór	– (künstl.) Werk
pieśń *f.*	– Lied, Hymnus
taniec	– Tanz
ludowy	– Volks- (in Zus.)
wakacje (Pl.)	– Ferien
studia (Pl.)	– Studium
kończyć, ukończyć *vo.*	– enden, beenden
główny	– Haupt-, Grund- (in Zus.); wichtig, grundsätzlich
mazurek	– Mazurka
kilka	– einige
rozpoczynać, rozpocząć *vo.* rozpocznę, rozpoczniesz, … rozpoczną	– beginnen, anfangen
opuszczać, opuścić *vo.*	– verlassen
przynosić, przynieść *vo.* przyniosę, przyniesiesz, … przyniosą	– bringen
sława	– Ruhm
ciężko	– schwer
chorować, zachorować *vo.*	– krank sein, erkranken
chory	– krank
występować, wystąpić *vo.*	– auftreten; vorkommen
publicznie	– öffentlich
lato	– Sommer
jesień *f.*	– Herbst
umierać, umrzeć *vo.* Prät.: umarł	– sterben

7 Gebrauchen Sie die eingeklammerten Wörter in der textadäquaten Form (Verben im Präteritum)!

Życiorys Chopina jest bardzo ciekawy. Już od młodych lat (komponować). Często (spędzać) wakacje na (wieś). Bardzo (lubić, taniec i pieśń ludowa). (Zapisywać) ich (tekst i melodia).
Studia muzyczne (ukończyć) w Warszawie. W 1830 roku (opuścić, Polska) na zawsze. W (droga) do Paryża (dawać) koncerty w kilku miastach. W Paryżu (zapoznać) się z George Sand. Tu (powstać) jego najpiękniejsze utwory. W 1835 roku ciężko (zachorować). (Wyjechać) na Majorkę. Przez długi czas nie (występować) publicznie. W 1848 roku (spędzić) lato w Szkocji. Jesienią (wrócić) do Paryża. (Umrzeć) w 1849 roku.
Chopin (skomponować) dwa (koncert), 56 (mazurek), 17 (polonez), 21 (nokturn), 26 (preludium), 27 (etiuda), ballady, sonaty, fantazje, walce, ronda i wariacje.

8 Sprechen Sie über Ihre bisherige Entwicklung!

- Stellen Sie sich vor! (Name, Vorname, Geburtsdatum, -ort, genaue Adresse);
- Sprechen Sie über Ihre Familie! (Geschwister, Eltern, deren Ausbildung, Arbeit);
- Sprechen Sie über Ihre Interessen/Hobbys!
- Sprechen Sie über Ihre Zukunftsvorstellungen! (Lassen Sie Haltungen, Wertungen zu Ihrem bisherigen Leben erkennen!)

9 Lesen Sie (mit Wörterbuch)!

Pierwszy koncert Chopina[1]

Dzień był uroczysty. Chopin po raz pierwszy miał wystąpić jako pianista na koncercie. Miał wtedy osiem lat.
W domu Chopinów panował niezwykły ruch. Nauczyciel Chopina, stary profesor Żywny, czekał zdenerwowany w pokoju. Od czasu do czasu sięgał do tabakiery i patrzył na swojego ucznia. A ten stał na krześle i spokojnie znosił, jak go ubierały matka i starsze siostry, Ludwika i Izabela. Czy ładnie wygląda? Tak. Bardzo ładnie – w aksamitnym ubraniu z dużym białym kołnierzem. Na koncert pojechali z Fryderykiem ojciec i nauczyciel Żywny. Matka z siostrami pozostały w domu.
Koncert był wielkim sukcesem. Oprócz małego Chopina występowali inni artyści, ale w centrum zainteresowania był mały chłopiec – Fryderyk Chopin. Publiczność zasypała pianistę oklaskami, a on spokojnie je przyjmował.

[1] Według Marii Horodyskiej

Gdy wrócił do domu, matka go spytała:
– Co się najwięcej podobało publiczności?
Fryderyk odpowiedział:
– Wiesz, mamusiu, najbardziej podobał się mój biały kołnierz, wszyscy tylko na niego patrzyli.

Opowiadanie prawdziwe

Zofia Kossak-Szczucka

... to było w zeszłym tygodniu ... Szopen gra, my słuchamy, przychodzi pan Mickiewicz, prosi, żeby nie przerywać, że tylko przyszedł, bo usłyszał muzykę przez okno. Siada w kąciku i słucha. My również słuchamy.
Naraz wpada Walenty, że w pokoju papy pożar! Zrywamy się wszyscy, Szopen też ... Od kominka zapaliła się kapa na łóżku. Cały pokój pełen już ognia i dymu. Latamy, gasimy, krzyczymy, lejemy wodę. Na koniec zgasiliśmy pożar i wróciliśmy do salonu.
A gdzie pan Mickiewicz? – pyta mama. Nie ma go. Wyszedł? Nie, kapelusz leży w sieni. Szukamy pana Mickiewicza, a on siedzi w kąciku, jak siedział. Nic o niczym nie wie. „Ach, to pan już przestał grać? – powiada do Frycka – a ja się tak zasłuchałem, że zdawało mi się, że pan ciągle jeszcze gra. To było bardzo piękne ...“ i poszedł.

Tradycja chopinowska

Konkursy Chopinowskie odbywają się co pięć lat, ale młodzi pianiści bez przerwy przygotowują się do tej wielkiej imprezy muzycznej.

- Fryderyk Chopin, najwybitniejszy kompozytor polski, urodził się w 1810 roku w Żelazowej Woli. Uchodził za cudowne dziecko. Od szóstego roku życia grał na fortepianie, od siódmego – komponował, a jako ośmioletni chłopiec koncertował publicznie. W 1830 roku opuścił Polskę na zawsze i zamieszkał w Paryżu. Tam umarł w 1849 roku, mając zaledwie 39 lat. Pochowany został w Paryżu, ale serce jego sprowadzono do kraju.
- Twórczość Chopina to muzyka fortepianowa. Słynne na cały świat są mazurki, polonezy, preludia, etiudy, nokturny i koncerty. Utwory wielkiego Polaka należą do najczęściej wykonywanych.
- Międzynarodowe Konkursy Pianistyczne im. Fryderyka Chopina organizowane są w Warszawie co pięć lat. Pierwszy odbył się w 1927 roku. Biorą w nich udział młodzi pianiści ze wszystkich kontynentów. Przed II wojną światową konkursy odbyły się trzykrotnie. W 1949 r. zostały wznowione.

10 Sprechen Sie über die hier abgebildeten Persönlichkeiten in polnischer Sprache! Nutzen sie dazu die Angaben im Lexikon!

Mikołaj Kopernik

Fryderyk Chopin

Adam Mickiewicz

Jan Matejko

Henryk Sienkiewicz

Maria Curie-Skłodowska

11 Zur Deklination adjektivischer Pronomen im Plural

	czyj, -a, -e		który, -a, -e		jaki, -a, -e		ten, ta, to	
	Sachf.	Pers.-F.[1]	Sachf.	Pers.-F.[1]	Sachf.	Pers.-F.[1]	Sachf.	Pers.-F.[1]
N.	czyje	czyi	które	którzy	jakie	jacy	te	ci
G.	czyich	czyich	których	których	jakich	jakich	tych	tych
D.	czyim	czyim	którym	którym	jakim	jakim	tym	tym
A.	czyje	czyich	które	których	jakie	jakich	te	tych
I.	czyimi	czyimi	którymi	którymi	jakimi	jakimi	tymi	tymi
L.	czyich	czyich	których	których	jakich	jakich	tych	tych

Ebenso werden dekliniert: *taki, -a, -ie* (= solch ein), das heute nur im Plural gebräuchliche *wszystkie, wszyscy* (= alle) sowie *tamten* (jener).

12 Der Attributsatz

Der Attributsatz gibt das Attribut als Nebensatz wieder. Er bestimmt – wie das Attribut selbst – ein Wort näher (meist ein Substantiv).
Wir fragen polnisch:

jaki, jaka, jakie; jakie, jacy?
który, która, które; które, którzy?

Czyj, czyja, czyje; czyje, czyi?
Ile? Ilu?

Ⓜ Attributsätze werden meist durch die Relativpronomen *który, która, które;* Pl. Pf: *którzy,* Sf.: *które* eingeleitet.

Das Relativpronomen bezieht den Nebensatz auf ein Substantiv des Hauptsatzes und muß in dem Fall stehen, wie es seiner Funktion im Nebensatz entspricht,
zum Beispiel
Pan, *któremu podałem* swój adres, jest moim kolegą.
Pan, *z którym rozmawialiśmy,* jest moim kolegą.
Pan, *którego żona* była u nas, jest moim kolegą.
Dom, *który stoi* w pobliżu ratusza, ma 300 lat.
Dom, *w którym mieszka* moja koleżanka, ma 300 lat.
Dziecko, *któremu dałem* gazetę, mieszka w naszym domu.

13 Bilden Sie Relativsätze!

1. Przyjadą goście z Moskwy. Zamówiliśmy dla nich w tym hotelu piękne pokoje. 2. Ten dom bardzo podobał się mojej siostrze. Mieszkałem w nim. 3. Książka była bardzo interesująca. Chciałam ją mieć od dawna. 4. Pan Karpiń-

[1] Nur rezeptiv

ski nie może jechać do Bułgarii. Jego żona akurat zachorowała. 5. Pani Mazowiecka jest chora. Jej mąż pracuje w naszej szkole. 6. Miasto jest bardzo stare. Zwiedziłem muzea tego miasta. 7. On wita swoich rodziców. Nie widział się z nimi cały rok. 8. Biblioteka liczy ponad 30 tysięcy tomów. Tam jest zawsze dużo ludzi. 9. Miasto jest nowe. Mieszka w nim ponad 100 tysięcy mieszkańców. 10. W tej hucie wykonują zawsze plan. Pracuje tam 12 tysięcy robotników. 11. Chodzę na kurs języka polskiego. Bierze w nim udział 21 osób. 12. Jadę do Warszawy pociągiem. Jadą w nim 4 osoby z naszego zakładu pracy.

14 Zur Zeitbestimmung (Zusammenfassung)

Uhrzeit

a) *Volle Stunden* werden durch *godzina* (Stunde) mit der Ordnungszahl angegeben, z. B.

Która godzina?	– Wie spät ist es?
Jest godzina dziesiąta.	– Es ist 10 Uhr.
Jest dziesiąta (godzina).	– Es ist zehn (Uhr).

b) *Halbe Stunden* werden durch *pół* bzw. *wpół + do + Ordnungszahl im Genitiv* (fem.) angegeben, z. B.

Jest (w)pół do dziesiątej.	– Es ist halb zehn (= halb bis zur zehnten Stunde).

c) *Viertelstunden* werden durch *kwadrans* (Viertelstunde) oder *Minutenangabe* in folgender Weise angegeben:

– mit der Präposition *po + Lokativ der Ordnungszahl*, z. B.

(Jest) kwadrans po dziesiątej.	– (Es ist) Viertel nach 10 (Uhr).
(Jest) piętnaście po (minut) dziesiątej.	– (Es ist) fünfzehn (Minuten) nach 10 (Uhr).

– mit der Präposition *za (+ Akk.) + Nominativ der Ordnungszahl*, z. B.

(Jest) za kwadrans dziesiąta.	– (Es ist) Viertel vor zehn (Uhr) = in einer Viertelstunde zehn (Uhr).
(Jest) za piętnaście dziesiąta.	– (Es ist in) fünfzehn (Minuten) zehn (Uhr).

d) *Minuten- und Sekundenangaben* erfolgen mit *Grundzahlen* und *minuta* (Minute) bzw. *sekunda* (Sekunde) und zwar in folgender Weise:

– nach den Zahlen 2–4, 22–24 usw. im Nom. Pl. = minuty, sekundy;
– nach den Zahlen 5–21, 25–31 usw. im Gen. Pl. = minut, sekund;
– nach der Zahl 1 (jedna) im Nom. Sg., z. B.

(Jest) godzina dziesiąta i jedna minuta.	– (Es ist) 10.01 Uhr.
(Jest) minuta po dziesiątej.	– (Es ist) eine Minute nach 10 (Uhr).
(Jest) za dwie minuty dziesiąta.	– (Es ist) zwei vor 10 (9.58 Uhr).

(Jest) dwie minuty po pół do dziesiątej.	– (Es ist) zwei Minuten nach halb zehn (9.32 Uhr).
Jest za pięć minut pół do dziesiątej.	– Es ist fünf vor halb zehn (9.25 Uhr).

e) *Bei amtlichen Angaben* werden zuerst die Stunden, danach die Minuten genannt, z. B.

Jest (godzina) dziesiąta trzydzieści dwie (minuty).	– Es ist 10.32 Uhr.

f) *Zur Wiedergabe von „um"* gebraucht man

– bei vollen Stunden: o + Ordnungszahl im Lokativ, z. B.

O której (godzinie) się spotkamy?	– Wann (= um wieviel Uhr) treffen wir uns?
O dziesiątej (godzinie).	– Um zehn (Uhr).

– bei halben Stunden: o + pół bzw. wpół do + Ordnungszahl im Genitiv, z. B.

Przyszliśmy do domu o pół (wpół) do dziesiątej.	– Wir sind um halb zehn nach Haus gekommen.

– bei amtlichen Angaben: o + Ordnungszahl im Lokativ + Minutenangabe, z. B.

Pociąg odjeżdża o dwudziestej trzeciej zero dwie.	– Der Zug fährt um 23.02 Uhr ab.

g) Umgangssprachlich sagt man:

17.08:	Byłam tam parę minut po piątej.	– Ich war einige/ein paar Minuten nach 5 dort.
23.55:	Jest za pięć dwunasta.	– Es ist fünf vor zwölf.
20.57:	Parę minut przed dziewiątą byliśmy w domu.	– Ein paar Minuten vor neun waren wir zu Haus.
19.05:	Pociąg odchodzi chyba o siódmej z minutami.	– Der Zug fährt wahrscheinlich kurz (einige Minuten) nach sieben ab.

Datum

Daten werden mit dem Nominativ, Genitiv oder Lokativ der Ordnungszahlen wiedergegeben:

a) *Nominativ*

Który *(dzień)* jest dzisiaj?	– Der wievielte (Tag) ist heute?
Dzisiaj jest *piąty* (maja).	– Heute ist der fünfte (Mai).

b) *Genitiv*

Soll ein bestimmter Tag bezeichnet werden (Tag + adj. Attribut), so geschieht dies gewöhnlich durch die *Ordnungszahl für den Tag und die Monatsbezeichnung im Genitiv,* z. B.

Kiedy się urodziłeś?	– Wann bist du geboren?
Urodziłem się *trzeciego kwietnia* tysiąc dziewięćset *siedemdziesiątego szóstego* roku.	– Ich bin (wurde) am 3. April 1976 geboren.

Bei Jahreszahlen werden nur Zehner und Einer dekliniert.
Weitere Beispiele:

Przyjechaliśmy do Warszawy piątego lipca.	– Wir sind am 5. Juli nach Warschau gekommen.
Którego dziś mamy?	– Welchen (welches Datum) haben wir heute?
Mamy ósmego kwietnia.	– Wir haben den 8. April.
To się stało czwartego marca.	– Das geschah am 4. März.

c) *Lokativ*
Im Lokativ stehen Jahreszahlen (seltener Daten) nach den Präpositionen *w* bzw. *po*, z. B.

W którym roku zmarł Fryderyk Chopin?	– In welchem Jahr ist F. Chopin gestorben?
W tysiąc osiemset *czterdziestym dziewiątym (roku).*	– (Im Jahre) 1849.
Kiedy to było?	– Wann war das?
Po (tysiąc dziewięćset) *czterdziestym piątym* roku.	– Nach (19)45.

Tageszeiten

(po-)ranek	– der Morgen	rano	– morgens, am Morgen
przedpołudnie	– Vormittag	przed południem	– am Vormittag, vormittags
południe	– Mittag	w południe	– zu Mittag, mittags
popołudnie	– Nachmittag	po południu	– am Nachmittag, nachmittags
wieczór	– Abend	wieczorem	– am Abend, abends
noc *f.*	– Nacht	nocą, w nocy	– nachts, in der Nacht

Jahreszeiten

Nom.	*im …*	*Nom.*	*im …*
lato	– latem, w lecie	jesień (f.)	– jesienią, na jesień(!)
zima	– zimą, w zimie	wiosna	– wiosną, na wiosnę(!)

W kraju naszych przyjaciół

O Polsce

1

To jest stolica Polski – Warszawa. Co wiecie o tym mieście?

2 Lesen Sie!

Na lekcji języka polskiego

Do klasy wchodzi nauczyciel. Wita uczniów. Uczniowie siadają. Nauczyciel *podaje temat* lekcji: „O Polsce". Uczniowie *patrzą* na *mapę.* Nauczyciel mówi o *położeniu* Polski, pokazuje jej *granice,* główne *rzeki* i miasta.
Czasem pisze na *tablicy* nową *nazwę* lub *zdanie.* Uczniowie powtarzają je i robią sobie[1] *notatki.*

– *Rzeczpospolita* Polska jest naszym najbliższym *wschodnim* sąsiadem.
– *Obszar* Polski *wynosi* ponad 300 tysięcy kilometrów kwadratowych.
– Sąsiadami Polski są: *na północy Rosja* i *Litwa,* na *wschodzie Białoruś* i *Ukraina,* na *południu Czeska* i *Słowacka Republika,* a na *zachodzie Republika Federalna Niemiec.*

[1] *siehe S. 232*

północ
na północy Polski
na północ od ...

zachód
na zachodzie Polski
na zachód od ...

wschód
na wschodzie Polski
na wschód od ...

południe
na południu Polski
na południe od ...

– Na północ od Polski znajduje się *Morze Bałtyckie (Bałtyk)*, na południu Polski znajdują się *góry Sudety* i *Karpaty.*
– W Polsce *żyje obecnie* 39 milionów mieszkańców.
– Kraj *dzieli się na* 49 *województw.*

3 Prägen Sie sich ein!

podawać, podać *vo.*; podam, podasz, ... podadzą	– (an-)geben; reichen
temat	– Thema
patrzeć	– schauen, (hin-)sehen
mapa	– Landkarte
położenie	– Lage
granica	– Grenze
rzeka	– Fluß
tablica	– Tafel
nazwa	– Bezeichnung, Name
zdanie	– Satz; Meinung
notatka	– Notiz
rzeczpospolita	– Republik (Bez. für poln. Staatsformen)
wschodni	– östlich
obszar	– Fläche
wynosić	– hier: betragen
północ *f.*	– Norden
Rosja	– Rußland
Litwa	– Litauen
wschód	– Osten
Białoruś *f.*	– Weißrußland
Ukraina	– Ukraine
południe	– Süden
czeski	– tschechisch
słowacki	– slowakisch
zachód	– Westen
Republika Federalna Niemiec	– Bundesrepublik Deutschland
północ *f.*	– Norden
Morze Bałtyckie (Bałtyk)	– Ostsee
góra, -y	– Berg, Gebirge
Sudety	– Sudeten
Karpaty	– Karpaten
żyć	– leben
obecnie	– gegenwärtig
mieszkaniec	– Einwohner
dzielić się na (+ Akk.)	– eingeteilt sein in
województwo	– Wojewodschaft

4 Beantworten Sie die Fragen!

Jak rozpoczyna się lekcja języka polskiego?
Co robi nauczyciel, a co robią uczniowie?
Czym Polska jest dla nas?
Z którymi krajami graniczy Polska?
Czy obszar Polski jest większy od obszaru RFN?
Które miasta znajdują się na północy Polski, które na zachodzie, na wschodzie lub na południu?
Jak nazywają się główne rzeki Polski?
Jakie znasz góry w Polsce?
Ilu mieszkańców żyje obecnie w Polsce?

5 Lesen Sie – falls nötig – mit Wörterbuch!

Polska leży w geometrycznym środku Europy, nad Bałtykiem. Przez Polskę przechodzą główne drogi komunikacyjne ze wschodu na zachód. Między Sudetami a Karpatami, przez Bramę Morawską, prowadzi droga z Polski do Czech, Rumunii, Bułgarii i na Węgry. Pod względem obszaru Polska zajmuje siódme miejsce w Europie. Graniczy z RFN, Czeską i Słowacką Republiką, z Ukrainą, Białorusią, Litwą i Rosją.

6 Lesen Sie mit Hilfe des Wörterbuches und geben Sie den Inhalt deutsch wieder!

Polska

Polska leży w Europie środkowej, na południe od Bałtyku, a na północ od Czeskiej i Słowackiej Republiki, na wschód od RFN a na zachód od Ukrainy i Białorusi. Jest ona naszym najbliższym wschodnim sąsiadem.
Główne rzeki Polski to Wisła, Odra, Bug, Narew i Nysa. Rzeka Bug tworzy granicę między Polską a Ukrainą i Białorusią, wzdłuż Odry i Nysy przebiega granica między Polską a Republiką Federalną Niemiec.
Obszar Polski wynosi ponad 300 tysięcy km^2. Obecnie żyje na nim prawie 39 milionów mieszkańców.
Polska jest krajem przemysłowo-rolniczym. Dużym okręgiem przemysłowym jest Śląsk, gdzie są kopalnie węgla i rud. Tam znajduje się dużo zakładów metalurgicznych. Głównymi portami są Gdynia, Gdańsk i Szczecin.
Stolicą Polski jest Warszawa. Zniszczona podczas ostatniej wojny, odbudowana po wojnie jest teraz nowoczesnym miastem. Znajdują się tu centralne władze państwowe, wielkie zakłady przemysłu elektronicznego, poligraficznego i metalowego, główne ośrodki kulturalne.
Kraj dzieli się na 49 województw. Największe miasta to Warszawa, Łódź, Kraków, Wrocław i Poznań.

Godłem Polski jest wizerunek białego orła na czerwonym tle. Znak orła ma wielowiekową tradycję. Pojawił się już w XII wieku jako godło Piastów, pierwszej dynastii królów polskich.
Hymn Narodowy zaczyna się słowami „Jeszcze Polska nie zginęła ...“. Powstał w 1797 roku, gdy Polska utraciła byt państwowy.

7 Beantworten Sie die folgenden Fragen!

Co widać na tym zdjęciu?
Jak się nazywa | ta rzeka?
| to miasto?

To jest Gdańsk.
Co wiesz o tym mieście?
Opisz to zdjęcie!

Co widzisz na tym zdjęciu?
Jak się nazywa ten region?
Co wiesz o nim?

To są Wysokie Tatry.
Gdzie się znajdują?
Co wiesz o polskich Tatrach?

Lesen Sie – falls nötig – mit Wörterbuch!

Łódź

W 1332 roku Łódź była jeszcze wsią, od 1423 – już miastem. Ale jej ogromny rozwój rozpoczął się od 1815 roku, kiedy to stała się miastem fabrycznym. Fabrykanci budowali wiele fabryk, zakładów przemysłowych, domów i pałaców dla siebie. Przybywali robotnicy. I tak Łódź stała się ośrodkiem przemysłu tekstylnego, chemicznego i metalowego. Ale nie tylko! Łódź jest największym ośrodkiem polskiej kinematografii. Znajduje się tu Wytwórnia Filmów Fabularnych i Oświatowych. Z czasem stała się ośrodkiem ruchu robotniczego. Tu odbył się pierwszy powszechny strajk robotników w 1892 roku.
Dzisiaj Łódź to po Warszawie drugie pod względem wielkości miasto. Nie zmieniło swojego robotniczego i przemysłowego oblicza, jest jednak teraz również ośrodkiem naukowym i kulturalnym. Tu działają wyższe szkoły, np. bardzo znana Wyższa Szkoła Filmowa i Teatralna. Można zwiedzić w Łodzi ciekawe muzea, np. jedyne w Polsce Muzeum Włókiennictwa i Muzeum Sztuki. Można zobaczyć interesujące spektakle w teatrach i posłuchać muzyki w filharmonii. Na głównej ulicy Łodzi – Piotrkowskiej – można zobaczyć odrestaurowane stare fabryki, domy i pałace.

Kraków

Kraków to dawna stolica Polski. Leży na południu, nad Wisłą. Jest dzisiaj ośrodkiem naukowym, kulturalnym i przemysłowym, ale również ośrodkiem turystycznym.
Turyści chętnie zwiedzają Stare Miasto. Zachowało ono swój średniowieczny plan, którego centrum jest rynek. Kiedyś było otoczone murami obronnymi. Do dziś zachowały się ich części: 3 baszty, Brama Floriańska i barbakan. Przy

Rynku stoi Kościół Mariacki z XIII/XIV wieku ze słynnym w Europie gotyckim ołtarzem Wita Stwosza.

Wokół Rynku znajduje się wiele budynków z dawnych wieków, a na środku Rynku – Sukiennice, kramy pochodzące z XIII wieku i przebudowane w XVI w stylu renesansowym, oraz pomnik Adama Mickiewicza – wybitnego poety z XIX wieku.

Nad samą Wisłą widać Wawel. Jest to wzgórze z zespołem zabytkowych budowli. Znajduje się tu były zamek królów polskich ze wspaniałymi zbiorami muzealnymi oraz katedra z sarkofagami królewskimi.
Kraków ma obecnie 11 wyższych uczelni, między innymi Uniwersytet Jagielloński, założony już w 1364 roku, gdzie studiował Mikołaj Kopernik. Są tu bogate zbiory w licznych muzeach. Mieszkali tu wybitni Polacy. Jednym z nich był Jan Matejko, malarz obrazów przedstawiających historię Polski.

9 Geben Sie die in den Texten genannten Fakten deutsch wieder!

Katedra wawelska jest trzecią kadedrą zbudowaną w tym miejscu. Powstała w roku 1364. Na zdjęciu widać katedrę od południa z kaplicami Wazów i Zygmuntowską. W skarbcu katedry znajdują się cenne zabytki sztuki sakralnej i pamiątki historyczne, a w podziemiach – sarkofagi wielkich Polaków i rodzin królewskich.

Ołtarz Wita Stwosza jest tryptykiem. Powstał w latach 1477–1488. Ma prawie 13 metrów wysokości i 11 metrów szerokości. Jest najwspanialszym tego rodzaju zabytkiem w Europie.

Lajkonik – jest to cenny dokument polskiego folkloru i jedna z największych atrakcji Krakowa.

Legenda mówi, że obyczaj związany jest z napadem Tatarów na miasto w 1281 roku. Pokonali ich flisacy z krakowskiej dzielnicy Zwierzyniec. Strój człowieka-konia pochodzi z XVII wieku.

Gedichte

Adam Mickiewicz

Dwa słowa

Gdy sam na sam z tobą siedzę,
Nie mam czasu o nic pytać:
Patrzę w oczy, ustek śledzę,
Chciałbym wszystkie myśli czytać
Wprzód, nim w oczętach zaświecą;
Chciałbym wszystkie słówka chwytać
Wprzód, nim od ustek odlecą.
I nie potrzeba tłumaczyć,
Co chcę słyszeć, co zobaczyć.
Rzecz nietrudna i nienowa.
Moja luba! te dwa słowa:
Kocham ciebie, kocham ciebie!

1825

Tadeusz Różewicz

Pomnik

Nasze pomniki
są dwuznaczne
mają kształt dołu

nasze pomniki
mają kształt
łzy

nasze pomniki
budował pod ziemią
kret

nasze pomniki
mają kształt dymu
idą prosto do nieba.

1960 „Rozmowa z księciem“

Konstanty Ildefons Gałczyński

Warszawa

Choćbyś morzem żeglował,
choćbyś lądem wędrował,
nie wiem, jaką krainą
ciekawą –

ona wezwie cię dłońmi,
sen ją w nocy przypomni
i jak dziecko zawołasz:
Warszawo!

A niech zerknie, mój bracie,
księżyc na Mariensztacie
albo liść zawiruje
złotawy –

niech wiatr dmuchnie od rzeki,
a już jesteś na wieki
zakochany w urodzie
Warszawy.

Bo to ona, wciąż ona,
tarcza niezwyciężona,
promieniami okryta
i sławą.

Myśli nasze wciąż o niej.
Serca nasze wciąż do niej.
Wszystko dla niej. Dla ciebie,
Warszawo!

1950

Mikołaj Rej

Do tego, co czyta

A niechaj narodowie wżdy postronni znają,
Iż Polacy nie gęsi, iż swój język mają!
Nie mów tak jako drudzy: – A co mnie z tego?
Bo nie w czas, gdy już ćwiczy niewola każdego!

1562 „Zwierzyniec“

Julian Tuwim

Wszyscy dla wszystkich

Murarz domy buduje,
Krawiec szyje ubrania,
Ale gdzieżby co uszył,
Gdyby nie miał mieszkania.

A i murarz by przecież
Na robotę nie ruszył,
Gdyby krawiec mu spodni
I fartucha nie uszył.

Piekarz musi mieć buty,
Więc do szewca iść trzeba,
No, a gdyby nie piekarz,
Toby szewc nie miał chleba.

Tak dla wspólnej korzyści
I dla dobra wspólnego,
Wszyscy muszą pracować,
Mój maleńki kolego.

1954 „Wiersze dla dzieci“

Jan Brzechwa

Wrona i ser

Niech mi każdy powie szczerze,
skąd się wzięły dziury w serze?

Indyk odrzekł: „Ja właściwie,
sam się temu bardzo dziwię“.

Kogut zapiał z galanterią:
„Kto by też brał ser na serio?“

Owca stała zadumana:
„Pójdę, spytam się barana“.

Koń odezwał się najprościej:
„Moja rzecz – to dziury w moście“.

Pies obwąchał ser dokładnie:
„Czuję kota: on tu kradnie!“

Kot udając, że nie słyszy,
miauknął: "Dziury robią myszy“.

Przyleciała wreszcie wrona:
„Sprawa będzie wyjaśniona,
próbę dziur natychmiast zrobię,
bo mam świetne czucie w dziobie“.

Bada dziury jak należy,
każdą dziurę w serze mierzy,
każdą zgłębia i przebiera –
a gdzie ser jest? Nie ma sera!
Indyk zsiniał, owca zbladła:
„Gwałtu! Wrona ser nam zjadła!“

Na to wrona na nich z góry:
„Wam chodziło wszak o dziury,
wprawdzie ser zużyłam cały,
ale dziury pozostały!

Bo, gdy badam, nic nie gadam,
i co trzeba zjeść, to zjadam.
Trudno. Nikt dziś nie docenia
prawdziwego poświęcenia!“

Po czym wrona, jak to ona,
poszła sobie obrażona.

1945 „Kaczka Dziwaczka“

Julian Tuwim

Warzywa

Położyła kucharka na stole:
kartofle,
  buraki,
    marchewkę,
      fasolę,
        pietruszkę,
          selery
            i groch.

Och!

Zaczęły się kłótnie,
Kłócą sie okrutnie:
Kto z nich większy,
A kto mniejszy,
Kto ładniejszy,
Kto zgrabniejszy:
kartofle?
  buraki?
    marchewka?
      kapusta?
        pietruszka?
          selery?
            czy groch?

Ach!

Nakrzyczały się, że strach!
Wzięła kucharka –
Nożem ciach!
Pokrajała, posiekała: kartofle,
buraki,
marchewkę,
fasolę,
kapustę,
pietruszkę,
selery
i groch –
I do garnka!

1954 „Wiersze dla dzieci"

Lieder

Jeszcze Polska nie zginęła
Polski Hymn Narodowy

słowa: Józef Wybicki

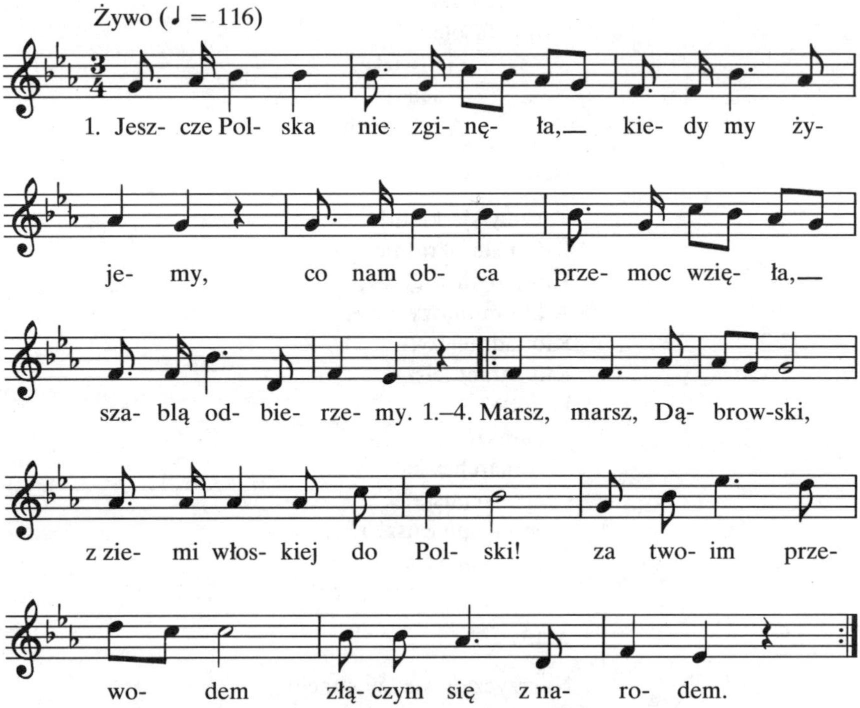

Jeszcze Polska nie zginęła,
kiedy my żyjemy,
co nam obca przemoc wzięła,
szablą odbierzemy.
Marsz, marsz, Dąbrowski,
z ziemi włoskiej do Polski!
Za twoim przewodem
złączym sie z narodem.

Gołębi song

słowa: Jacek Cygan
muzyka: Seweryn Krajewski

Gołębie wszystkich placów, wzywam was!
Z uliczek Kazimierza, z Notre Dame,
Z Picassa dłoni, hen, w ogromną kartki biel
Do ludzi z wszystkich stron, zerwijcie się!

Niech skrzydeł waszych szum wypłoszy lęk,
Przegoni chmury obaw z naszych serc!
I znów jak dzieci-kwiaty, choć już starszy Bóg nad światem,
Chodźmy śpiewać dziś i wznieśmy dłoń.

Stańmy, bracia, wraz

słowa: Franciszek Kowalski

Tempo marsza

2. Pomnisz Stoczek, Nur,
Okuniewski bór,
pomnisz Kuflów, Białołękę,
Wawer, Dęby, Ostrołękę,
gdzie dział ryczał chór.

3. Tam się Polak bił
garstką własnych sił.
Za cóż bił się? Za Ojczyznę
i za przodków swych spuściznę,
a wróg w ziemi gnił.

14 541002-2

Płynie Wisła, płynie

2. Zobaczyła Kraków,
wnet go pokochała,
a w dowód miłości
wstęgą opasała.

3. Chociaż się schowała
w Niepołomskie lasy
i do morza wpada,
płynie jak przed czasy.

Lautlehre

Zur Lautlehre

1 Das polnische Alphabet

Druck-schrift		Schreib-schrift		Name	Druckschrift		Schreib-schrift		Name
A	a	A	a	a	P	p	P	p	pe
Ą	ą	Ą	ą	ą	R	r	R	r	er
B	b	B	b	be	S	s	S	s	es
C	c	C	c	ce	Ś	ś	Ś	ś	eś
Ć	ć	Ć	ć	cie	T	t	T	t	te
D	d	D	d	de	U	u	U	u	u
E	e	E	e	e	W	w	W	w	wu
Ę	ę	Ę	ę	ę	Y	y	Y	y	y, i grek
F	f	F	f	ef	Z	z	Z	z	zet
G	g	G	g	ge	Ź	ź	Ź	ź	ziet[2]
H	h	H	h	ha	Ż	ż	Ż	ż	żet[3]
I	i	I	i	i					
J	j	J	j	jot					
K	k	K	k	ka	Buchstabenkombinationen:				
L	l	L	l	el	Ch	ch	Ch	ch	ha, ceha
Ł	ł	Ł	ł	eł	Cz	cz	Cz	cz	cze, cezet
M	m	M	m	em	Dz	dz	Dz	dz	dze, dezet
N	n	N	n	en	Dż	dż	Dż	dż	dże, deżet
Ń	ń	Ń	ń	eń	Dź	dź	Dź	dź	dzie, deziet
O	o	O	o	o	Rz	rz	Rz	rz	er-zet
Ó	ó	Ó	ó	o kres-kowane[1]	Sz	sz	Sz	sz	sza, eszet

[1] o mit Strich [2] zet z kreską (zet mit Strich) [3] zet z kropką (zet mit Punkt)

2 Einige Merkmale der polnischen Schrift und Aussprache

1. Das polnische Alphabet besteht aus Buchstaben des lateinischen Alphabets, die z. T. mit sogenannten „diakritischen Zeichen“ (Häkchen, Akzenten, Punkten) versehen – ą, ę, ć, ł, ń, ó, ś, ź, ż – bzw. als Buchstabenkombinationen – ch, cz, dz, dż, dź, rz, sz – die polnischen Laute wiedergeben.
   Die Buchstaben q, v und x werden im Polnischen nur zur Bezeichnung physikalisch-mathematischer Begriffe verwendet oder kommen in Eigennamen fremder Herkunft vor.
2. Das Polnische hat nur kurze Vokale. ↗ Aussprache der Vokale.
3. Das Polnische hat nasale Laute, die meist durch die Buchstaben ą, ę und (m, n) ń (↗ Aussprache der Vokale und Konsonanten) wiedergegeben werden.
4. Im Polnischen werden die Dentale (Zahnlaute) – d, t, z, s, dz, c sowie r und n – unter Umständen so stark erweicht, daß andersartige Konsonanten daraus werden (↗ Zum Lautwechsel, S. 220).

3 Zur Aussprache der Vokale

Alle Vokale sind kurz und offen auszusprechen;

a – wie in „*A*ll“, nicht wie in „Aal“: p*a*n (Herr), l*a*mp*a* (Lampe);

e – wie in „B*e*tt“, nicht wie in „Beet“: *E*wa (Eva), t*e*n (dieser), j*e*d*e*n (eins);

y – etwa wie „dumpfes“ *i* in „T*i*sch“, nicht wie in „Typ“: m*y* (wir), t*y* (du);

i – „hell“ wie deutsches *ie* in „n*ie*“, aber kürzer: pan*i* (Dame), b*i*let (Fahrkarte); kann im Schriftbild polnischer Wörter mehrere Funktionen erfüllen (↗ Zur Aussprache der palatalen (weichen) Konsonanten, S. 220);

o – wie in „*o*ffen“ (auch in unbetonter Stellung!), nicht wie in „Ofen“: *o*n (er), kt*o* (wer), *o*kn*o* (Fenster);

u/ó – wie in „K*u*chen“, aber kürzer: t*u* (hier), m*u*nd*u*r (Uniform), g*ó*ra (Berg), m*ó*wi (spricht); die unterschiedliche Schreibung hat sprachhistorische Ursachen;

ą, ę – kennzeichnen Nasalvokale, die differenziert auszusprechen sind – abhängig davon, welche Laute ihnen folgen, z. B.

Stellung im Wort	**Aussprache**
– vor -w, -f, -z, -s, -rz, -ż, -sz, -ź, -ś, -ch, -h:	ą – wie *-on-* in „B*on*b*on*“: m*ą*ż (Ehemann), s*ą*siad (Nachbar), pisz*ą* (sie schreiben); ę – wie *-in-* in „Bass*in*“: mi*ę*so (Fleisch), cz*ę*sto (oft), ci*ę*żko (schwer), pisz*ę* (ich schreibe). Im Wortauslaut: -ę mit stark abgeschwächter Nasalität, fast wie polnisches -e.

– vor -g und -k:	ą	– wie *-on-* in „*On*kel“: m*ą*ka (Mehl), Mr*ą*gowo (Ortsname);
	ę	– wie *-en-* in „*En*kel“: r*ę*ka (Hand), w*ę*giel (Kohle);
– vor -d, -t, -dz, -c, -dż, -cz:	ą	– wie *-on-* in „S*on*de“: gor*ą*czka (Fieber), k*ą*t (Winkel), pr*ą*d (Strom);
	ę	– wie *-en-* in „S*en*der“: wi*ę*c (also), r*ę*ce (Hände), ch*ę*tnie (gern);
– vor -dź, -ć:	ą	– wie *-on-* (offenes „o“ + weiches „n“): dotkn*ą*ć (berühren), rz*ą*dzić (regieren);
	ę	– wie *-eń-* (offenes „e“ + weiches „n“): s*ę*dzia (Richter), piecz*ę*ć (Stempel);
– vor -b, -p:	ą	– wie *-om-* in „K*om*m“: z*ą*b (Zahn), k*ą*pać (baden);
	ę	– wie *-em-* in „H*em*d: post*ę*p (Fortschritt), z*ę*by (Zähne);
– vor -l, -ł:	ą	– wie poln. *„o“*: zacz*ą*ł (er begann), pragn*ą*ł (er wünschte);
	ę	– wie poln. *„e“*: zacz*ę*ła (sie begann), pragn*ę*liśmy (wir wünschten).

4 Zur Aussprache der Konsonanten

In dieser Übersicht wird nur die Aussprache solcher Konsonanten erläutert, die im Deutschen nicht vorkommen oder mit anderen Schriftzeichen als im Polnischen geschrieben werden, also nicht: b, p, m, w, f, d, t, n, l, j, g, k, h/ch.

a) *Dentale* (Vorderzungen-Zahnlaute)

z – wie stimmhaftes *„s“* in „*S*onne“: gazeta (Zeitung), *z*upa (Suppe); im Auslaut stimmlos: obra*z* (Bild), tera*z* (jetzt);

s – wie stimmloses *„s“* in „wa*s*“ (auch in Verbindung sp und st!): *s*tary (alt), wy*s*pa (Insel), wy*s*oki (hoch), *s*er (Käse), *s*port (Sport);

dz – artukulatorische Einheit aus -d- + -z-, im Auslaut stimmlos: *dz*won (Glocke), do wi*dz*enia (auf Wiedersehen), wi*dz* (Zuschauer);

c – wie *„tz“* in „Pla*tz*“ (niemals wie „k“!): pla*c* (Platz), stoli*c*a (Hauptstadt), *c*o (was), niemie*c*ki (deutsch), Rowi*c*ki (Familienname);

ł – wie engl. *„w“* in „*w*ell“: ma*ł*y (klein), *ł*adny (hübsch);

b) *Alveolare* (Vorderzungen-Zahnwurzellaute)

r – wie „gerolltes“ Zungen-R (niemals wie deutsches Zäpfchen-R!): d*r*ogi (teuer), Od*r*a (Oder), *r*ada (Rat), t*r*awa (Gras);

ż/rz – stimmhaft wie *„g“* in „Rage“, im Auslaut stimmlos: duży (groß), dob*rze* (gut), ju*ż* (schon), banda*ż* (Verband), leka*rz* (Arzt); (Die unterschiedliche Schreibung hat sprachhistorische Ursachen.);

sz – stimmlos wie *„sch“* in *„Sch*ule“: *sz*koła (Schule), War*sz*awa (Warschau), pro*sz*ę (ich bitte), ratu*sz* (Rathaus), na*sz* (unser);

dż/ drz – stimmhaft, artikulatorische Einheit aus -d- + ż/rz, wie *„g“* in engl. „gentleman“, im Auslaut stimmlos: *dż*em (Marmelade), *drz*ewo (Baum, Holz), *drz*wi (Tür);

cz – stimmlos, etwa wie *„tsch“* in „Ma*tsch*“, mit gleichzeitiger Artikulation von „t + sch“: Karpa*cz* (Ortsname), *cz*ytam (ich lese), *cz*ekolada (Schokolade), po*cz*ta (Post), *cz*as (Zeit);

c) *Palatale* (weiche Mittelzungen-Gaumenlaute)

ź – vor Vokalen zi – ein stimmhafter Zischlaut, der etwa wie das deutsche -j- gebildet wird, nur mit an den Gaumen angehobener Mittelzunge: *ź*le (schlecht), na ra*zi*e (bis später), *ź*ródło (Quelle), *zi*arno (Korn).

ś – vor Vokalen si – stimmlose Entsprechung zu -ź-, etwa wie der deutsche Ich-Laut, jedoch mit ganz geringem Mundöffnungsgrad: *ś*roda (Mittwoch), *si*ostra (Schwester), *ś*wietnie (fabelhaft); Vor stimmhaften Konsonanten (außer m und n) stimmhaft wie *ź*: pro*ś*ba (sprich: proźba) – Bitte.

dź – vor Vokalen dzi – stimmhafter Zischlaut (artikulatorische Einheit aus -d- + -ź-, fungiert als weicher Pendant zu -d-): g*dzi*e (wo), *dzię*kuję (ich danke), *dzi*ecko (Kind);

ć – vor Vokalen ci – stimmlose Entsprechung zu -dź-, etwa wie *tś*, fungiert als weicher Pendant zu -t-: by*ć* (sein), nauczy*ci*el (Lehrer), *ci*ebie (dich);

ń – vor Vokalen ni – nasales, erweichtes *n*, klingt wie *„gn“* in „Kog*nak*“: rodze*ń*stwo (Geschwister), dzie*ń* (Tag), *ni*e (nein, nicht), zda*ni*e (Satz), mieszka*ni*e (Wohnung).

Die Weichheit der vorstehenden fünf Konsonanten wird orthographisch je nach Stellung im Wort auf verschiedene Weise signalisiert:

a) im Wortauslaut und vor Konsonanten durch ein ´ über dem Buchstaben (Pigo*ń*, Starzy*ń*ski);

b) vor Vokalen durch ein -i- zwischen dem palatalen Konsonanten (anstelle des ´!) und dem nachfolgenden Vokal (*ni*e), wobei -i- keinen Laut bezeichnet, der zu sprechen wäre (ni- vor Vokal = ń);

c) Wenn der *Laut „i“* auf einen palatalen Konsonanten folgt, erfüllt das Schriftzeichen -i- zwei Funktionen: Es repräsentiert im Schriftbild den Laut „i“, der zu sprechen ist, und zeigt gleichzeitig (anstelle von ´) die Weichheit des vorangehenden Konsonanten an (pa*ni* = --ńi + i).

Vgl.: Karaś, Gośka, Asia. Kosidowski (= ś + i)
być, Baćkowice, Maciej, cicho (= ć + i = weiches „t" + i)
aber: co (c- ohne -i- = c wie „Cäsar")
Łódź, Niedźwiecki, dzień, Dziwlik (= dź + i = weiches „d" + i)
aber: bardzo (dz- ohne -i- = d + z)

Nach *-b-, -p-, -w-, -f-* und *-m-* erfüllt *-i-* dieselben Funktionen. Mit einem ´ kommen die genannen Konsonanten heute jedoch nicht mehr vor, da sie, wenn sie im Auslaut oder vor Konsonanten weich waren, verhärtet sind, d. h., in diesen Stellungen nicht mehr weich ausgesprochen werden.
-ł- und *-l-* sind orthographisch anders zu handhaben. Sie stehen sich innerhalb der Opposition hart:weich als Pendants gegenüber (obwohl -ł- artikularisch heute nur noch wenig Ähnlichkeit mit einem „l" hat). Dabei dient -ł- immer als Schriftzeichen für das harte Pendant, und -l- ist immer das Zeichen für das weiche. Darum wird seine Weichheit nicht durch ein -i- oder durch andere Zeichen signalisiert.
-j- ist immer weich; es gibt kein hartes Pendant dazu, und darum wird seine Weichheit orthographisch nicht angezeigt.

5 Zur Aussprache von *e + u, a + u, e + i*

1. Die Kombination *e + u* wird immer wie zwei gebundene, aber deutlich unterschiedene Laute gesprochen: n*eu*tralny (ne-utralny) – neutral. Z*eu*s (ze-us) – Zeus u. a., d. h. niemals wie im Deutschen als Diphthong eu in „Eule".
In Lehnwörtern werden *e* und *u* in voneinander getrennten Silben gesprochen: muz*eu*m (mu-ze-um) – Museum, lic*eu*m (li-ce-um) – Lyzeum.

2. *a + u* wird in Fremdwörtern nicht ganz so deutlich voneinander getrennt wie das e + u und kann diphthongischen Charakter annehmen: *au*la (au-la) – Aula, *au*to (au-to) – Auto. In polnischen Wörtern ist das *u* meist silbisch und muß deutlich von *a* getrennt gesprochen werden: n*au*ka (na-u-ka) – Wissenschaft, n*au*czyć się (na-u-czyć) – lernen, n*au*myślnie (na-u-myślnie) – absichtlich u. a.

3. Eine Kombination *ei* wie im Deutschen als Diphthong gibt es nicht, d. h., *e* und *i* werden immer getrennt gesprochen: nadzi*ei* (na-dzie-i) – Gen. Sg. von nadzieja (Hoffnung).

6 Zu den „historisch weichen" Konsonanten

Die sieben Konsonanten *rz, ż, sz, dż, cz, dz* und *c* werden als „historisch weiche" (auch funktional weiche) Konsonanten bezeichnet, weil es ehemals weiche Konsonanten waren. Sie zeichnen sich dadurch aus, daß sie in der Deklination und Konjugation Merkmale der weichen Deklinations- bzw. Konjugationsendungen aufweisen, allerdings in jetzt verhärterter Form.

Weiche bzw. erweichte Konsonnten			*„Historisch weiche“ Konsonanten*		
ucze*ń*	kuch*ni*a	sie*dzę*	leka*rz*	młodzie*ż*	le*żę*
ucz*ni*a	kuch*ni*	sie*dzi*sz	leka*rz*a	młodzie*ży*	le*ży*sz
ucz*ni*owi	kuch*ni*	sie*dzi*	leka*rz*owi	młodzie*ży*	le*ży*
ucz*ni*a	kuch*nię*	sie*dzi*my	leka*rz*a	młodzie*ż*	le*ży*my
ucz*ni*em	kuch*nią*	sie*dzi*cie	leka*rz*em	młodzie*żą*	le*ży*cie
ucz*ni*u	kuch*ni*	sie*dzą*	leka*rz*u	młodzie*ży*	le*żą*

7 Zur Assimilation der Konsonanten in bezug auf Stimmhaftigkeit (+) und Stimmlosigkeit (−)

Beim unmittelbaren Aufeinandertreffen von stimmhaften und stimmlosen Konsonanten kommt es meist zur Assimilation eines dieser Konsonanten, d. h., er paßt sich seinem Nachbarn in bezug auf Stimmhaftigkeit bzw. Stimmlosigkeit an.

Für diesen Vorgang gelten die folgenden Regeln:

1. Im Auslaut vor Sprechpausen (Punkt, Komma u. ä.) werden alle stimmhaften Konsonanten zu ihrem stimmlosen Pendant, z. B.:

… Kraków.	… Włodzimierz.
+	+
∨	∨
−	−
[f]	[sz]

2. *-w* und *-rz-* werden nach stimmlosen Konsonanten selbst stimmlos (progressive, vorwärts wirkende Assimilation), z. B.:

t*w*ój,	p*rz*ed,	p*rz*epraszam
− +	− +	− +
− −	− −	− −
[f]	[sz]	[sz]

3. Ansonsten tritt regressive (rückwärts wirkende) Assimilation ein, z. B.:

pro*śb*a,	li*cz*ba;	ła*w*ka,	Witko*w*ski
− +	− +	+ −	+ − −
∨	∨	∨	∨
+ +	+ +	− −	− − −
[ź]	[dż]	[f]	[f]

Diese Assimilation wirkt auch über die Grenze zwischen Wörtern hinweg, wenn keine Sprechpause dazwischen liegt, z. B.:

na*sz d*om,	prze*d k*asą
− +	+ −
∨	∨
+ +	− −
[ż]	[t]

4. Bei der für das Polnische charakteristischen starken Bindung zwischen Silben und Wörtern werden stimmhafte Konsonanten an deren Ende vor stimmhaften auch nicht stimmlos (wie im Deutschen), z. B.:

pra*wd*a,	ro*zm*owa	(vgl. deutsch: Han*dw*agen).	
+ +	+ +	(bleibt)	+ +
			∨
			− +

5. Die Halböffnungslaute (ł, l, m, n, ń, r, j) sind nicht an der Assimilation beteiligt. Sie bleiben auch neben stimmlosen Konsonanten stimmhaft und bewirken nicht, daß stimmlose neben ihnen stimmhaft werden, z. B.:

sy*mp*aty*czn*y,	Wi*śni*owiecki.
+ − − +	− + (bleibt)

8 Zur Aussprache einiger Konsonantenhäufungen

1. Im heutigen Polnisch ist – vor allem in fließender Rede – bei einigen Konsonantengruppen eine Vereinfachung feststellbar, die als korrekt gilt. Das betrifft vor allem:
   a) die Aussprache von Namen und Adjektiven auf *-wski* ohne *w*, z. B. Malinowski (sprich: Malinoski), warszawski (sprich: warszaski);
   b) die Aussprache der Numeralia *pierwszy* und *pierwsi* ohne *w*, also: pierszy und piersi. Diese Vereinfachung trifft auch bei *sześćdziesiąt* (sprich: szeździesiont), *pięćdziesiąt* (sprich: pieńdziesiont), *sześćset* (sprich: sześset oder szejset) zu.

2. Die Konsonantengruppen *strz* und *trz* werden häufig falsch ausgesprochen, d. h. ohne deutliches t, z. B. bei *trzy* (tszy, nicht: czy!) – drei, *trzysta* (tszysta, nicht: czysta!) – dreihundert, *trzeba* (tszeba, nicht: czeba!) – man muß, *strzelać* (stszelać, nicht: szczelać) – schießen.

3. Der Lokativ von Substantiven auf *-izm* oder *-yzm* kann *-izmie* (-yzmie) oder *-iźmie* (-yźmie) gesprochen werden, z. B. marks*izm* – o marks*izmie* bzw. o marksi*źmie*, magnet*yzm* – o magnet*yzmie* bzw. magnety*źmie*. In der Schrift gilt ausnahmslos die Endung -izmie (-yzmie) als verbindlich.

4. *Doppelkonsonanten* kommen im Polnischen meist in Fremdwörtern vor und werden (etwas) verlängert ausgesprochen. Sie dienen nicht – wie im Deutschen – zur Bezeichnung der Kürze vorhergehender Vokale, z. B. A*nn*a, mado*nn*a (verlängertes *n*), mo*kk*a, le*kk*i (verlängertes *k*), Jagie*łł*o, Ko*łł*ątaj (verlängertes *ł*), bru*tt*o, mo*tt*o (verlängertes *t*).

9 Zum Wortakzent

1. Die Wörter werden in der Regel auf der vorletzten Silbe betont – unabhängig von der grammatischen Form des Wortes. Hat ein Wort in einer grammatischen Form also mehr oder weniger Silben als in seiner Grundform (z. B. Nominativ oder Infinitiv), ist die vorletzte Silbe der vorliegenden Wortform zu betonen und nicht die Silbe, die in der Grundform die vorletzte ist. Beispiel: Nom.: *ho*tel, Gen.: ho*te*lu, Dat.: hote*lo*wi.
   In Wörtern, die aus vier oder mehr Silben bestehen, erhält die erste einen deutlichen Nebenton, d. h., sie wird schwächer als die den Hauptton tragende, aber stärker als die übrigen Silben betont, z. B.: fẹnome*nal*ny, fọtore*por*ter.

2. Die Präteritalformen der 1. und 2. Pers. Plural werden auf der drittletzten Silbe betont, z. B. pi*sa*liśmy, pi*sa*liście; czy*ta*łyśmy, czy*ta*łyście.[1]

3. Bei Personenbezeichnungen fremder Herkunft, die auf *-ik* oder *-yk* auslauten (elektromechanik, matematyk), gilt für den Akzent:
   a) In den Formen, die um eine Silber länger als der Nom. Sing. sind, wird die drittletzte Silbe betont.
   b) In den Formen mit anderer Silbenzahl ist die vorletzte zu betonen, z. B.: Nom.: mate*ma*tyk, Gen.: mate*ma*tyka, Dat.: matematy*ko*wi, Instr.: mate*ma*tykiem.

4. Bei Fremd- bzw. Lehnwörtern auf *-ika* oder *-yka* ruht der Ton in Formen, deren Silbenanzahl gleich dem Nom. Sg. ist, auf der drittletzten Silbe, in allen anderen auf der vorletzten, z. B. re*pu*blika (aber: republi*ka*mi), charakte*ry*styka (aber: charakterysty*ka*mi).

5. Präpositionen und die Verneinungspartikel *nie* ziehen den Akzent vor einsilbigen Formen (meist Pronomen) auf sich, so daß beide wie ein auf der vorletzten Silbe betontes Wort gesprochen werden, z. B. *bez* nas, beze mnie, *dla* niej; *nie* mów, *nie* jem, *nie* rób.

[1] Heute wird schon häufig auf der vorletzten Silbe betont.

6. In Abkürzungen, die aus Anfangsbuchstaben einzelner Wörter bestehen, wird in der Regel der letzte Buchstabe betont, z. B.
   ZHP – lies: zetha*pe* (Polnischer Pfadfinderverband);
   PCK – lies: pece*ka* (Polnisches Rotes Kreuz).
   Abkürzungen, die aus Silben bestehen (Ce*pe*lia, Pa*fa*wag u. a.), werden wie polnische Wörter betont (siehe unter 1.).

10 Zur Satzintonation

Die Intonation eines Satzes ist abhängig von der Redeabsicht eines Sprechers. Der Akzent läßt sich dabei – je nachdem, welcher Satzteil hervorgehoben werden soll – verschieben, z. B.
1. *Daj* mi tę gazetę! – *Gib* mir die Zeitung!
2. Daj mi *tę* gazetę! – Gib mir *diese* Zeitung!
3. Daj mi tę *gazetę*! – Gib mir die *Zeitung*!

Die Wahl der entsprechenden Klangfarbe dient außerdem dazu, Gefühle wie Freude, Trauer, Ärger, Unruhe, Ironie, Erregung usw. auszudrücken.
Für das (laute) Lesen eines Textes, besonders aber für das Rezitieren (aus dem Gedächtnis), sollte jeder Text entsprechend aufbereitet, bearbeitet werden. Dafür einige Grundsätze:
1. Verstehen (Durchdenken) des Textes,
2. deutliche Aussprache,
3. textadäquate Akzentuierung und Pauseneinteilung,
4. Wahl der entsprechenden Klangfarbe.

Die richtige Intonation eines Satzes läßt sich erreichen durch:
- Veränderung der Tonhöhe (Anheben und Senken der Stimme),
- Beachten der Satzzeichen (Punkt, Komma, Frage- und Ausrufezeichen, Semikolon, Doppelpunkt, Bindestrich, Anführungsstriche).

Intonation bei Fragesätzen

In einem normalen Fragesatz steigt der Ton am Satzende etwas an, z. B.

Kto to jest? – *Wer* ist das?

Czy wi- dzia- łaś mat-kę? – Nie. – Hast du die Mutter gesehen? – Nein.

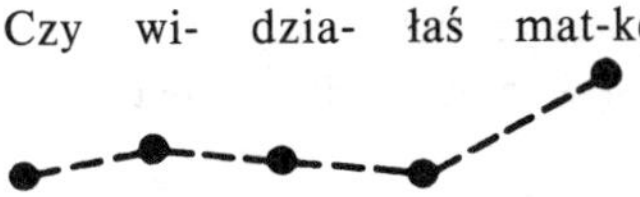

Czy on już po- szedł? – Tak. – Ist er schon gegangen? – Ja.

Bei emotional gefärbten Fragen wechselt die Intonation, je nachdem, welcher Teil eines Satzes besonders betont wird.

Kto to jest? – Wer ist *das*?

Intonation bei Aussagesätzen

1. In ruhiger, affektloser Redeweise fällt der Ton am Satzende etwas ab, z. B.
   Wi- dzę zna-jo- mą pa- ni Schmidt. Ich sehe die Bekannte von Frau Schmidt.

2. Stehen Präpositionen vor einsilbigen Wörtern, ziehen sie die Betonung auf sich, z. B.
   On mie- szka *na* wsi. Je- dzie- my *do* niej.

   Er wohnt auf dem Lande. Wir fahren zu ihr.

3. Die Verneinungspartikel *nie* zieht die Betonung auf sich, z. B.
   Pa- ni Schmidt *nie* ma dziec- ka.

   Frau Schmidt hat kein Kind.

11 Zum Lautwechsel

Sowohl bei der Deklination, der Konjugation und der Komparation als auch bei der Wortbildung kommen im Polnischen (stärker als im Russischen) Lautwechsel von Konsonanten und Vokalen vor, die Folge der historischen Entwicklung der polnischen Sprache sind.
Die folgende Übersicht gibt darüber Auskunft, welche Laute miteinander wechseln können.

Vokalwechsel

1. e – o – ó: na cz*e*le – cz*o*ło – cz*ó*ł; kości*ó*ł – kości*o*ły – w kości*e*le; pole – p*ó*l;
   (i)e – (i)o – (i)ó: ni*e*ść – ni*o*sę – ni*ó*sł, zi*e*le – zi*o*ła – zi*ó*ł;
2. ę – ą, (i)ę – (i)ą: r*ę*ka – r*ą*k, przyj*ą*ć – przyj*ę*ty, zamkn*ą*ć – zamkn*ię*ty; św*ię*to – św*ią*t, pien*ią*dze – pien*ię*dzy;

3. e – a, (i)e – (i)a:	l*a*s – w l*e*sie, leż*e*ć – leż*a*ł, mi*e*ć – mi*a*ł, mi*a*sto – w mi*e*ście.

Konsonantenwechsel

1. k – cz – c:	rę*k*a – rą*cz*ka – rę*c*e, mat*k*a – mat*c*e, pła*k*ać – pła*cz*e;
2. g – ż – dz:	dro*g*a – dró*ż*ka – na dro*dz*e, ubo*g*i – ubo*dz*y;
3. ch – sz – ś/si:	głu*ch*y – głu*sz*a – głu*si*, Cze*ch* – Cze*si*, Wło*ch* – Wło*si*;
4. s – sz – ś/si:	pro*si*ć – pro*sz*ę – pro*ś*! – pro*ś*ba; pi*s*ać – pi*sz*ę, pierw*sz*y – pierw*si*, lep*sz*y – lep*si*;
5. z – ż – ź/zi:	wó*z* – wo*ż*ę – wo*zi* – wo*ź*!; gwizdać – gwi*ż*dżę, mró*z* – mro*ź*ny;
6. t – c – ć/ci:	architek*t* – o architek*ci*e, pła*ci*ć – pła*c*ę – pła*c*isz;
7. d – dz – dź/dzi:	chó*d* – cho*dz*ę – cho*dz*isz – cho*dź*!; obia*d* – na obie*dz*ie, mło*d*y – mło*dz*i;
8. r – rz:	gó*r*a – na gó*rz*e, dyrekto*r* – o dyrektorze;
9. ł – l:	stó*ł* – na sto*l*e, szko*ł*a – w szko*l*e.

Formenlehre

Zur Formenlehre

In der Formenlehre werden nur solche grammatischen Erscheinungen erläutert, die in diesem Lehrbuch vorkommen.

Das Substantiv

In der polnischen Sprache gibt es weder einen bestimmten noch einen unbestimmten Artikel, das heißt:

das Substantiv *teatr* kann mit *das* Theater bzw. *ein* Theater,
das Substaniv *rodzina* kann mit *die* Familie bzw. *eine* Familie,
das Substantiv *miasto* kann mit *die* Stadt bzw. *eine* Stadt
wiedergegeben werden.

Das Genus

Das Polnische hat drei Genera: Maskulinum, Femininum, Neutrum.

Maskulina sind:

1. Die Mehrzahl aller Substantive, die im Nom. Sg. auf einen Konsonanten auslauten, z. B.

klub (Klub)	Paweł (= Vorn.)	teatr (Theater)	park (Park)
Andrzej (= Vorn.)	hotel (Hotel)	ratusz (Rathaus)	uczeń (Schüler)

2. Alle Substantive, die ein männliches Lebewesen bezeichnen (natürliches Geschlecht).
   Dazu zählen u. a. Maskulina auf *-(i)a*, z. B.

poeta (Dichter)	artysta (Künstler)	kolega (Kollege)	sędzia (Richter)	rozmówca (Gesprächspartner)

Feminina sind

1. Die Mehrzahl aller Substantive, die im Nom. Sg. auf *-(i)a* auslauten, z. B.

kolumna (Säule)	opera (Oper)	koleżanka (Kollegin)	pustynia (Wüste)	ulica (Straße)
Kasia (= Vorn.)		melodia (Melodie)		

2. Alle Substantive, die ein weibliches Lebewesen bezeichnen (natürliches Geschlecht).
   Dazu zählen Feminina auf *-i*, z. B.

pani	sprzedawczyni	bogini	wychowawczyni
(Dame, Frau)	(Verkäuferin)	(Göttin)	(Erzieherin, Klassenleiterin)

3. Substantive, die auf einen *weichen* bzw. *„historisch weichen" Konsonanten* auslauten, z. B.

wieś	miłość	łódź	podróż	twarz
(Dorf)	(Liebe)	(Boot)	(Reise)	(Gesicht, Antlitz)

Neutra sind:

1. Alle Substantive, die im Nom. Sg. auf *-(i)o* bzw. auf *-(i)e* auslauten, z. B.

miasto	dziecko	miejsce	mieszkanie	życie
(Stadt)	(Kind)	(Stelle, Platz)	(Wohnung)	(Leben)

2. Substantive, die im Nom. Sg. auf *-(i)ę* bzw. auf *-(i)um* auslauten, z. B.

imię	zwierzę	muzeum	centrum	liceum
(Vorname)	(Tier)	(Museum)	(Zentrum)	(Lyceum)

   Ausnahmen: album, kostium sind Maskulina.

Numerus und Kasus

1. In der polnischen Deklination werden zwei Numeri (Singular und Plural) unterschieden. Jeder Numerus hat sieben Kasus.
2. Die Kasus antworten auf die Fragen:

	Lebewesen	Ding, Abstrakta
Nominativ:	kto? – wer?	co? – was?
Genitiv:	kogo? – wessen? czyj, -a, -e? – wessen	czego? – wessen?
Dativ:	komu? – wem?	czemu? – wem?
Akkusativ:	kogo? – wen?	co? – was?
Instrumental:	z kim? – mit wem?	czym? – womit?
Lokativ:	o kim? – über wen?	o czym? – worüber?
Vokativ:	(Anrede- bzw. Ruffall)	

Die Deklination

1. Für die Deklination ist bei der Mehrzahl der Substantive entscheidend, auf welchen Konsonanten sie im Stammauslaut enden.

Wir unterscheiden folgende Konsonantengruppen:

Harte Konsonanten

a) Die 10 „harten“ Kons.:
-b, -m, -w, -d, -n, -z (stimmhaft),
-p, -f, -t, -s (stimmlos);

b) -ł und -r;

c) -g, -k, -ch (-h);

Weiche Konsonanten

a) -l und -j;

b) Die 5 „weichen“ Kons.:
-dź, -ź, -ń, (stimmhaft),
-ć, -ś (stimmlos)

c) „Historisch weiche“ Kons.:
-rz, -ż, -dż, -dz (stimmhaft)
-sz, -cz, -c (stimmlos)

2. **Belebte und unbelebte Maskulina.** Im Polnischen werden – wie im Russischen – sogenannte belebte und unbelebte Maskulina unterschieden.
Zu den belebten Maskulina zählen Substantive, die Lebewesen bezeichnen (Menschen, Tiere).
Alle anderen Maskulina gelten im grammatischen Sinne als unbelebt.

3. **Flüchtiges *-(i)e*.** Das Polnische hat ein „flüchtiges“ *(-i)e* (vergl. „flüchtiges“ -o, -ë, -e im Russischen).
Es tritt bei den Maskulina im Nom. Sg. auf (in allen anderen Kasus sind sie nicht vorhanden), bei den Feminina und Neutra nur im Gen. Pl., z. B. Jan*e*k – Janka (Gen./Akk. Sg.), – o Janku (Lok. Sg.); ucz*e*ń – ucznia (Gen. bzw. Akk. Sg.) – o uczniu (Lok. Sg.); matka – mat*e*k (Gen. Pl.); okno – ok*ie*n (Gen. Pl.).

Maskulina

Harte Konsonanten

Singular

	10 harte Kons.		-ł, -r		-g, -k, -ch (-h)	
	unbelebt	belebt	unbelebt	belebt	unbelebt	belebt
N.	film	student	kanał	aktor	pomnik	pedagog
G.	filmu	studenta	kanału	aktora	pomnika	pedagoga
D.	filmowi	studentowi	kanałowi	aktorowi	pomnikowi	pedagogowi
A.	film	studenta	kanał	aktora	pomnik	pedagoga
I.	filmem	studentem	kanałem	aktorem	pomnikiem	pedagogiem
L.	filmie	studencie	kanale	aktorze	pomniku	pedagogu
V.	(filmie!)	studencie!	(kanale!)	aktorze!	(pomniku!)	pedagogu!

Ausnahmen – im Dativ: pan – panu, brat – bratu, ojciec – ojcu
im Lokativ: dom – w domu, pan – o panu,
im Vokativ: pan – panie!, ojciec – ojcze!

Plural

N.	filmy	studenci	kanały	aktorzy	pomniki	pedagodzy
G.	filmów	studentów	kanałów	aktorów	pomników	pedagogów
D.	filmom	studentom	kanałom	aktořom	pomnikom	pedagogom
A.	filmy	studentów	kanały	aktorów	pomniki	pedagogów
I.	filmami	studentami	kanałami	aktorami	pomnikami	pedagogami
L.	filmach	studentach	kanałach	aktorach	pomnikach	pedagogach
V.	(filmy!)	studenci!	(kanały!)	aktorzy!	(pomniki!)	pedagodzy!

Weiche Konsonanten
Singular

	-l, -j		5 weiche Kons.		„Hist. weiche" Kons.	
	unbelebt	belebt	unbelebt	belebt	unbelebt	belebt
N.	pokój	nauczyciel	dzień	uczeń	plac	towarzysz
G.	pokoju	nauczyciela	dnia	ucznia	placu	towarzysza
D.	pokojowi	nauczycie- lowi	dniowi	uczniowi	placowi	towarzy- szowi
A.	pokój	nauczyciela	dzień	ucznia	plac	towarzysza
I.	pokojem	nauczycie- lem	dniem	uczniem	placem	towarzy- szem
L.	pokoju	nauczycielu	dniu	uczniu	placu	towarzyszu
V.	(pokoju!)	nauczy- cielu!	(dniu!)	uczniu!	(placu!)	towarzyszu!

Plural

N.	pokoje	nauczyciele	dnie, dni[1]	uczniowie	place	towarzysze
G.	pokojów, pokoi	nauczycieli	dni	uczniów	placów	towarzyszy
D.	pokojom	nauczycie- lom	dniom	uczniom	placom	towarzy- szom
A.	pokoje	nauczycieli	dnie, dni	uczniów	place	towarzyszy
I.	pokojami	nauczycie- lami	dniami	uczniami	placami	towarzy- szami
L.	pokojach	nauczycie- lach	dniach	uczniach	placach	towarzy- szach
V.	(pokoje!)	nauczy- ciele!	(dnie, dni!)	uczniowie!	(place!)	towarzysze!

Maskulina auf *-(i)a* werden im Singular wie entsprechende Feminina dekliniert, z. B. kolega wie „droga:; im Plural (normal) wie Maskulina, also:
Sg.: kolega, kolegi, koledze, kolegę, kolegą, koledze, kolego!;
Pl.: koledzy, kolegów, kolegom, kolegów, kolegami, kolegach, koledzy!.

[1] In Verbindung mit Zahlen immer „dni", z. B. dwa dni, pięć dni.

Besonderheiten der Deklination der Maskulina
Singular

N.	mężczyzna	przyjaciel	brat	tydzień	sędzia
G.	mężczyzny	przyjaciela	brata	tygodnia	sędziego
D.	mężczyźnie	przyjacielowi	bratu	tygodniowi	sędziemu
A.	mężczyznę	przyjaciela	brata	tydzień	sędziego
I.	mężczyzną	przyjacielem	bratem	tygodniem	sędzią
L.	mężczyźnie	przyjacielu	bracie	tygodniu	sędzi
V.	mężczyzno!	przyjacielu!	bracie!	(tygodniu!)	sędzio!

Plural

N.	mężczyźni	przyjaciele	bracia	tygodnie	sędziowie
G.	mężczyzn	przyjaciół	braci	tygodni	sędziów
D.	mężczyznom	przyjaciołom	braciom	tygodniom	sędziom
A.	mężczyzn	przyjaciół	braci	tygodnie	sędziów
I.	mężczyznami	przyjaciółmi	braćmi	tygodniami	sędziami
L.	mężczyznach	przyjaciołach	braciach	tygodniach	sędziach
V.	mężczyźni!	przyjaciele!	bracia!	(tygodnie!)	sędziowie!

Die Maskulina *rok* und *człowiek*

	Singular	Plural	Singular	Plural
N.	rok	lata	człowiek	ludzie
G.	roku	lat	człowieka	ludzi
D.	rokowi	latom	człowiekowi	ludziom
A.	rok	lata	człowieka	ludzi
I.	rokiem	latami	człowiekiem	ludźmi
L.	roku	latach	człowieku	ludziach
V.	(roku!)	(lata!)	człowieku! u. człowiecze!	ludzie!

Feminina auf *-a*
Singular

	Harte Konsonanten			Weiche Konsonanten			„Hist. weiche" Kons.
N.	kolumna	opera	córka	kawiarnia	sala	armia	ulica
G.	kolumny	opery	córki	kawiarni	sali	armii	ulicy
D.	kolumnie	operze	córce	kawiarni	sali	armii	ulicy
A.	kolumnę	operę	córkę	kawiarnię	salę	armię	ulicę
I.	kolumną	operą	córką	kawiarnią	salą	armią	ulicą
L.	kolumnie	operze	córce	kawiarni	sali	armii	ulicy
V.	(kolumno!)	(opero!)	córko!	(kawiarnio!)	(salo!)	(armio!)	(ulico!)

Plural

N.	kolumny	opery	córki	kawiarnie	sale	armie	ulice
G.	kolumn	oper	córek	kawiarni, -ń	sal	armii	ulic
D.	kolumnom	operom	córkom	kawiarniom	salom	armiom	ulicom
A.	kolumny	opery	córki	kawiarnie	sale	armie	ulice
I.	kolumnami	operami	córkami	kawiarniami	salami	armiami	ulicami
L.	kolumnach	operach	córkach	kawiarniach	salach	armiach	ulicach
V.	(kolumny!)	(opery!)	córki!	(kawiarnie!)	(sale!)	(armie!)	(ulice!)

Feminina auf Konsonant und auf *-i*
Singular

	Weiche Konsonanten		„Hist. weiche“ Kons.		-i	
N.	wieś	powieść	podróż	noc	pani	sprzedawczyni
G.	wsi	powieści	podróży	nocy	pani	sprzedawczyni
D.	wsi	powieści	podróży	nocy	pani	sprzedawczyni
A.	wieś	powieść	podróż	noc	panią[1]	sprzedawczynię
I.	wsią	powieścią	podróżą	nocą	panią	sprzedawczynią
L.	wsi	powieści	podróży	nocy	pani	sprzedawczyni
V.	(wsi!)	(powieści!)	(podróży!)	(nocy!)	pani!	sprzedawczyni!

Plural

N.	wsie	powieści	podróże	noce	panie	sprzedawczynie
G.	wsi	powieści	podróży	nocy	pań	sprzedawczyń
D.	wsiom	powieściom	podróżom	nocom	paniom	sprzedawczyniom
A.	wsie	powieści	podróże	noce	panie	sprzedawczynie
I.	wsiami	powieściami	podróżami	nocami	paniami	sprzedawczyniami
L.	wsiach	powieściach	podróżach	nocach	paniach	sprzedawczyniach
V.	(wsie!)	(powieści!)	(podróże!)	(noce!)	panie!	sprzedawczynie!

Neutra auf *-o* und *-(i)e*
Singular

	Harte Konsonanten			Weiche Konsonanten		„Hist. weiche“ Kons.
N.	kino	miasto	słówko	zdanie	wyjście	miejsce
G.	kina	miasta	słówka	zdania	wyjścia	miejsca
D.	kinu	miastu	słówku	zdaniu	wyjściu	miejscu
A.	kino	miasto	słówko	zdanie	wyjście	miejsce
I.	kinem	miastem	słówkiem	zdaniem	wyjściem	miejscem
L.	kinie	mieście	słówku	zdaniu	wyjściu	miejscu
V.	(kino!)	(miasto!)	(słówko!)	(zdanie!)	(wyjście!)	(miejsce!)

[1] Nur „pani“ hat im Akk. die Endung -ą; aber in Verbindung mit „proszę“ meist „pani“.

Plural

N.	kina	miasta	słówka	zdania	wyjścia	miejsca
G.	kin	miast	słówek	zdań	wyjść	miejsc
D.	kinom	miastom	słówkom	zdaniom	wyjściom	miejscom
A.	kina	miasta	słówka	zdania	wyjścia	miejsca
I.	kinami	miastami	słówkami	zdaniami	wyjściami	miejscami
L.	kinach	miastach	słówkach	zdaniach	wyjściach	miejscach
V.	(kina!)	(miasta!)	(słówka!)	(zdania!)	(wyjścia!)	(miejsca!)

Neutra auf *-(i)ę* und *-(i)um*
Singular

	-(i)ę		-(i)um	
N.	imię	zwierzę	muzeum	podium
G.	imienia	zwierzęcia	”	”
D.	imieniu	zwierzęciu	”	”
A.	imię	zwierzę	”	”
I.	imieniem	zwierzęciem	”	”
L.	imieniu	zwierzęciu	”	”
V.	(imię!)	(zwierzę!)	”	”

Plural

N.	imiona	zwierzęta	muzea	podia
G.	imion	zwierząt	muzeów	podiów
D.	imionom	zwierzętom	muzeom	podiom
A.	imiona	zwierzęta	muzea	podia
I.	imionami	zwierzętami	muzeami	podiami
L.	imionach	zwierzętach	muzeach	podiach
V.	(imiona!)	(zwierzęta!)	(muzea!)	(podia!)

Besonderheiten der Deklination der Neutra

1. ***Dziecko*** hat im Plural folgende Deklination:
   N.: dzieci, G.: dzieci, D.: dzieciom, A.: dzieci, I.: dziećmi, L.: dzieciach, V.: dzieci.
2. ***Państwo*** hat zwei Bedeutungen:
   1. Staat (in dieser Bedeutung wird es im Singular und Plural wie ein normales Neutrum dekliniert), z. B. Sg.: państwo, państwa, państwu usw., Pl.: państwa, państw, państwom usw.; Lokativ Sg.: o państwie(!).
   2. Personengruppe beiderlei Geschlechts (Sie, Herr und Frau ..., Eheleute, Familie, Reisegesellschaft, Herrschaften). In dieser Bedeutung wird es nur im Singular gebraucht, meist in Verbindung mit anderen Wörtern. Lokativ: o państwu (!),

N.: państwo młodzi	(Brautpaar)	państwo Mikulscy	(Herr und Frau Mikulski)
G.: państwa młodych		państwa Mikulskich	
D.: państwu młodym		państwu Mikulskim	
A.: państwa młodych		państwa Mikulskich	
I.: państwem młodymi		państwem Mikulskimi	
L.: państwu młodych		państwu Mikulskich	
V.: państwo młodzi!		państwo Mikulscy!	

Alle mit dieser Form in Verbindung stehenden Wortarten (Verben, Partizipien, Adjektive, Pronomen u. a. werden im Plural in der Personalf. gebraucht, z. B. *Drodzy* państwo!
In gehobener Sprache gebraucht man in solchen Fällen die 3. Pers. Pl. z. B. *Niech(aj)* państwo *przyjdą* (*zobaczą, popatrzą* ...). Jutro państwo pójdą do teatru.
In der umgangssprachlichen Anrede kann das Prädikat zu „państwo" auch in der 2. Pers. Pl. gebraucht werden, z. B. Zwróć*cie* państwo uwagę na ...! Jutro państwo pójdziecie doteatru.

3. ***Brutto, getto, libretto*** u. a. haben im Lok. Sg. folgende Schreibung: o brutcie, w getcie, w libretcie usw., aber die Aussprache: o brucie, w gecie, w librecie usw.

4. ***Radio*** wird im Singular und Plural wie ein Neutrum mit weichem Auslaut dekliniert; Lok. Sg.: w radio oder w radiu. Der Gen. Pl. ist ungebräuchlich.

Das Adjektiv

Deklination

Singular

Im Singular hat das Adjektiv drei Genusformen, die nach folgenden Beispielen dekliniert werden:

Nominativ

Maskulina	Feminina	Neutra
Endung: *-y* (nach g, k und weichem Auslaut: *-i*)	Endung: *-a* (nach weichem Auslaut:*-/i/a*)	Endung: *-e* (nach g, k und weichem Auslaut: *-/i/e*)
mił*y* pan now*y* hotel polsk*i* kolega ładn*y* pokój tan*i* aparat	mił*a* pani now*a* melodia polsk*a* rodzina ładn*a* ulica tan*ia* płyta	mił*e* dziecko now*e* mieszkanie polsk*ie* miasto ładn*e* radio tan*ie* mieszkanie

Die übrigen Kasus

G.:	bel. mił*ego* pana unbel. tani*ego* hotelu	polski*ej* rodziny	now*ego* mieszkania
D.:	mił*emu* panu tani*emu* hotelowi	polski*ej* rodzinie	now*emu* mieszkaniu
A.:	bel. mił*ego* pana unbel. tan*i* hotel	polsk*ą* rodzinę	now*e* mieszkanie
I.:	mił*ym* panem tan*im* hotelem	polsk*ą* rodziną	now*ym* mieszkaniem
L.:	(o) mił*ym* panu (w) tan*im* hotelu	(o) polski*ej* rodzinie	(w) now*ym* mieszkaniu
V.:	mił*y* panie! (tan*i* hotelu!)	(polsk*a* rodzino!)	(now*e* mieszkanie!)

Plural

Im Plural hat das Adjektiv zwei Genusformen:
eine *Sachform*, die im Nom. Pl. mit der neutralen Form des Nom. Sg. identisch ist, und
eine *Personalform*, deren Stammauslaut im Nom. Pl. durch die Endung erweicht wird bzw. sich in einen „hist. weichen" Konsonanten verwandelt.

Die *Sachform* wird gebraucht bei:
- allen unbelebten Maskulina und Tiernamen,
- allen Feminina,
- allen Neutra.

Die *Personalform* wird gebraucht bei:
- allen Maskulina, die Personen bezeichnen,
- Personengruppen, wenn darin eine männliche Person vertreten ist.

Nominativ

Grundform im Nom. Singular	Sachform		Personalform		
	Endung: *-e* (nach g, k und weichem Auslaut: *-/i/e*)		Laut-wandel	Endung: *-i* (nach „historisch weichen" Kons.: *-y*)	
gruby	grub*e*	książki (zeszyty)	by : bi	grub*i*	ludzie
skąpy	skąp*e*	panie	py : pi	skąp*i*	panowie
wybitny	wybitn*e*	pianistki	ny : ni	wybitn*i*	profesorowie
młody	młod*e*	psy	dy : dzi	młodz*i*	sportowcy
brodaty	brodat*e*	zwierzęta	ty : ci	brodac*i*	mężczyźni
wspaniały	wspaniał*e*	widoki	ły : li	wspanial*i*	artyści
dorosły	dorosł*e*	córki		dorośl*i*	synowie
lepszy	lepsz*e*	maszyny	szy : si	leps*i*	fachowcy
starszy	starsz*e*	meble		stars*i*	koledzy
cichy	cich*e*	ulice	chy : si	cis*i*	uczniowie
drogi	drog*ie*	aparaty	gi : dzy	drodz*y*	przyjaciele
wielki	wielk*ie*	czyny	ki : cy	wielc*y*	poeci
dobry	dobr*e*	wyniki	ry : rzy	dobrz*y*	gospodarze
ostatni	ostatn*ie*	wiadomości	ni : ni	ostatn*i*	goście

Die übrigen Kasus

	Sachform		*Personalform*	
G.:	wspaniał*ych*	widoków	wspaniał*ych*	artystów
	wielk*ich*	pianistek	wielk*ich*	ludzi
	ostatn*ich*	dzieł		
D.:	wspaniał*ym*	widokom	wspaniał*ym*	artystom
	wielk*im*	pianistkom	wielk*im*	ludziom
	ostatn*im*	dziełom		
A.:	wspaniał*e*	widoki	wspaniał*ych*	artystów
	wielk*ie*	pianistki	wielk*ich*	ludzi
	ostatn*ie*	dzieła		
I.:	wspaniał*ymi*	widokami	wspaniał*ymi*	artystami
	wielk*imi*	pianistkami	wielk*imi*	ludźmi
	ostatn*imi*	dziełami		
L.:	wspaniał*ych*	widokach	wspaniał*ych*	artystach
	wielk*ich*	pianistkach	wielk*ich*	ludziach
	ostatn*ich*	dziełach		
V.:	wspaniał*e*	widoki!	wspanial*i*	artyści!
	*wielk*ie	pianistki!	wielc*y*	ludzie!
	ostatn*ie*	dzieła!		

Zahlreiche polnische Familiennamen auf *-ski, -cki* (fem. -ska, -cka) sind abgeleitete Adjektive und werden daher wie die entsprechenden Adjektive dekliniert.

Das Pronomen

Personalpronomen

Singular

<table>
<tr><th rowspan="2"></th><th rowspan="2">1. Pers.</th><th rowspan="2">2. Pers.</th><th colspan="3">3. Pers.</th></tr>
<tr><th>Mask.</th><th>Neutr.</th><th>Fem.</th></tr>
<tr><td>N.</td><td>ja</td><td>ty</td><td>on</td><td>ono</td><td>ona</td></tr>
<tr><td>G.</td><td>mnie, (mię)</td><td>ciebie, (cię)</td><td colspan="2">jego, go</td><td>jej</td></tr>
<tr><td>D.</td><td>mnie, mi</td><td>tobie, ci</td><td colspan="2">jemu, mu</td><td>jej</td></tr>
<tr><td>A.</td><td>mnie, (mię)</td><td>ciebie, (cię)</td><td>jego, go</td><td>je</td><td>ją</td></tr>
<tr><td>I.</td><td>mną</td><td>tobą</td><td colspan="2">nim</td><td>nią</td></tr>
<tr><td>L.</td><td>mnie</td><td>tobie</td><td colspan="2">nim</td><td>niej</td></tr>
</table>

Plural

<table>
<tr><th rowspan="2"></th><th rowspan="2">1. Pers.</th><th rowspan="2">2. Pers.</th><th colspan="2">3. Pers.</th></tr>
<tr><th>Personalform</th><th>Sachform</th></tr>
<tr><td>N.</td><td>my</td><td>wy</td><td>oni</td><td>one</td></tr>
<tr><td>G.</td><td>nas</td><td>was</td><td colspan="2">ich</td></tr>
<tr><td>D.</td><td>nam</td><td>wam</td><td colspan="2">im</td></tr>
<tr><td>A.</td><td>nas</td><td>was</td><td>ich</td><td>je</td></tr>
<tr><td>I.</td><td>nami</td><td>wami</td><td colspan="2">nimi</td></tr>
<tr><td>L.</td><td>nas</td><td>was</td><td colspan="2">nich</td></tr>
</table>

Im Gegensatz zum Deutschen und Russischen wird als Höflichkeitsform nicht eine deklinierte Form des Personalpronomens verwendet, sondern eine von *pan* bzw. *pani*, z. B. Dziękuję *panu (pani).* Proszę *pana (pani),* dokąd *pan (pani)* idzie?

Die 2. Pers. Pl. (wy) wird nur in kollegialer Umgangssprache gebraucht, z. B. Kolego, czy (wy) przyjdziecie? (Kollege, kommen Sie?) Dziękuję wam, kolego. (Ich danke Ihnen, Kollege).

Reflexives Personalpronomen

Singular und Plural

N.: –
G.: siebie
D.: sobie
A.: siebie, się (Kurzf.)
I.: ze sobą
L.: o sobie

Die Formen von *siebie* (es hat keinen Nominativ!) werden im Polnischen – wie im Russischen – für alle drei Personen (Sg. und Pl.) verwendet, und zwar die vollen Formen nach Präpositionen und in betonter Stellung, die Kurzform *się* vor oder nach Verben (jedoch steht sie nie am Satzanfang), z. B.

Cały czas byłem u *siebie* w pracy. Kupcie *sobie* lody! Widziała tylko *siebie.* Odpowiadam za *siebie.* Mam wszystko ze *sobą* (przy *sobie*).

Possessivpronomen

<table>
<tr><th rowspan="2"></th><th colspan="3">Singular</th><th colspan="2">Plural</th></tr>
<tr><th>Mask.</th><th>Neutr.</th><th>Fem.</th><th>Personalform</th><th>Sachform</th></tr>
<tr><td>N.</td><td>mój</td><td>moje (me)[1]</td><td>moja (ma)[1]</td><td>moi</td><td>moje (me)[1]</td></tr>
<tr><td>G.</td><td colspan="2">mojego (mego)</td><td>mojej (mej)</td><td colspan="2">moich (mych)</td></tr>
<tr><td>D.</td><td colspan="2">mojemu (memu)</td><td>mojej (mej)</td><td colspan="2">moim (mym)</td></tr>
<tr><td>A.</td><td>bel.:
mojego
(mego)
unbel.:
mój</td><td>moje (me)</td><td>moją (mą)</td><td>moich (mych)</td><td>moje (me)</td></tr>
<tr><td>I.</td><td colspan="2">moim (mym)</td><td>moją (mą)</td><td colspan="2">moimi (mymi)</td></tr>
<tr><td>L.</td><td colspan="2">(o) moim (mym)</td><td>mojej (mej)</td><td colspan="2">moich (mych)</td></tr>
</table>

Ebenso: twój, twoja, twoje; twoi, twoje.

<table>
<tr><th rowspan="2"></th><th colspan="3">Singular</th><th colspan="2">Plural</th></tr>
<tr><th>Mask.</th><th>Neutr.</th><th>Fem.</th><th>Personalform</th><th>Sachform</th></tr>
<tr><td>N.</td><td>nasz</td><td>nasze</td><td>nasza</td><td>nasi</td><td>nasze</td></tr>
<tr><td>G.</td><td colspan="2">naszego</td><td>naszej</td><td colspan="2">naszych</td></tr>
<tr><td>D.</td><td colspan="2">naszemu</td><td>naszej</td><td colspan="2">naszym</td></tr>
<tr><td>A.</td><td>bel.:
naszego
unbel.:
nasz</td><td>nasze</td><td>naszą</td><td>naszych</td><td>nasze</td></tr>
<tr><td>I.</td><td colspan="2">naszym</td><td>naszą</td><td colspan="2">naszymi</td></tr>
<tr><td>L.</td><td colspan="2">(o) naszym</td><td>naszej</td><td colspan="2">naszych</td></tr>
</table>

Ebenso: wasz, wasza, wasze; wasi, wasze.

Analog zu *mój, twój; nasz, wasz* werden dekliniert:

1. das reflexive Possessivpronomen: *swój, swoja, swoje; swoj, swoje;*
2. das Relativpronomen: *który która, które; którzy, które;*
3. die Interrogativpronomen: *który?, która?, które?; którzy?, które?;*
   jaki?, jaka?, jakie?; jacy?, jakie?;
4. das interrogative Possessivpronomen: *czyj?, czyja?, czyje?;*
   czyi?, czyje?;

[1] Die in Klammern angegebenen Kurzformen kommen nur in der Schriftsprache vor.

5. *das Demonstrativpronomen: taki, taka, takie; tacy, takie;*
6. das Determinativpronomen: *każdy, każda, każde; –, każde;*
   sam, sama, same; sami, same;
   Nur im Plural: *wszyscy* (Personalform), *wszystkie* (Sachform).
   Nur im Singular: *wszystko* (wszystek, wszystka sind veraltet!).

Die 3. Person des Possessivpronomens (sein, ihr, sein; Pl.: ihr) hat – im Gegensatz zum Deutschen – kein flektierbares Possessivpronomen. Es wird in allen Kasus durch *jego* (sein/-e/, mask. Besitzer), *jej* (ihr/-e/, fem. Besitzer), *jego* (sein/-e/, neutr. Besitzer) bzw. *ich* (ihr/-e/, mehrere Besitzer) ersetzt.
Als Possessivpronomen haben die Formen: *jego, jej, ich* keinen n-Vorschlag nach Präpositionen, z. B. Byłem u *jego* kolegi (ich war bei seinem Kollegen), aber: u *n*iego (bei ihm). Rozmawiałem z *jego (jej, ich)* bratem. Rozmawialiśmy o *jego (jej, ich)* pobycie w Polsce.

Reflexives Possessivpronomen

Ebenso wie im Russischen wird auch im Polnischen häufig statt *mój, twój, nasz, wasz* das reflexive Possessivpronomen *„swój, swoja, swoje; Pf.: swoi, Sf.: swoje“* gebraucht, wenn der „Besitzer“ mit dem Subjekt des betreffenden Satzes identisch ist. Das Deutsche hat kein derartiges Reflexivpronomen, daher werden *„swój, swoja, swoje; Pf.: swoi, Sf.: swoje“* mit *„mein, dein, sein, ihr, unser, euer“* wiedergegeben, z. B.

Deutsch	Polnisch
Ich sehe *meinen* Sohn.	Widzę *swojego* syna.
Siehst du *deinen* Bruder?	Czy widzisz *swojego* brata?
Sie unterhält sich mit *ihrem* Bruder.	Ona rozmawia ze *swoim* bratem.
Er fährt mit *seinem* Kollegen.	On jedzie ze *swoim* kolegą.
Es erzählt über *seine* Stadt.	Ono opowiada o *swoim* mieście.
Wir sehen *unsere* Kinder.	Widzimy *swoje* dzieci.
Seht ihr *eure* Bekannte?	Czy widzicie *swoją* znajomą?
Sie erzählen *ihre* Erlebnisse.	Oni opowiadają *swoje* przeżycia.
Aber:	
Ich sehe *seinen* Sohn (= den Sohn einer anderen Person).	Widzę *jego* syna.
Er unterhält sich mit *ihrer* Freundin (= mit der Freundin einer dritten Person).	Rozmawia z *jej* koleżanką.

(M) Das reflexive Possessivpronomen steht niemals im Nominativ, d. h. in Verbindung mit einem Subjekt. Der Satz: „*Sein* Vater ist gekommen,“ kann nur mit: *Jego* ojciec przyjechał (nicht: Swój ...) wiedergegeben werden.

Demonstrativpronomen

	Singular			Plural	
	Mask.	Neutr.	Fem.	Personalform	Sachform
N.	ten	to	ta	ci	te
G.	tego		tej	tych	
D.	temu		tej	tym	
A.	bel.: tego unbel.: ten	to	tę, tą	tych	te
I.	tym		tą	tymi	
L.	o tym		o tej	o tych	

Ebenso werden dekliniert:
1. tamten, tamta, tamto; tamci, tamte (jener, -e, -es);
2. ów, owa, owo; owi, owe (jener, -e, -es).

Relativpronomen: kto, co

	Personen	Dinge
N.:	kto	co
G.:	kogo	czego (czyj)
D.:	komu	czemu
A.:	kogo	co
I.:	kim	czym
L.:	o kim	o czym

Analog werden dekliniert:
1. die Interrogativpronomen: *kto?, co?;*
2. die Indefinitpronomen: *ktoś, coś;*
3. die negierenden Pronomen: *nikt, nic.*

Zum Gebrauch einiger Pronomen

1. *jaki (-a, -ie; -cy, -ie)*

Jaki (was für ein, welcher, wie) bezieht sich als Relativpronomen auf die Qualität einer Person oder Sache, z. B.

Nie wiem, *jaki* to ma być artykuł.	Ich weiß nicht, was für ein (welcher) Artikel das sein soll.
On jest taki, *jaki* jest.	Er ist so (ein solcher), wie er eben ist.

2. ten (ta, to; ci, te); tamten (tamta, tamto; tamci, tamte)

a) *Ten* (der, dieser, derjenige) und tamten (jener, der dort) werden in der Regel wie im Deutschen gebraucht, z. B.

Mieszkam w *tym* domu.	Ich wohne in diesem Haus.
W *tamtym* pokoju nie ma nikogo.	In diesem Zimmer (dort) ist niemand.

b) In Verbindung mit *sam (-a, -o; -i, -e)* hat *ten* die Bedeutung „derselbe", z. B.

W *tym samym* miesiącu byłem w Warszawie.	Im selben Monat war ich in Warschau.
Przyszli znów *ci sami* goście.	Es kamen wieder dieselben Gäste.

c) Das Pronomen *to* (das) wird in der deklinierten Form im Deutschen in präpositionalen Wendungen mit *da-* wiedergegeben, z. B.

Mówiliśmy o *tym*.	Wir haben *dar*über gesprochen.
Nic z *tego* nie będzie.	*Dar*aus wird nichts.

3. <u>*taki (-a, -ie; -cy, -ie)*</u>

Taki (solch ein, ein solcher) hat in Verbindung mit *sam* die Bedeutung „derselbe, der gleiche; genau so", z. B.

Kupiłem *taki sam* telewizor.	Ich habe den gleichen Fernsehapparat gekauft.
Jesteśmy *tacy sami*, jak wy.	Wir sind genau so(lche), wie ihr.

4. <u>*wszystko; wszyscy, wszystkie*</u>

a) *Wszystko* (alles) wird dekliniert, z. B.

Wszystko jedno.	Alles gleich.
Interesuję się *wszystkim.*	Ich interessiere mich für alles.
Wszystkiego ci nie powiem.	Alles sage ich dir nicht.

b) *Wszyscy* (alle) wird nur in bezug auf Personengruppen gebraucht, denen mindestens eine männliche Person angehört (vgl. Personalform der Adjektive, S. 230), z. B.

Wszyscy już przyszli.	Alle sind bereits erschienen (= eine Personengruppe beiderlei Geschlechts).
Czy *wszyscy* są?	Sind alle da?

Wszystkie (alle) wird in Bezug auf Tiere, Dinge, Abstrakta, auf Kinder- und rein weibliche Personengruppen (vgl. Sachform der Adjektive, S. 230) verwendet, z. B.

Wszystkie miejsca są zajęte.	Alle Plätze sind besetzt.

5. <u>*sam (-a, -o; -i, -e)*</u>

a) *Sam* hat die Bedeutung „selbst, selbständig, (von) allein, von sich aus", z. B.

On (Jurek) *sam* to zrobił.	Er (Jurek) hat das selbst (selber, selbständig, von sich aus) gemacht.
Sami nie wiemy, co się stało.	Wir wissen selbst nicht, was geschehen ist.
Sama nie wiem, jak to zrobić.	Ich weiß selbst nicht, wie ich das machen soll.

b) Häufig wird *samo* durch -o- mit Substantiven und Adjektiven zu Komposita verbunden: *samo*obsługa (Selbstbedienung), *samo*krytyka (Selbstkritik), *samo*chód (Kfz), *samo*rząd (Autonomie), *samo*lot (Flugzeug), *samo*uk (Autodidakt), *samo*wola (Willkür), *samo*war (Samowar) u. a.

c) *Sam* ist (umgangssprachlich) auch ein Substantiv = „Selbstbedienungsladen" und wird in dieser Bedeutung wie ein Substantiv dekliniert, z. B.

Idę do *samu.*	Ich gehe in den Selbstbedienungsladen.
Kupiłem to w *samie.*	Ich habe das im Selbstbedienungsladen gekauft.

Das Numerale

Kardinalia

Sachform

	Mask.	Fem.	Neutr.
0	zero		
1	jeden	jedna	jedno
2	dwa	dwie	dwa
3	trzy		
4	cztery		
5	pięć		
6	sześć		
7	siedem		
8	osiem		
9	dziewięć		
10	dziesięć		
11	jedenaście		
12	dwanaście		
13	trzynaście		
14	czternaście (aber: cztery)		
15	piętnaście (aber: pięć)		
16	szesnaście (aber: sześć)		
17	siedemnaście		
18	osiemnaście		
19	dziewiętnaście (aber: dziewięć)		
20	dwadzieścia		

21	dwadzieścia jeden
22	dwadzieścia dwa (dwie, dwa)
23	dwadzieścia trzy
24	dwadzieścia cztery
25	dwadzieścia pięć usw.
30	trzydzieści
40	czterdzieści
50	pięćdziesiąt
60	sześćdziesiąt
70	siedemdziesiąt
80	osiemdziesiąt
90	dziewięćdziesiąt
100	sto

101	sto jeden (jedna, jedno)
102	sto dwa (dwie, dwa)
103	sto trzy
104	sto cztery
105	sto pięć
	usw.

200	dwieście
300	trzysta
400	czterysta
500	pięćset
600	sześćset
700	siedemset
800	osiemset
900	dziewięćset
1000	tysiąc

2000	dwa tysiące
3000	trzy tysiące
5000	pięć tysięcy
6000	sześć tysięcy

Analog zu „tysiąc“:	milion	miliard
dwa, trzy, cztery:	miliony	miliardy
pięć, sześć, siedem usw.:	milionów	miliardów
21, 25–31, 35–41 usw.:	milionów	miliardów

Ordinalia

Die Ordinalia werden wie Adjekive flektiert.

1 pierwszy, -a, -e
2 drugi, -a, -ie
3 trzeci, -ia, -ie
4 czwarty, -a, -e
5 piąty, -a, -e
6 szósty, -a, -e
7 siódmy, -a, -e
8 ósmy, -a, -e
9 dziewiąty, -a, -e
10 dziesiąty, -a, -e
30 trzydziesty, -a, -e
40 czterdziesty, -a, -e
50 pięćdziesiąty, -a, -e
60 sześćdziesiąty, -a, -e
70 siedemdziesiąty, -a, -e
80 osiemdziesiąty, -a, -e
90 dziewięćdziesiąty, -a, -e
100 setny, -a, -e

11 jedenasty, -a, -e
12 dwunasty, -a, -e
13 trzynasty, -a, -e
14 czternasty, -a, -e
15 piętnasty, -a, -e
16 szesnasty, -a, -e
17 siedemnasty, -a, -e
18 osiemnasty, -a, -e
19 dziewiętnasty, -a, -e
20 dwudziesty, -a, -e
21 dwudziesty pierwszy, -a, -e
22 dwudziesty drugi, -a, -ie

101 sto pierwszy, -a, -e
102 sto drugi, -a, -ie usw.

---

200 dwusetny, -a, -e
300 trzechsetny, -a, -e
400 czterechsetny, -a, -e
500 pięćsetny, -a, -e
600 sześćsetny, -a, -e
700 siedemsetny, -a, -e
800 osiemsetny, -a, -e
900 dziewięćsetny, -a, -e
1000 tysięczny, -a, -e

2000 dwutysięczny, -a, -e
2001 dwutysięczny pierwszy, -a, -e

Gebrauch der Ordinalia

1. Bei zweigliedrigen Ordinalia (wie 21, 22) werden beide Teile dekliniert, z. B. dwudziest*y* drug*i*, dwudziest*ego* drug*iego* usw.

2. Bei mehrgliedrigen Ordinalia (wie 135, 1975) werden nur die letzten beiden Zahlen dekliniert, z. B.
   N.: numer sto trzydziest*y* piąt*y*,
   L.: w numerze sto trzydziest*ym* piąt*ym*;
   N.: strona tysiąc dziewięćset siedemdziesiąt*a* piąt*a*,
   L.: na stronie tysiąc dziewięćset siedemdziesiąt*ej* piąt*ej*.

Das Verb

Beim polnischen Verb werden folgende Kategorien unterschieden:

1. ***Person und Numerus***
Präsens, Präteritum, Futur und Irrealis (Möglichkeits-, Wunsch- oder Bedingungsform) haben drei Personen und jeweils zwei Numeri (Singular und Plural). Das Präteritum, die zusammengesetzten Futurformen, der Irrealis, das Partizip der Gleichzeitigkeit und das Partizip Präteritum Passiv sind im Singular und Plural nach dem grammatischen Geschlecht (Sg.: Maskulinum, Femininum, Neutrum; Pl.: Personalform, Sachform) gekennzeichnet.

2. ***Verbales Genus***
Bei den polnischen Verbformen lassen sich drei Genera (Handlungsformen) unterscheiden: Aktiv, Passiv und das reflexive Genus, z. B.

Aktiv	*Passiv*
Andrzej myje psa.	Pies jest myty przez Andrzeja.
(Andrzej wäscht den Hund.)	(Der Hund wird von Andrzej gewaschen.)

Reflexives Genus
Andrzej myje się. (Andrzej wäscht sich.)

3. ***Modus***
Von polnischen Verben lassen sich drei Modi (Aussageweisen) bilden, und zwar: der Indikativ (Wirklichkeitsform), der Imperativ (Befehlsform) und der Irrealis (Möglichkeits-, Wunsch- oder Bedingungsform).

4. ***Tempus***
Beim polnischen Verb werden im Indikativ drei Zeitformen unterschieden: Präsens, Präteritum und Futur.
   a) Von unvollendeten (imperfektiven) Verben lassen sich alle drei Zeitformen bilden.
   b) Vollendete (perfektive) Verben haben nur das Präteritum und Futur (vgl. S. 90).

5. ***Aspekt***
Wie im Russischen lassen sich von fast allen polnischen Verben zwei Aspekte (Doppelformen der Verben) bilden – die vollendeten (perfektiven) und die unvollendeten (imperfektiven) Aspekte (vgl. S. 90).

Einteilung der Verben

Grundsätzlich lassen sich zwei Hauptgruppen unterscheiden:
a) Verben, die in der 1. Pers. Sg. auf -m enden;
b) Verben, die in der 1. Pers. Sg. auf -ę enden.
Wegen der großen Vielfalt der Verbformen werden im folgenden zunächst die zahlenmäßig größten und regelmäßig konjugierten Verbgruppen besprochen.

Präsens bzw. vollendetes Futur

Das Präsens unvollendeter Verben und das Futur vollendeter Verben werden durch Anfügen von Personalendungen an den Präsensstamm gebildet. Dabei sprechen wir von drei Personenformen und zwei Numeri (Singular und Plural).

Die Personen und ihre Personalendungen sind:

Sg.:	1. Pers.:	-m bzw. -(i)ę	ja (ich)	mieszka*m*	lubi*ę*
	2. Pers.:	-sz	ty (du)	mieszka*sz*	lubi*sz*
	3. Pers.:	-(ohne End.)	on (er) ona (sie) ono (es)	mieszka	lubi
Pl.:	1. Pers.:	-my	my (wir)	mieszka*my*	lubi*my*
	2. Pers.:	-cie	wy (ihr)	mieszka*cie*	lubi*cie*
	3. Pers.:	-ją bzw. -(i)ą	oni (sie, Pf.) one (sie, Sf.)	mieszka*ją*	lubi*ą*

Konjugation

1. **Verben mit Präsensstamm auf *-a***

Typ: mieszkać (wohnen), pytać (fragen), szukać (suchen)

Sg.	1. Pers.	-a-m	mieszkam	pytam	szukam
	2. Pers.	-a-sz	mieszkasz	pytasz	szukasz
	3. Pers.	-a	mieszka	pyta	szuka
Pl.	1. Pers.	-a-my	mieszkamy	pytamy	szukamy
	2. Pers.	-a-cie	mieszkacie	pytacie	szukacie
	3. Pers.	-a-ją	mieszkają	pytają	szukają

Zu dieser Gruppe gehören auch die folgenden Verben, obwohl sie nicht alle Merkmale dieser Konjugationsklasse aufweisen: dać, mieć, umieć, rozumieć, jeść, wiedzieć und ihre Aspekte.

Infinitiv:		dać (geben)	mieć (haben)	umieć (können)
Sg.	1. Pers.	da*m*	ma*m*	umie*m*
	2. Pers.	da*sz*	ma*sz*	umie*sz*
	3. Pers.	da	ma	umie
Pl.	1. Pers.	da*my*	ma*my*	umie*my*
	2. Pers.	da*cie*	ma*cie*	umie*cie*
	3. Pers.	dadz*ą*	ma*ją*	umie*ją*

Inf.		rozumieć (verstehen)	jeść (essen)	wiedzieć (wissen)
Sg.	1. Pers.	rozumie*m*	je*m*	wie*m*
	2. Pers.	rozumie*sz*	je*sz*	wie*sz*
	3. Pers.	rozumie	je	wie
Pl.	1. Pers.	rozumie*my*	*jemy*	wie*my*
	2. Pers.	rozumie*cie*	je*cie*	wie*cie*
	3. Pers.	rozumie*ją*	jedz*ą*	wiedz*ą*

2. **Verben mit Präsensstamm auf *-uj* bzw. *-uje***

Typ: pracować (arbeiten), oczekiwać (erwarten), pokazywać (zeigen)

Sg.	1. Pers.	-uj-ę	pracuję	oczekuję	pokazuję
	2. Pers.	-uje-sz	pracujesz	oczekujesz	pokazujesz
	3. Pers.	-uje	pracuje	oczekuje	pokazuje
Pl.	1. Pers.	-uje-my	pracujemy	oczekujemy	pokazujemy
	2. Pers.	-uje-cie	pracujecie	oczekujecie	pokazujecie
	3. Pers.	-uj-ą	pracują	oczekują	pokazują

Nicht: nazywać się

3. **Verben mit zweisilbigem Präsensstamm auf *-i* bzw. *-y*** (und wenige auf *-(i)e*), z. B.

a) Typ: kupić (kaufen), robić (machen), trafić (treffen), mówić (sprechen)

Sg.	1. Pers.	-i-ę	kupię	robię	trafię	mówię
	2. Pers.	-i-sz	kupisz	robisz	trafisz	mówisz
	3. Pers.	-i	kupi	robi	trafi	mówi
Pl.	1. Pers.	-i-my	kupimy	robimy	trafimy	mówimy
	2. Pers.	-i-cie	kupicie	robicie	traficie	mówicie
	3. Pers.	-i-ą	kupią	robią	trafią	mówią

b) Typ: chodzić (gehen), prosić (bitten), pozwolić (gestatten)

Sg.	1. Pers.	-(i)ę	chodzę	proszę	wożę	pozwolę
	2. Pers.	-i-sz	chodzisz	prosisz	wozisz	pozwolisz
	3. Pers.	-i	chodzi	prosi	wozi	pozwoli
Pl.	1. Pers.	-i-my	chodzimy	prosimy	wozimy	pozwolimy
	2. Pers.	-i-cie	chodzicie	prosicie	wozicie	pozwolicie
	3. Pers.	-(i)ą	chodzą	proszą	wożą	pozwolą

c) Typ: uczyć (się) (lernen), cieszyć się (sich freuen), tworzyć (schöpferisch tätig sein)

Sg.	1. Pers.	-ę	uczę (się)	cieszę (się)	tworzę
	2. Pers.	-y-sz	uczysz (się)	cieszysz (się)	tworzysz
	3. Pers.	-y	uczy (się)	cieszy (się)	tworzy
Pl.	1. Pers.	-y-my	uczymy (się)	cieszymy (się)	tworzymy
	2. Pers.	-y-cie	uczycie (się)	cieszycie (się)	tworzycie
	3. Pers.	-ą	uczą (się)	cieszą (się)	tworzą

d) Typ: leżeć (liegen), słyszeć (hören), obejrzeć (betrachten), lecieć (fliegen)

Sg.	1. Pers.	-ę	leżę	słyszę	obejrzę
	2. Pers.	-y-sz	leżysz	słyszysz	obejrzysz
	3. Pers.	-y	leży	słyszy	obejrzy
Pl.	1. Pers.	-y-my	leżymy	słyszymy	obejrzymy
	2. Pers.	-y-cie	leżycie	słyszycie	obejrzycie
	3. Pers.	-ą	leżą	słyszę	obejrzą

Außer diesen drei größten und regelmäßig konjugierten Verbgruppen gibt es solche mit zahlenmäßig geringerem Bestand, die zwar innerhalb ihrer Gruppe in ihren Formen auch einheitlich sind, aber z. T. ein tieferes Eindringen in die Gesetzmäßigkeiten des Lautwandels (Konsonantenwechsel) erforderlich machen. Dazu gehören:

1. **Verben mit Infinitiv auf *-nąć* bzw. *-ąć***

Typ: a) stanąć (stehenbleiben, sich hinstellen), b) zacząć (beginnen), c) wziąć (nehmen)

Sg.	1. Pers.	-ę	a) stanę	b) zacznę	c) wezmę
	2. Pers.	-ie-sz	staniesz	zaczniesz	weźmiesz
	3. Pers.	-ie	stanie	zacznie	weźmie
Pl.	1. Pers.	-ie-my	staniemy	zaczniemy	weźmiemy
	2. Pers.	-ie-cie	staniecie	zaczniecie	weźmiecie
	3. Pers.	-ą	staną	zaczną	wezmą

2. **Verben mit Infinitiv auf *-c*** (Präsensstamm auf *-g oder -k*), z. B.
móc (können): mogę, możesz ... mogą;
pomóc (helfen): pomogę, pomożesz ... pomogą;
piec (backen): piekę, pieczesz ... pieką;

3. **Verben mit konsonantisch auslautenden Präsensstämmen,** z. B.
Typ: siąść (sich setzen), nieść (tragen), wieźć (transportieren), trzeć (reiben)
Mit Konsonantenwechsel: -dę: -dziesz, -tę: -ciesz, -sę: -siesz, -zę: -ziesz, -rę: rzesz (1. und 2. Pers. Sg.)

Sg.	1. Pers.	-ę	siądę	niosę	wiozę	trę
	2. Pers.	-(i)e-sz	siądziesz	niesiesz	wieziesz	trzesz
	3. Pers.	-(i)e	siądzie	niesie	wiezie	trze
Pl.	1. Pers.	-(i)e-my	siądziemy	niesiemy	wieziemy	trzemy
	2. Pers.	-(i)e-cie	siądziecie	niesiecie	wieziecie	trzecie
	3. Pers.	-ą	siądą	niosą	wiozą	trą

4. **Verben mit Infinitiv auf** ***-ać*** **und** ***Wurzel auf einen Konsonanten***

(Konjugation wie Tabelle unter 3.).
a) nach p, b, m, w: *-ię, -iesz,* z. B. kąpać (baden): kąpię, kąpiesz ... kąpią; złamać (zerbrechen): złamię, złamiesz ... złamią;
b) nach t, st, zd, s, z, r, sk, k, g (mit Konsonantenwechsel): *-ę, -esz,* z. B.

	Konsonantenwechsel
szeptać (flüstern): szepczę, szepczesz ... szepczą;	t : cz
pisać (schreiben): piszę, pieszesz ... piszą;	s : sz
kazać (tun lassen): każę, każesz ... każą;	z : ż
skakać (hüpfen, springen): skaczę, skaczesz ... skaczą.	k : cz

5. **Einsilbige Verben mit Infinitiv auf** ***-ić, -uć, -yć*** (außer *być*)

Typ: pić (trinken), czuć (fühlen), myć (waschen) – Verbwurzel endet auf Vokal.

Sg.	1. Pers.	-j-ę	piję	czuję	myję
	2. Pers.	-je-sz	pijesz	czujesz	myjesz
	3. Pers.	-je	pije	czuje	myje
Pl.	1. Pers.	-je-my	pijemy	czujemy	myjemy
	2. Pers.	-je-cie	pijecie	czujecie	myjecie
	3. Pers.	-j-ą	piją	czują	myją

Unregelmäßig konjugierte Verben

Einige z. T. häufig gebrauchte Verben weisen in der Konjugation Unregelmäßigkeiten auf. Dazu zählen: *bać się* (sich fürchten), *brać* (nehmen), *być* (sein), *jechać* (fahren), *iść* (gehen), *nazwać* (benennen), *spać* (schlafen), *stać* (stehen), *stać się* (werden), *zapomnieć* (vergessen) u. a.

Singular					
1. Pers.	boję się	biorę	jestem	jadę	idę
2. Pers.	boisz się	bierzesz	jesteś	jedziesz	idziesz
3. Pers.	boi się	bierze	jest	jedzie	idzie
Plural					
1. Pers.	boimy się	bierzemy	jesteśmy	jedziemy	idziemy
2. Pers.	boicie się	bierzecie	jesteście	jedziecie	idziecie
3. Pers.	boją się	biorą	są	jadą	idą
Singular					
1. Pers.	nazwę	śpię	stoję	staję się	zapomnę
2. Pers.	nazwiesz	śpisz	stoisz	stajesz się	zapomnisz
3. Pers.	nazwie	śpi	stoi	staje się	zapomni
Plural					
1. Pers.	nazwiemy	śpimy	stoimy	stajemy się	zapomnimy
2. Pers.	nazwiecie	śpicie	stoicie	stajecie się	zapomnicie
3. Pers.	nazwą	śpią	stoją	stają się	zapomną

Futur

Im Polnischen wird das Futur grundsätzlich mit zwei Verbformen ausgedrückt, und zwar
1. mit imperfektiven (unvollendeten) Verben – imperfektives Futur,
2. mit perfektiven (vollendeten) Verben – perfektives Futur.

Imperfektives Futur

Zur Bildung des imperfektiven Futurs gibt es zwei Möglichkeiten:
1. Futur von „być“ + 3. Pers. Prät. imperfektiver Verben (differenziert nach Genus und Numerus), z. B.

	Singular	*Plural*
1. Pers.	będę czekał (-a)	będziemy czekali (-ły)
2. Pers.	będziesz czekał (-a)	będziecie czekali (-ły)
3. Pers.	będzie czekał (-ła, -ło)	będą czekali (-ły)

Diese Form der Futurbildung wird zunehmend häufiger gebraucht. Die Präteritalformen dürfen nur nach „będę, będziesz“ usw. stehen.

2. Futur von „być“ + Infinitiv imperfektiver Verben, z. B.

	Singular	*Plural*
1. Pers.	będę czekać	będziemy czekać
2. Pers.	będziesz czekać	będziecie czekać
3. Pers.	będzie czekać	będą czekać

Der Infinitiv darf vor und nach „będę, będziesz“ usw. stehen.

Bei der Bildung des analytischen Futurs von Modalverben (z. B. musieć) ist aus stilistischen Gründen nur die Möglichkeit 1. zu nutzen, z. B. Jutro będziemy musieli wcześniej wyjechać (nicht: będziemy musieć ... wyjechać).

Perfektives Futur

Charakteristisch für alle perfektiven Verben ist, daß sie nur formal ein Präsens haben (= äußere Form des Präsens). Die Präsensformen perfektiver Verben haben Futurbedeutung. Sie bestehen aus einem Wort (= synthetisches Futur). Falsch wäre es, diese Formen mit „będę, będziesz usw." zu gebrauchen.

Präteritum

Präteritalsuffix und Personalendungen

Diese Bildung trifft für die überwiegende Mehrzahl aller Verben zu.

Infinitiv: mieszkać (wohnen)

Sg.	Mask.	Fem.	Neutr.	Mask.	Fem.	Neutr.
1. Pers.	-ł-e-m	-ł-a-m	–	mieszkałem	mieszkałam	–
2. Pers.	-ł-e-ś	-ł-a-ś	–	mieszkałeś	mieszkałaś	–
3. Pers.	-ł	-ł-a	-ł-o	mieszkał	mieszkała	mieszkało

Pl.	Personalform	Sachform	Personalform	Sachform
1. Pers.	-l-i-śmy	-ł-y-śmy	mieszkaliśmy	mieszkałyśmy
2. Pers.	-l-i-ście	-ł-y-ście	mieszkaliście	mieszkałyście
3. Pers.	-l-i	-ł-y	mieszkali	mieszkały

Besonderheiten

1. Der Stammauslaut *-ie* wird vor dem Präteritalsuffix *-ł-* zu *-ia* und zwar im Singular bei allen Genera und im Plural der Sachform, z. B.
   Infinitiv: mieć (haben), słyszeć (hören) – (Stamm: mie-, słysze-)

Sg.	Mask.	Fem.	Neutr.	Mask.	Fem.	Neutr.
1. Pers.	mi*a*łem	mi*a*łam	–	słysz*a*łem	słysz*a*łam	–
2. Pers.	mi*a*łeś	mi*a*łaś	–	słysz*a*łeś	słysz*a*łaś	–
3. Pers.	mi*a*ł	mi*a*ła	mi*a*ło	słysz*a*ł	słysz*a*ła	słysz*a*ło

Pl.	Personalform	Sachform	Personalform	Sachform
1. Pers.	mieliśmy	mi*a*łyśmy	słyszeliśmy	słysz*a*łyśmy
2. Pers.	mieliście	mi*a*łyście	słyszeliście	słysz*a*łyście
3. Pers.	mieli	mi*a*ły	słyszeli	słysz*a*ły

2. Die Stammauslaute *-ą* bzw. *-ią* werden (außer in maskulinen Formen Singular) zu *-ę* bzw. *-ię*.
   Das trifft zu bei:

   a) mehrsilbigen Infinitiven auf *-nąć*,
   b) einsilbigen Infinitiven auf *-ąć* bzw. *-iąć*.

   Infinitiv: odsunąć (abrücken), wziąć (nehmen)

Sg.	Mask.	Fem.	Neutr.	Mask.	Fem.	Neutr.
1. Pers.	odsunąłem	odsunęłam	–	wziąłem	wzięłam	–
2. Pers.	odsunąłeś	odsunęłaś	–	wziąłeś	wzięłaś	–
3. Pers.	odsunął	odsunęła	odsunęło	wziął	wzięła	wzięło

Pl.	Personalform	Sachform	Personalform	Sachform
1. Pers.	odsunęliśmy	odsunęłyśmy	wzięliśmy	wzięłyśmy
2. Pers.	odsunęliście	odsunęłyście	wzięliście	wzięłyście
3. Pers.	odsunęli	odsunęły	wzięli	wzięły

Ausnahmen bilden:

a) Verben mit Doppelformen im Infinitiv, z. B.
   biegnąć, biec: biegłem (-am), biegł (-a, -o); biegli, biegły;

b) Verben mit Doppelformen im Präteritum z. B.
   kwitnąć: 3. Pers. Sg. – kwitł/kwitnął, kwitła/kwitnęła; Pl. Sf.: kwitły/kwitnęły.

Das Verb „iść"

iść (und: odejść, pójść, przejść, przyjść, wyjść, zejść u. a.)

Sg.	Mask.	Fem.	Neutr.	Mask.	Fem.	Neutr.
1. Pers.	szedłem	szłam	–	poszedłem	poszłam	–
2. Pers.	szedłeś	szłaś	–	poszedłeś	poszłaś	–
3. Pers.	szedł	szła	szło	poszedł	poszła	poszło

Pl.	Personalform	Sachform	Personalform	Sachform
1. Pers.	szliśmy	szłyśmy	poszliśmy	poszłyśmy
2. Pers.	szliście	szłyście	poszliście	poszłyście
3. Pers.	szli	szły	poszli	poszły

Imperativ

1. Übersicht über die Imperativformen

Infinitiv: czekać (warten), pracować (arbeiten), iść (gehen)

Sg. 2. Pers.	Czekaj!	Pracuj!	Idź!
3. Pers.	Niech czeka!	Niech pracuje!	Niech idzie!
Pl. 1. Pers.	Czekajmy!	Pracujmy!	Idźmy!
2. Pers.	Czekajcie!	Pracujcie!	Idźcie!
3. Pers.	Niech czekają!	Niech pracują!	Niech idą!

2. Proszę (prosimy) + Infinitiv als Aufforderung

Eine in der Umgangssprache häufig vorkommende Wendung mit imperativem Charakter ist proszę (prosimy) in Verbindung mit einem Infinitiv. Sie kann in bezug auf Einzelpersonen und Gruppen verwendet werden, z. B.

Proszę/Prosimy iść dalej! (wörtl.: Ich bitte/Wir bitten weiterzugehen). — Geh bitte weiter! Geht bitte weiter! Gehen Sie bitte weiter!

Ebenso: Proszę jeść (zjeść)! Proszę wejść!
Proszę sobie zanotować mój numer telefonu! u. a.

Die defektiven Verben *widać* und *słychać* (+ Akk.-Obj.)

Widać wird im Deutschen mit „man sieht, man kann sehen, es ist zu sehen“, *słychać* mit „man hört, es ist zu hören“ wiedergegeben, z. B.

Widać już Warszawę. – Man sieht bereits Warschau. Warschau ist schon zu sehen.

Widać, że mu się podoba. – Man sieht (es ist zu sehen), daß es ihm gefällt.

Słychać pociąg. – Man hört den Zug. Der Zug ist zu hören.

Słychać, jak on pracuje. – Man hört (es ist zu hören), wie er arbeitet.

Die Präpositionen

Übersicht über die behandelten Präpositionen

Präposition	Kasus	Bedeutungen	Spezifizierende Hinweise
bez	Gen.	– ohne	Wen? Was?
blisko	Gen.	– nahe (an, bei), in der Nähe (von)	lokal
		– beinahe, fast	vor Mengenangaben
dla	Gen.	– für	= zugunsten, zuliebe; Zugehörigkeit
do	Gen.	– bis … (zu) (an) (nach)	lokal
		– bis	temporal
		– zu … (hin)	lokal
		– zu	Person
		– nach	geographisch
		– an	Adressat
		– in … (hinein)	wohin?
		– zum/zur	auszuführende Handlung, Bestimmung
koło	Gen.	– in der Gegend (+ Gen.), um … (herum), nahe bei/an	
		– (etwa) um … (herum)	temporal
		– etwa/ca.	vor Mengenangaben
między	Akk.	– zwischen, (mitten) unter	wohin?
	Instr.	– zwischen, inmitten, (mitten) unter	wo?
		– zwischen	wann? – temporal
na	Akk.	– auf … (hinauf)	wohin?
		– an	= gegen – wohin?
		– zu/in/auf	Veranstaltung
		– für/zu	Termin, Anlaß
		– für	Dauer
	Lok.	– auf/an	wo? – lokal
		– auf/in	Veranstaltung
nad	Akk.	– an	wohin? – Gewässer
	Instr.	– über	wo? – lokal
		– an/oberhalb	wo? – Gewässer
		– an/über	Gegenstand des Nachdenkens, der Diskussion, der Arbeit

Präposition	Kasus	Bedeutungen	Spezifizierende Hinweise
naprzeciw(ko)	Gen.	– gegenüber	lokal
niedaleko (od)	Gen.	– unweit (von), in der Nähe (von)	
o	Akk.	– um	erheischtes Objekt (bitten, kämpfen, sich bemühen um)
	Lok.	– über – von – an	Gegenstand der Betrachtung, der Darstellung, des Nachdenkens
obok	Gen.	– neben	
od	Gen.	– seit	
		– von ... (an)	temporal
		– von ... (her, aus, ab, an)	lokal/Richtung
		– von	Spender, Ursprung, Ursache
po	Lok.	– nach, anschließend an	temporal
pod	Akk.	– unter ... (hinunter)	wohin? – lokal
		– (dicht) an ... (heran)	wohin? – lokal
	Instr.	– unter	wo? – lokal
		– (dicht) an, unterhalb	wo? – lokal
przed	Akk.	– vor	wohin? – lokal
	Instr.	– vor	wo? – lokal
		– vor	temporal
przy	Lok.	– (dicht/nahe) bei	wo? – lokal
		– bei(m)	Tätigkeit, Handlung
u	Gen.	– bei	Person (Zugehörigkeit, Lebens-, Wirkungsbereich)
w	Akk.	– an/am	Wochentag
	Lok.	– in	wo? – lokal
		– im	Monat, Jahreszeit, Jahr
wśród	Gen.	– inmitten, zwischen (lauter), unter (lauter), (mitten) in, im Kreise (von)	
z	Gen.	– aus ... (heraus, hinaus)	
		– von ... (herunter, hinunter)	
		– aus, vor	Ursache, Grund, Anlaß
		– von	aus einer Vielzahl, aus einem Kreis von
		– in	Unterrichtsfach

Präposition	Kasus	Bedeutungen	Spezifizierende Hinweise
z	Instr.	– (gemeinsam) mit	Gemeinsamkeit, Zugehörigkeit
za	Akk.	– in	Zeit, nach deren Verlauf in Zukunft etwas vor sich gehen wird
		– hinter	wohin? – lokal
	Instr.	– hinter	wo? – lokal und übertragen

Zum Gebrauch einiger Präpositionen

1. ***na, do, w***

Die Präposition *na* (in, nach) wird gebraucht, wenn von Landschaften die Rede ist, die ein Teil eines übergeordneten größeren Gebietes sind, z. B.
Auf die Frage: gdzie? (Lok.) – wo?
mieszkać *na* Mokotowie (wohnen *in* Mokotów – Stadtteil von Warszawa),
przebywać *na* Mazowszu (weilen *in* Mazowien – Landschaft um Warszawa),
znajdować się *na* Pomorzu (sich befinden *in* Pomorze – Landschaft im NW Polens).
Auf die Frage: dokąd? (+ Akk.) – wohin?
jechać *na* Mokotów – fahren *nach* Mokotów,
udać się *na* Kaszuby – sich begeben *nach* Kaschubien.

Aber:
mieszkać (żyć) *w* Małopolsce, *w* Wielkopolsce; jechać *do* Małopolski, *do* Wielkopolski; weil nach polnischem Sprachgefühl „Małopolska" und „Wielkopolska" in bezug auf „Kujawy", „Kaszuby" übergeordnete, größere Landschaftsgebiete sind.

Bei Insel- und Halbinselbezeichnungen gebraucht man immer die Präposition *na*, z. B.

Lokativ	*Akkusativ*	*Lokativ*	*Akkusativ*
być *na* Helu	jechać *na* Hel	być *na* Krymie	jechać *na* Krym.

Die Präpositionen *do* (nach) und *w* (in) gebraucht man immer in bezug auf eine verwaltungsmäßige, selbständige, politische oder topographische Einheit, z. B.

Ortsnamen:	*w* Dreźnie – *do* Drezna, *w* Lublinie – *do* Lublina, *w* Berlinie – *do* Berlina, *w* Moskwie – *do* Moskwy;
Staaten:	*w* Polsce – *do* Polski, *w* Stanach Zjednoczonych – *do* Stanów Zjednoczonych;
Erdteile:	*w* Azji – *do* Azji, *w* Europie – *do* Europy, *w* Ameryce – *do* Ameryki.

2. **Die Präposition *z***

Die Präposition *z* (mit Instrumental) wird nur in Fällen gebraucht, wenn sie ausdrückt:
- eine Verbindung mit jemandem oder etwas,
- die Begleitung einer Person,
- Besitz, Transport, mit sich führen,
- die deutsche Bedeutung „gegen" (Kampf gegen),
- einen begleitenden Umstand, z. B.

Zosia zaprzyjaźniła się *z* Hanką.	Zosia hat sich *mit* Hanka befreundet (= Verbindung zwischen beiden).
Janek jedzie *z* siostrą do Poznania.	Janek fährt *mit* der Schwester nach Poznań (= in Begleitung).
Wsiadamy *z* nartami do pociągu.	Wir steigen *mit* Skiern in den Zug (= mit sich führen).
Walka *z* faszyzmem.	Kampf *gegen* den Faschismus.

Die Konjunktionen

Koordinierende Konjunktionen

Wir unterscheiden:

1. Kopulative (verbindende) Konjunktionen, z. B.
   i (und) – Ojciec siedzi przy stole *i* pisze.
   albo (oder) – Przyjdę dzisiaj po południu *albo* jutro rano.
   oraz (sowie) – On opowiadał o Moskwie *oraz* o Leningradzie.
   Weitere Konjunktionen sind: także, lub.
2. Adversative (gegenüberstellende) Konjunktionen, z. B.
   a (aber, und) – Marek odrabia lekcje, *a* jego siostra pisze list.
   ale (aber) – Ewa jest *w* kinie, *ale* Marek – *w* klubie.
   Weitere Konjunktionen sind: lecz, jednak, przecież, ani – ani (weder – noch).
3. Resultative (konsekutive) Konjunktionen, z. B.
   dlatego (deshalb) – Pan Schmidt jest często w Warszawie, *dlatego* dobrze go znam.
   więc (also) – Nie przyszedł, *więc* muszę iść.

Subordinierende Konjunktionen

Sie haben temporale, konditionale, kausale, finale Bedeutung, je nachdem, welche Nebensätze sie mit dem Hauptsatz verbinden, z. B.
że (daß) – On powiedział, *że* przyjdzie wieczorem.

jeżeli (wenn)	– *Jeżeli* będzie piękna pogoda, pójdziemy na spacer.
ponieważ, bo (weil)	– Zostaliśmy w domu, *bo (ponieważ)* padał deszcz.

Die Konjunktion *bo* steht nie am Anfang einer Aussage, daher:
Ponieważ padał deszcz, zostaliśmy w domu.

Aus der Syntax

Zur Funktion des Genitivs

Der Genitiv wird gebraucht:

1. ***als substantivisches Attribut***
   Am häufigsten wird der Genitiv als substantivisches Attribut gebraucht, das den Besitzer oder die Zugehörigkeit eines Wesens oder Dinges ausweist, z. B. pomnik *Prusa* (Prus-Denkmal), dom *sąsiada* (Haus des Nachbarn), ludzie *morza* (Küstenbewohner);

2. ***bei Verneinungen***
   a) Im Gegensatz zum Deutschen wird der Genitiv statt des Akkusativs gebraucht, wenn ein transitives Verb und das mit ihm verbundene Akk.-Objekt verneint wird, z. B.
   Mam czas. (Ich habe Zeit.) Aber: Nie mam *czasu.* (Ich habe keine Zeit.) Czytam tę książkę. (Ich lese dieses Buch.) Aber: Nie czytam *tej książki.* (Ich lese dieses Buch nicht.)
   Znam jego numer telefonu. Aber: Nie znam jego *numeru telefonu.*
   Das Akk.-Objekt wird auch dann zum Gen.-Objekt, wenn es mit einem Infinitiv verbunden ist, der von einem verneinten Verb abhängig ist, z. B.
   Chcę kupić dom. Aber: Nie chcę kupić *tego domu.*
   Ebenso: Nie mogłem (nie umiem, nie potrafię) wykonać *tej pracy.*

   b) Charakteristisch ist der Gebrauch des Genitivs in unpersönlichen Sätzen (deutsches Subjekt steht im Nominativ), in denen das Vorhandensein eines Wesens oder einer Sache verneint wird, und zwar in Verbindungen mit: *nie ma* (es gibt nicht, ist nicht vorhanden), *nie było, nie będzie* und nach *ani …, ani* (weder …, noch), z. B.

Ojca nie ma (nie było, nie będzie) w domu.	Der Vater ist nicht (war nicht, wird nicht sein) zu Hause.
Ani siostry, ani brata tutaj *nie ma (nie było, nie będzie).*	Weder Schwester noch Bruder sind hier (waren hier, werden hier sein).

3. *als partitiver Genitiv*

Häufig wird der partitive Genitiv (Genitiv des Teiles) gebraucht, und zwar:

a) nach bestimmten und unbestimmten Mengenangaben, z. B.
kilo *mięsa*, pół *litra mleka*; dużo *masła*; mało *cukru*; butelka *piwa*, szklanka *herbaty*.
Mam mało *czasu*. Robotnik ma dużo *pracy*.

b) nach transitiven Verben als Objekt, wenn ausgedrückt werden soll, daß sich die Handlung nicht auf das ganze Objekt bezieht, sondern nur auf einen Teil davon, z. B.
kupić cukier – bedeutet: Zucker kaufen,
kupić *cukru* – bedeutet: (etwas, eine unbestimmte Menge) Zucker kaufen;
dać chleb – bedeutet: das ganze Brot, ein bestimmtes Brot geben,
dać *chleba* – bedeutet: (ein wenig) Brot geben.

4. *nach Verben als Objekt*
Eine größere Gruppe von Verben, die im Deutschen das Akk.-Objekt verlangen, regiert im Polnischen den Genitiv. Dazu zählen:

a) Verben, die einen Wunsch, ein Nichtvorhandensein, ein Verlangen ausdrücken, z. B.
życzyć wszystk*iego* najlepsz*ego* (alles Gute wünschen),
szukać dobr*ej* płyt*y* (eine gute Schallplatte suchen),
uczyć się język*a* polsk*iego* (die polnische Sprache lernen),
słuchać muzyk*i* (Musik hören),
bronić ojczyzn*y* (das Vaterland verteidigen).

b) Verben, die ein Bedauern, Befürchten, ein Verbot ausdrücken oder ihrem Charakter nach negierend sind, z. B.
bać się burz*y* (vor einem Gewitter Angst haben),
obawiać się spotkan*ia* (sich vor einer Begegnung fürchten),
zabraniać jazd*y* (die Fahrt verbieten).

5. *nach nominalem Prädikat*
Das Gen.-Objekt steht nach nominalen Prädikaten:
szkoda czas*u* (schade um die Zeit),
trzeba dobr*ego* serc*a* (es bedarf eines guten Herzens) u. a.

6. *für Zeitangaben*
Der Genitiv dient in adverbieller Funktion zur Zeitangabe (vgl. „Datum", S. 176), z. B. dzisiejsz*ej* noc*y*, t*ego* sam*ego* dn*ia*, następn*ego* poranku, ubiegł*ego* rok*u*, minion*ej* zim*y*, pierwsz*ego* maj*a*, piętnast*ego* styczn*ia*.

7. *nach Kardinalia*
   Der Genitiv Plural steht nach den Zahlen 5–21, 25–31, 35–41 usw. (vgl. S. 166ff.).

8. *nach Präpositionen und präpositionalen Ausdrücken*
   Den Genitiv regieren:
   a) die Präpositionen: bez, dla, do, koło, naprzeciwko, od, obok, około, oprócz (prócz), podczas, według, wśród, wzdłuż, z.
   b) die präpositionalen Ausdrücke: blisko, co do, niedaleko, naokoło, poniżej, powyżej, pod warunkiem, przy pomocy, za pomocą.
   Naprzeciw kann mit Genitiv und Dativ gebraucht werden.

Zur Funktion des Dativs

Der Dativ wird gebraucht:

1. *nach Verben als Objekt*
   dziękować *koledze* (dem Kollegen danken),
   pomagać *sąsiadowi* (dem Nachbarn helfen),
   opowiadać *Jankowi* (Janek erzählen),
   podarować *siostrze* (der Schwester schenken),
   towarzyszyć *delegacji* (die Delegation begleiten),
   przeszkadzać *matce* (die Mutter stören);

2. *in unpersönlichen Sätzen als logisches Subjekt*
   Nie smakuje *mi.* (Es schmeckt mir nicht.)
   Chce *mi* się pić. (Ich habe Durst, wörtl.: Es will sich mir trinken.)
   Ebenso: Chce *mi* się spać (jeść). Ich bin müde. (Ich habe Hunger.)

3. nach den Präpositionen: dzięki (dank), przeciw (gegen), ku (in Richtung auf).

Zur Funktion des Instrumentals

Der Instrumental wird gebraucht:

1. *als Objekt nach Verben*
   Der Instrumental steht als Objekt nach Verben, die eine Beschäftigung mit einer Sache ausdrücken (meist intransitive Reflexivverben), z. B.
   zajmować się *teatrem*, interesować się *techniką*, opiekować się *delegacją*, kierować *instytucją*, handlować *maszynami.*

2. *im Prädikat*
   Der Instrumental steht im Prädikat (prädikativer Instrumental) nach Verben, die den Gebrauch eines Mittels oder eines Werkzeuges bezeichnen, z. B.
   jechać *tramwajem*, pisać *długopisem*, krajać *nożem.*

3. ***als Prädikatsnomen***

Der Instrumental steht als Prädikatsnomen in Verbindungen aus *być und Substantiv* als Prädikat (meist bei Angabe des Berufes, eines Verwandtschaftsgrades, der Nationalität), z. B.
Mój ojciec *jest robotnikiem.* Moja matka *jest (była) sekretarką.* Ten pan *jest Polakiem.* Jestem *obywatelką* RFN. On jest *moim dobrym kolegą.* Piotruś *jest moim synem.* Warszawa *jest stolicą* Polski. (Oder: *Stolicą* Polski *jest* Warszawa.)
Einige Verben werden (trotz ihres eigenständigen Inhalts) mit einem Prädikatsnomen verbunden (Instr. der Folge), z. B.
stać się (zostać) inżynierem, kończyć (rozpocząć) się dyskusją.

4. ***in Adverbialbestimmungen***

a) als Adverbialbestimmung der Art und Weise, z. B.

Miasto odbudowano dużym kosztem.	– Die Stadt wurde mit einem großen Kostenaufwand wieder aufgebaut.
Chodził wolnym krokiem.	– Er ging mit langsamen Schritten.

b) als Adverbialbestimmung des Ortes (der Lage), z. B.
Jechałem (przechodziłem) lasem. Szliśmy ulicą. Deszcz padał miejscami.

c) als Adverbialbestimmung der Zeit, z. B.
Przyjdziemy wieczorem. Jechałem dniem i nocą. Latem bywam w Zakopanem, a czasami nad morzem.

5. ***nach Präpositionen***
Folgende Präpositionen regieren den Instrumental:
z (in der Bedeutung: mit/einander/), między, pomiędzy, nad, pod, przed, za.

Zur Abfolge der Satzglieder

Bei normaler Abfolge im einfachen erweiterten Satz ohne Hervorhebungen eines Satzgliedes stehen Subjekt und Prädikat (Satzkern) am Anfang.
Umstellungen eines ganzen Satzgliedes an den Satzanfang oder an das Ende eines Satzes bewirken eine besondere Hervorhebung, (Betonung, Nuancierung) dieser Teile, z. B.

1. Normale Wortfolge:
Marek już dzisiaj napisał list.
S Temp.-Best. P O

2. Die Temporalbestimmung soll hervorgehoben werden:
   a) Już dzisiaj Marek napisał list.
      Temp.-Best. S P O
   b) Marek napisał list już dzisiaj.
      S P O Temp.-Best.

3. Das Objekt und die Temporalbestimmung sollen hervorgehoben werden:
   List Marek napisał już dzisiaj.
   O S P Temp.-Best.

Im normalen Aussagesatz steht das Prädikat nie am Satzende.

Attribut

Attributiv gebraucht werden Adjektive, Pronomen oder Zahlwörter. Ihre Stellung ist folgende.

Adjektivisches Attribut

1. Das adjektivische Attribut steht vor dem Substantiv, wenn die Eigenschaft (Farbe, Form, Zugehörigkeit, Material u. a.) und das Substantiv keine neue Sinneinheit bilden, z. B.
   Na naszej ulicy stoi nowy dom. Stary pan przechodził przez ulicę. W pokoju znajdowało się duże radio. On jest dobrym uczniem.

2. Das adjektivische Attribut steht nach dem Substantiv, wenn die Eigenschaft mit dem Substantiv eine Begriffseinheit darstellt (Art, Gruppe, Klasse), z. B.
   Uczę się języka polskiego (niemieckiego).
   Mieszkałam przy ulicy Marszałkowskiej.

   Weitere Beispiele:

Plac Teatralny	Teatr Wielki	sztuka barokowa
Poczta Główna	klub sportowy	Bank Narodowy

3. Pronomen stehen vor Substantiven, z. B.
   Mój ojciec pracuje w ministerstwie.
   Kilku uczniów naszej klasy należy do związku młodzieżowego.

Zahlwörter

Zahlwörter können vor und nach dem Substantiv stehen,

1. Sie stehen vor dem Substantiv, wenn sie als adjektivische Attribute gebraucht werden, z. B.
   Już piąty dzień jestem w Warszawie.
   Co drugi uczeń napisał dobre wypracowanie.

2. Sie stehen nach dem Substantiv, wenn sie eine Reihenfolge angeben (Buchband, Seitenangabe, Hausnummer), z. B.
Dzieła Prusa, tom V; Ćwiczenie na stronie siedemnastej: Mieszkam na (przy) ulicy Jana Kochanowskiego nr 13, m. 10; Theaterkarte: Balkon, rząd 2., miejsce 14.

Stellung der enklitischen Pronomen

Alle Kurzformen von Pronomen (Enklitika) *mię, cię, go, je, ich, mi, mu, ci, się* – sind Formen ohne eigenen Akzent, die sich in bezug auf die Aussprache an ein vorhergehendes Wort anschließen. Sie stehen weder am Satzanfang noch am Satzende, weil sich an diesen Stellen besonders betonte Satzglieder befinden, z. B.
On mi to sam powiedział. Oder: On sam mi to powiedział. Jak się pan czuje w nowym mieszkaniu? Oder: Jak pan się czuje w nowym mieszkaniu?
5Ausnahmen bilden kurze Sätze, z. B.
Dziękuję ci. Zaproszę go. Widziałem cię. Myję się.
Der Ton liegt dabei auf den Verben.

In kurzen Fragesätzen steht „się“ immer vor dem Verb, z. B.
Jak się czujesz? Jak się nazywasz? Jak się masz?

Die Dativformen der enklitischen Pronomen stehen immer vor den Akkusativformen (Unterschied zum Deutschen!), z. B.
Tu jest ładna suknia. Kupię ci ją jutro.
Miałem adapter Marka. Oddałem mu go wczoraj.
Jak ci się powodzi?
Kiedy przyjedziesz do nas?
Dokąd pójdziemy jutro wieczorem?

Fragesatz
Bildung des Fragesatzes

1. Durch Interrogativpronomen

Kto to jest?	To jest pan Schmidt.	Personen,
Kto to jest?	To jest pani Mikulska.	Nom. Fragepr.: kto?
Co to jest?	To jest mój bagaż.	Sachen,
Co to jest?	To jest stolica Polski.	Nom. des Fragepr.: co?
Jak się pan nazywa?		
Gdzie mieszka pan Schmidt?		

2. Durch die Fragepartikel *„czy“*

Czy pan mówi po polsku?	Tak, trochę. (Nie).
Czy to jest pan Mikulski?	Tak, to jest pan Mikulski. (Nie).

Im Fragesatz steht das Subjekt immer vor dem Prädikat, z. B.
Czy Marek już dziś napisał list? Czy Marek napisał list już dzisiaj?
Die Abfolge der Satzglieder des Fragesatzes unterscheidet sich ansonsten nicht von der des Aussagesatzes.

Zur Wortbildung

Neue Wörter entstehen durch:

1. Zusammensetzungen mehrerer Wortstämme (Komposita) wie nowoczesny (neuzeitlich, modern), dobranoc (Gute Nacht), Wielkanoc (Hohe Nacht = Ostern.)
2. Mit Hilfe von Suffixen oder Präfixen.

Wortbildung durch Suffixe

Suffixe werden unmittelbar an das Grundwort bzw. an dessen Stamm angefügt und spezifizieren den Inhalt des Grundwortes.

Substantive

1. Eine ***Deminuierung*** (Verniedlichung, Verkleinerung) bewirken z. B.

-ek	Jan – Janek, syn – synek;
-ik:	pokój – pokoik, stół – stolik;
-uś, -usia:	tata – tatuś, mama – mamusia, Halina – Halusia;
-sia, -cia:	Stefania – Stefcia, ciotka – ciocia, Urszula – Usia.

2. ***Einwohnernamen,*** z. B.

-ak, -ka oder -aczka:	Polska – Polak, Polka; Słowacja – Słowak, Słowaczka;
-ik, -ka:	Anglia – Anglik, Angielka;

3. ***Berufsbezeichnungen,*** z. B.

-(i)arz, -(i)arka:	pisać – pisarz, pisarka; malować – malarz, malarka; kuchnia – kucharz, kucharka;
-ciel, -cielka:	nauczyć – nauczyciel, nauczycielka;
-nik, -niczka:	przewodzić – przewodnik, przewodniczka.

4. ***Bezeichnung für Ehefrauen (bei adj. Familiennamen)***
   -ska, -cka: Mikulski – Mikulska, Wierzbicki – Wierzbicka,
   -dzka: Zawadzki – Zawadzka.

5. ***Bezeichnung für Gebäude, funktionelle Einrichtungen***
-nia: piekarz – piekarnia (Bäckerei), cukier – cukiernia (Konditorei),
-alnia: sypiać – sypialnia, jadać – jadalnia, kopać – kopalnia;

6. ***Substantivierung von Adjektiven***
-ość: wysoki – wysokość, długi – długość, miły – miłość;

7. ***Bezeichnungen mit Kollektivbedeutung***
-(i)stwo, -two: panować – państwo (Staat, Herrschaftsbereich; Herrschaften, Damen und Herren),
malować – malarstwo (Malerei),
towarzyszyć – towarzystwo (Gesellschaft).
Dazu zählen auch Verwandtschaftsbeziehungen:
brat – braterstwo (Bruderschaft, Bruder und Frau, Brüderlichkeit), wujek – wujostwo (Onkel und Frau), małżonek – małżeństwo (Ehepaar), rodzina – rodzeństwo (Geschwister).

Adjektive

1. -owy, -owa, -owe:	poczta – pocztowy, klasa – klasowy, nauka – naukowy, cytryna – cytrynowy, kolor – kolorowy;
2. -ny, -na, -ne:	szkoła – szkolny, piękno – piękny, wędrować – wędrowny, szanować – szanowny.
3. -ski, -ska, -skie:	góra – górski, wieś – wiejski, miasto – miejski, Drezno – drezdeński, Kraków – krakowski, Włochy – włoski, Jelenia Góra – jeleniogórski;
4. -cki, -cka, -ckie:	Katowice – katowicki, Bałtyk – bałtycki, Sudety – sudecki, Nowa Huta – nowohucki.
5. -dzki, -dzka, -dzkie.	sąsiad – sąsiedzki, Łodź – łódzki, ludzie – ludzki.

Verben

von Substantiven (vor allem Fremdwörtern) mit Hilfe des Suffixes -ować:
handel – handlować, praca – pracować, dyskusja – dyskutować.
Das Suffix *-ować* entspricht dem deutschen *-ieren.*

Wortbildung durch Präfixe

Die Präfixe korrespondieren meist mit Präpositionen, daher werden sie an dieser Stelle nicht behandelt.
Ihre Bedeutung ↗ Präpositionen, S. 249

Deutsch-polnisches Wörterverzeichnis

A

Abend wieczór; **am Abend** wieczorem 16,2
Abendbrot, -essen kolacja 16
abends wieczorem 2
aber a, ale 1,4
Abitur matura 14
ablegen (Prüfung) zdawać, zdać *vo.* 7
abstammen pochodzić z (+ Gen.) 12
ab und zu czasem, czasami 7,10
Adresse adres 8
AG kółko (zainteresowań) 14
ähneln (wem?) być podobny (do + Gen.) 5
ähnlich (wie?) podobnie Adv. 14
ähnlich sein być podobny (do + Gen.) 5
akademisch akademicki 16
aktiv (sein) (być) czynny 16
Album album *m.* 18
alle (Pf.) wszyscy 12
Allee aleja 15
alles wszystko 4
als jako (+ Nom.) 3
also więc 2
alt stary 8
Altar ołtarz 15
Alter (Lebens-) wiek 12
amüsant zabawny 15
an pod (+ Instr.) 12, przy (+ Lok.) 8, do (+ Gen.) 9
Andenken pamiątka 19
andere (der) drugi 6
anderer (ein), andersartig inny 15
anderthalb półtora 16
anfangen rozpoczynać, rozpocząć *vo.* 19
angeben (etw.) podawać, podać vo. 20
angehören należeć do (+ Gen.) 10
angenehm miły *Adj.*, miło *Adv.*; przyjemny *Adj.* 6,11
ankommen przyjeżdżać, przyjechać *vo.* 11
Anlaß okazja 18
anläßlich z okazji 18
annehmen przyjmować, przyjąć *vo.* 18
anreisen przyjeżdżać, przyjechać *vo.* 11
anrufen dzwonić, zadzwonić *vo.* 8
anschauen oglądać, obejrzeć vo. 4
anschließend następnie 16
ansehen oglądać, obejrzeć vo. 4
Antrag podanie 14
Apparat aparat 7
April kwiecień 18
arbeiten pracować 3
Arbeiter robotnik 3
arbeitsam (fleißig) pracowity 6
Architekt architekt 3
Art sposób 10
Ära era 12
auch też, także 2,14
auf na (+ Lok.) 8
auf dem Lande na wsi 19
auf dem Weg sein być w drodze 18
Auf Wiedersehen! Do widzenia! 1
Aufenthalt pobyt 15
aufessen zjeść vo. 16
aufgeben (verzichten) rezygnować (z + Gen.), zrezygnować *vo.* 14
Aufnahme- (in Zus.) wstępny 14
aufnehmen przyjmować, przyjąć *vo.* 18
aufnehmen (auf Band) nagrywać, nagrać *vo.* 8
aufschreiben napisać *vo.*; zapisać *vo.* 15,17
auftreten występować, wystąpić *vo.* 19
Augenblick chwileczka 1
August sierpień 18
aus z (+ Gen.) 12, **aus Anlaß** z okazji 18
ausgezeichnet świetnie, doskonale *Adv.* 4,11
Ausland zagranica 19
ausruhen odpoczywać, odpocząć *vo.* 10
aussteigen wysiadać, wysiąść *vo.* 13
Ausstellungsstück eksponat 15
Auto samochód 17

B

Bahnhof dworzec 11
Baltikum Bałtyk (Morze Bałtyckie) 20
Bar bar 1
Baum drzewo 15
Bauwesen budownictwo 3, **im Bauwesen** w budownictwie 3
bedauern żałować (+ Gen.) 14
Bedeutung znaczenie 15

beenden kończyć, ukończyć *vo.* 19
befinden, sich znajdować się 9
befreunden, sich przyjaźnić się, zaprzyjaźnić się *vo.* (+ Instr.) 19
Begebenheit zdarzenie 15
begeben, sich udawać się udać się do (+ Gen.) *vo.* 7
begegnen, sich spotykać się, spotkać się *vo.* 2
begehen obchodzić, obejść *vo.* 18
beginnen rozpoczynać, rozpocząć *vo.* 19
begrüßen witać, przy-/powitać *vo.* 11
bei u (+ Gen.), pod (+ Instr.) 9,12
beide obie (*f.*, Sf.) 15
Beispiel przykład 14
bekannt znany 1
bekommen otrzymywać otrzymać vo. 8
beliebig dowolnie Adv. 14
bereit gotowy Adv. 7
bereits już 3
Berg góra 20
Beruf zawód 7
beschäftigt zajęty 1
bescheiden skromny 19
Bescheid wissen orientować się, zorientować się vo. 13
beschreiben opisać *vo.* 15
besetzt zajęty 1
besichtigen zwiedzać, zwiedzić *vo.* 16
Besichtigung zwiedzanie, zwiedzenie 16
besitzen mieć 2
Beskiden Beskidy 20
besser lepiej Adv. 15
bestehen zdawać, zdać *vo.* 7
bestellen zamawiać, zamówić *vo.* 17
bestimmt na pewno 18
betragen wynosić, wynieść *vo.* 20
Betreuung opieka 15
Betrieb zakład 11
beurteilen (jmd./etwas) sądzić (o + Lok.) 14
Beurteilung opinia 14
bewegen wzruszać, wzruszyć *vo.* 16
Bewegung ruch 17
bewundern podziwiać 15
bezahlen zapłacić (za + Akk.) *vo.* 17
Bezeichnung nazwa
beziehungsweise lub 10
Biologieprüfung egzamin z biologii 14
bis aż 13
bis do (+ Gen.) 1
bis dann na razie 7
bitte (ich) proszę 1
bitte (ich) um Entschuldigung przepraszam 1
bitte (ich) um Verzeihung przepraszam 1
bleiben zostać *vo.* 7
bloß tylko 8
Blume kwiat 15
Brauch obyczaj 18
Brief list 9
Briefmarke znaczek (pocztowy) 17
Briefpapier (-mappe, -karton) papeteria 17
Briefumschlag koperta 17
bringen przynosić, przynieść *vo.* 19
Brötchen bułka 17
Bruder brat 5
Bundesrepublik Deutschland (BRD) Republika Federalna Niemiec (RFN) 20
Buch książka 10
Bus autobus 13
Butter masło 17

C

Café kawiarnia 1
Computer komputer 7

D

daher dlatego 14
damals wtedy 9
Dame pani 1
Damen und Herren państwo 17
danach potem 10
danke (ich) dziękuję 1
dann wtedy, potem 9,10
das to 1
Das ist noch (gar) nichts! To nic! 7
Das macht nichts To nic 7
daß że 7
dein, -e twój, twoja 5
denken an myśleć (o + Lok.), denken über/von sądzić (o + Lok.) 14
Denkmal pomnik 15
deshalb dlatego 14
deswegen dlatego 14
Deutsch język niemiecki 4
deutsch niemiecki Adj., po niemiecku Adv. 4
deutsche Sprache język niemiecki 4
Dezember grudzień 18
Dichter poeta 19

Dienstag wtorek; **am Die.** we wtorek 16
dieser, -e, -es ten,ta,to 1
dir (Dat. von „ty") ci 6
direkt prosto 13
Diskothek dyskoteka 1
Diskussion dyskusja 8
doch przecież 7
Dom katedra 1
Donnerstag czwartek; **am Do.** w czwartek 16
Dorf wieś *f.*; **im Dorf** we wsi 19
dort tam 1
durch przez (+ Akk.) 9
dürfen móc 7

E

ebenfalls też, także 2,14
eben właśnie 8
ebenso (wie) podobnie 14
Ecke róg 13
ehemalig dawny 18
eher raczej 5
Ei jajko 17
einbiegen skręcać, skręcić *vo.* 13
einfach prosto Adv. 13
eingeteilt sein in dzielić się na (+ Akk.) 20
einige kilka Sf.; niektóre, -rzy 19,15
Einkauf zakup 10
einkaufen robić zakupy 10
Einkäufe tätigen robić zakupy 10
einladen zapraszać, zaprosić *vo.* 2
einsteigen wsiadać, wsiąść *vo.* 13
einstig dawny Adj. 18
Eintracht zgoda 13
eintreffen przyjeżdżać, przyjechać *vo.* 11
Eintrittskarte bilet 2
Einverstanden! Zgoda!
einverstanden erklären, sich zgadzać się, zgodzić się *vo.* 13
einverstanden sein zgadzać się, zgodzić się *vo.* 13
Einverständnis zgoda 13
elegant elegancki 1
Elektronik elektronika 7
Eltern rodzice 5
empfangen przyjmować, przyjąć *vo.* 18
emsig pracowity 6
enden kończyć, ukończyć *vo.* 19
Englisch język angielski 14
englische Sprache język angielski 14
entgegennehmen przyjmować, przyjąć *vo.* 18
entstehen powstawać, powstać *vo.* 12
Entwicklung rozwój 8
Ereignis zdarzenie 15
Erfolg sukces 18, viel E. powodzenie 18
ergreifen (erschüttern) wzruszać, wzruszyć *vo.* 16
erhalten otrzymywać, otrzymać vo. 8
erholen, sich odpoczywać, odpocząć *vo.* 10
Erinnerung (Souvenir) pamiątka 19
erklären tłumaczyć, wytłumaczyć vo. 4
erkranken zachorować *vo.* 19
erlauben pozwalać, pozwolić *vo.* 11
Erlebnis przeżycie 19
erwachsen dorosły 15
Erwachsene (der) dorosły 15
erwählt wybrany 14
Erwähnung wzmianka 12
erweitert rozszerzony 14
erzählen opowiadać, opowiedzieć *vo.* 15
Erzieher wychowawca 14
essen jeść, zjeść *vo.* 16
Etage piętro 17
etwas trochę 10
euer wasz 5
europäisch europejski 20
Examen egzamin 7
Exponat eksponat 15

F

Fach (Unterrichts-) przedmiot 14
fahren jechać, pojechać *vo.* 11
Fahrkarte bilet 2
Fahrt jazda 13
falls jeżeli 7
Falsch verbunden. Pomyłka. 1
Familie rodzina 5
Familien- (in Zus.) rodzinny 19
Februar luty 18
feiern obchodzić, obejść *vo.* 18
Feiertag święto 18
fein doskonały Adj., -le Adv.; świetny, -nie 11,14
Ferien wakacje (Pl.) 19
Fernsehen telewizja 8
fernsehen oglądać telewizję 4
Fernsehturm wieża telewizyjna 12
fertig gotowy 7
Fest(-tag) święto 18
Film film 8

finden, daß ... sądzić, że ... 14
Fläche obszar 20
fleißig pracowity 6
Flügel fortepian; **auf dem Flügel** (Klavier) na fortepianie 7
Fluß rzeka 20
folgende następny 13
Foto fotografia, zdjęcie 5
Frage pytanie 14
fragen pytać, zapytać *vo.* 2,5
Frau ... (in Anrede) pani 1
frei wolny Adj. 1
Freitag piątek; **am Fr.** w piątek 16
Fremdsprache język obcy 14
freuen, sich (über) cieszyć się (z + Gen.), ucieszyć się (z) *vo.* 9
Freund kolega 6
Freundin koleżanka 6
freundlich przyjemny Adj., -ie Adv. 11
fröhlich wesoły 18
früher dawny *Adj.* 18
Frühstück śniadanie 16
für dla (+ Gen.); na (+ Akk.); za (+ Instr.) 9,10,12

G

ganz cały Adj. 12
ganz und gar całkiem 14
Garten ogród 8
Gast gość 11
Gebäude budynek 12
geben dawać, dać *vo.* 18
Gebirge góry Pl. 19
geboren werden urodzić się vo. 19
Geburts- (in Zus.) rodzinny 19
Geburtstag urodziny (Pl.) 18
gefallen podobać się (+ Dat.) 6
gefällig zgrabny Adj. 6
Gegenstand przedmiot 14
gegenüber naprzeciwko 6
gegenwärtig obecny Adj., -ie Adv. 20
gehen chodzić; iść, pójść *vo.* 5,7
gelangen dostawać się, dostać się *vo.* 17
Gelegenheit okazja 18
gelingen udawać się, udać się *vo.* 7
gemeinsam razem 5
genau dokładny 8
geöffnet sein być czynny 16
gerade właśnie 8
gerade (-aus) prosto 13
gern chętnie 4
gern haben lubić 5
Geschenk prezent 18
Geschichte historia 12
Geschwister rodzeństwo Sg. 5
gesellschaftlich społecznie Adv. 14
Gespräch rozmowa 14
Gestattet! Pozwólcie! 11
gestern wczoraj 11
gesund zdrowy 18
Gesundheit zdrowie 18
gewählt wybrany 18
gewiß na pewno 18
gewiß (doch) oczywiście; owszem 11,1
gewöhnlich zwykle Adj. 10
Ghetto getto 16
glänzen świecić się 6
glauben (von) sądzić (o + Lok.) 14
gleich (zeitl.) zaraz 1
gleichfalls podobnie 14
Glück szczęście 18
Gold złoto 6
Grad stopień 14
Grenze granica 20
grenzen an graniczyć z (+ Instr.) 20
groß (gewachsen) wysoki, wielki 6,19
Grund- (in Zus.) główny 19
Grundschule szkoła podstawowa 14
Grüß dich! Cześć! 2
grüßen pozdrawiać, pozdrowić *vo.* 9
gültig ważny 14,15
gut dobry, *Adj.*; dobrze, *Adv.* 1,2
Guten Tag Dzień dobry 1
gut gebaut sein (von Personen) być zgrabny 6

H

haben mieć (+ Akk.) 2
halb (w)pół 16
halten (von) sądzić (o + Lok.) 14
Haltestelle przystanek 13
Handlung akcja 6
häufig często Adv. 9
Haupt- (in Zus.) główny 19
Hauptstadt stolica 16
Haus dom 8
Hausaufgaben machen (erledigen) odrabiać lekcje
Heim dom 8
Heimat- (in Zus.) rodzinny 19
heißen nazywać się 2
heiter pogodny Adj. 15

Held bohater 16
helfen pomagać, pomóc *vo.* 10
hell jasny Adj. 14
herannahen zbliżać się, zbliżyć się *vo.* 18
herausbilden, sich powstawać, powstać *vo.* 12
Herbst jesień *f.* 19
Herr pan 1
Herrschaften państwo (Sing.) 17
hervorragend doskonale, *Adv.*; świetny Adj. 11,14
Herz serce 18
herzlich serdecznie 9
heute dzisiaj (dziś) 4
hier tu, tutaj 1
hinfinden trafiać, trafić vo. 13
hinkommen dostawać się, dostać się *vo.* 17; (fahrend) dojeżdżać, dojechać *vo.* 13
hinter za (+ Instr.) 12
hin und wieder czasem, czasami 7,10
Hobby zainteresowanie; hobby 9
hoch wysoki Adj. 6
höre (ich) słucham 1
Hörnchen rogalik 17
Hotel hotel 1
hübsch ładny, piękny 6,15
Hymnus pieśń f. 19

I

Ich bin ... Jestem ... 3
ihr jej Poss.-Pr. 5
ihr, -e ich Poss.-Pr. 5
immer zawsze 4
in w (+ Lok.); na (+ Lok.) 8; do (+ Gen.) 2
in Betrieb sein (być) czynny 16
Informatik informatyka 7
Ingenieur inżynier 3
inmitten (von) wśród (+ Gen.) 19
Insel wyspa 15
intelligent inteligentny Adj. 6
interessant interesujący, ciekawy 6,8
Interessengebiet zainteresowanie 4
interessieren, sich interesować się (+ Instr.) 4
(irgend-) etwas coś 8
irregehen błądzić, zabłądzić *vo.* 13
Irrtum pomyłka 1

J

ja tak 1, przecież 14
ja (doch) owszem 1
Jahr rok, N.Pl.: lata 14
Jahrhundert wiek 12
Januar styczeń 18
jeder każdy 18
jetzt teraz 3
Journalist, -in dziennikarz, -arka 3
Jugend (-liche) młodzież *f.* 16
Juli lipiec 18
jung młody Adj. 15
Junge chłopiec 14
Juni czerwiec 18

K

Kaffee kawa 17
Kalender kalendarz 18
Kärtchen kartka 17
Kathedrale katedra 1
kaufen kupować, kupić *vo.* 17
kennen znać 4
kennenlernen poznać *vo.* 9
Kilo (-gramm) kilo (-gram) 17
Kilometer kilometr 17
Kind, -er dziecko, Pl.: dzieci 5
Kindertagesstätte przedszkole 14
Kino kino 8
Kiosk kiosk 17
Kirche kościół 12
klar jasny Adj. 14
Klasse klasa 9
Klasse mit erweitertem Biologie- und Chemieunterricht klasa biologiczno-chemiczna 14
Klassenleiter wychowawca 14
Klavier fortepian 7
klein mały Adj. 14
klingeln dzwonić, zadzwonić *vo.* 8
Klub klub 1
klug mądry Adj. 6
Knabe chłopiec 14
Kollege kolega 1
Kollegin koleżanka 1
kommen przychodzić przyjść *vo.* 9
kommen (gefahren) przyjeżdżać, przyjechać *vo.* 11
komponieren komponować, skomponować *vo.* 19
Komponist kompozytor 19

Konfitüre dżem 17
können móc 7
können (erlernt haben) umieć 7
konstruieren konstruować, skonstruować *vo.* 7
Konzert koncert 12
kosten kosztować 17
krank chory Adj. 19
krank sein chorować 19
Kreuzung skrzyżowanie 13
Kulturpark park kultury 1
(Kunst-) Werk dzieło, utwór 15,19

L

Lage położenie 20
Land kraj 18
Landkarte mapa 20
lange długo Adj. 10
langsamer wolniej 11
länger dłużej 11
läuten dzwonić, zadzwonić *vo.* 8
Leben życie 18
leben żyć 20
Lebenslauf życiorys 19
Lehre nauka 10
Lehrer, -in nauczyciel, -ka 3
leiden können (gut) lubić, polubić vo. 5
leider niestety 5
lernen uczyć się, nauczyć się vo. (+ Gen.) 4; **Lernen** nauka 10
lesen czytai, przeczytać vo. 8
lieb miły Adj. 6
lieber mögen (haben) woleć (+ Akk.-Obj.) 5,7
lieber (tun) woleć (+ Inf.) 7
Lied pieśń *f.* 19
linke lewy Adj. 13
links na lewo Adj. 13
Litauen Litwa 20
Literatur literatura 4
lustig zabawny, wesoły 15,18
Lyzeum liceum 9

M

machen robić, zrobić vo. 4
Macht nichts! To nic! 7
Mädchen dziewczyna 6
Mai maj 9,18
mal (ein-) raz 10
manch(ein) niektóry 15
manchmal czasem, czasami 7,10
man darf wolno (+ Inf.) 13
man feiert obchodzi się (+ Akk.-Obj.) 18
man hört słychać (def. Verb) 8
man kann można (+ Inf.) 13
man muß trzeba (+ Inf.) 10
man sieht widać (def. Verb) 13
März marzec 18
Mathematikprüfung egzamin z matematyki 14
Mazurka mazurek 19
mein, -e mój, moja 1
Mein Vorname ist ... Na imię mam (mi) ... 4
meinen (von) sądzić (o + Lok.) 14
Meinung opinia; zdanie 14,20
meistens przeważnie 10
Melodie melodia 19
Mensch człowiek, Pl.: ludzie 7
mit z (+ Instr.) 6
Mittag m. południe 9,16
mittags w południe 16
Mittwoch środa; **am Mi.** w środę 16
mitunter czasem, czasami 7,10
mögen lubić (+ Akk.) 5
Monat miesiąc 17
Montag poniedziałek; **am Mo.** w poniedziałek 16
Morgen (po)poranek 16
morgen jutro 1
morgens, am Morgen rano 16
Motiv motyw 19
mündlich ustny Adj. 14
Museum muzeum 1
Musik muzyka 4
Musik- (in Zus.) muzyczny 7
müssen musieć 7
Mutter matka 3

N

na dann no to 2
nach po (zeitl.) + Lok; do (+ Gen.) 8,2
nach Belieben dowolnie 14
nach links (na) w lewo 13
Nachbar, -in sąsiad, -ka 1
nachdenken zastanawiać się, zastanowić się (nad + Instr.) *vo.* 10
nachher potem 10
Nachmittag popołudnie 16

nachmittags, am Nachmittag po południu 10
nach rechts (na) w prawo 13
Nacht noc *f.* 16
Nachteil szkoda 8
nachts nocą, w nocy 16
nächster następny 13
nahe (an) blisko Präp. (+ Gen.)
nahe, in der Nähe blisko Adv., koło Präp. (+ Gen.) 6
nähern, sich zbliżać się, zbliżyć się *vo.* 18
Name nazwa
Namenstag imieniny (Pl.) 18
Nase nos 15
natürlich oczywiście 11
neben obok Präp. (+ Gen.) nebenan obok Adv. 6
nein nie 1
nennen, sich nazywać się 2
nett miły, *Adj.*; miło, *Adv.* 6,11
neu nowy Adj. 6
neugierig ciekawy Adj. 8
Nicht der Rede wert! To nic! 7
nicht mehr ... już nie ... 3
nichts nic 7
Nichts Besonderes. Nic szczególnego. 2
nicht schlecht, kein schlechter nieźle, *Adv.; niezły, Adj.* 8, 15
Nicht wahr? Prawda? 1
noch jeszcze 3
Norden północ *f.* 20
notieren zapisywać, zapisać *vo.* 17
Notiz notatka 20
November listopad 18
Null zero 17
Nummer numer 17
nur tylko 8

O

oberhalb (von) nad (+ Instr.) 12
Oberschule szkoła średnia, liceum 9
... oder ... czy ... czy ... 8
oder; oder aber lub 10
oft (-mals) często 9
öffentlich publiczny Adj., -nie Adv. 19
Oktober październik 18
Oper opera 1
Orchester orkiestra 19
Ordnung porządek 8
orientieren, sich orientować się, zorientować się *vo.* 13
Original- (in Zus.) oryginalny 15
originell oryginalny Adj. 15
Osten wschód 20
Ostern Wielkanoc *f.* 18
östlich wschodni 20
Ostsee Morze Bałtyckie (Bałtyk) 20

P

Pädagogik pedagogika 14
Palast pałac 15
Park park 1
Patron patron 18
Pech pech 8
Photographie fotografia 5
photographieren fotografować 5; **sich ph. lassen** fotografować się 5
Physik fizyka 7
Plan plan 8
Platz miejsce; plac 1, 8
Pole Polak 3
Polin Polka 3
Polnisch język polski 4
polnisch polski Adj., po polsku Adv. 4
polnische Sprache język polski 4
Polnischprüfung egzamin z (języka) polskiego 14
Polonaise polonez 19
Portion porcja 17
prima doskonale, świetnie Adv. 11,14
Professor profesor 1
Programm program 11
Projektant projektant 15
Prüfung egzamin 7
Prüfung im Wahlfach egzamin z wybranego przedmiotu 14
Prüfung in egzamin z (+ Gen.) 14
Prüfung in Biologie egzamin z biologii 14
Prüfung in Mathematik egzamin z matematyki 14
Prüfung in Polnisch egzamin z (języka) polskiego 14

Q

Querstraße przecznica 13

R

Radio radio 8
Rang stopień 14
Rathaus ratusz 1
recht haben mieć rację 5
rechter prawy 13
rechts na (w)prawo Adv. 13
Redakteur, -in redaktor, -ka 3
reichen (geben) podawać, podać *vo.* 20
Reise podróż *f.* 11
Reisebus autokar 11
rekonstruiert zrekonstruowany 12
Reporter, -in reporter, -ka 3
Republik republika, rzeczpospolita 20
resignieren rezygnować, z- *vo.* 14
Restaurant restauracja 1
Richtung kierunek 13
rot czerwony Adj. 12
Ruhm sława 19
rühren (bewegen, ergreifen) wzruszać, wzruszyć *vo.* 16
Rundfunk radio 8
Rundgang zwiedzanie, zwiedzenie 16
Russisch język rosyjski 14
russische Sprache język rosyjski 14
Rußland Rosja 20

S

sagen mówić, powiedzieć *vo.* 13
Satz zdanie 20
S-Bahn kolej miejska 13
schade szkoda 8
schaffen zdążyć *vo.* 16
schauen patrzyć, patrzeć; popatrzyć, zobaczyć vo. 20
Schau hin! Popatrz! 12
schenken darować, podarować *vo.* 18
schicken (ab-) wysyłać, wysłać *vo.* 17
Schinken szynka 17
Schloß- (in Zus.) zamkowy 1
schon już 3
schön ładny, piękny Adj. 6,15
schreiben pisać, napisać vo. 15, 17
schriftlich pisemny Adj. 14
Schul- (in Zus.) szkolny 6
Schule szkoła 3
Schulfreund kolega 1
Schulfreundin koleżanka 1
Schüler uczeń 3
Schülerin uczennica 3
schwer ciężki Adv. 19
Schwester siostra 5
schwierig trudny *Adj.*; trudno *Adv.* 8, 14
schwieriger trudniej 15
Schwimmhalle pływalnia 10
Sehen widzenie 1
sehen widzieć, zobaczyć *vo.*; patrzeć 7, 20
sehr bardzo 1
sehr selten mało kiedy 10
sein jego Poss.-Pr. 5
Seite strona 13
Sekretärin sekretarka 3
selbstverständlich oczywiście Adv. 11
selten, kaum (mal) mało kiedy 10
senden wysyłać, wysłać *vo.* 17
September wrzesień 18
Sie państwo 17
Siedlung osiedle 8
Sieh! Popatrz! 12
Sitte obyczaj 18
Sitzbank ławka 19
sitzen siedzieć 7, 19
slowakisch słowacki 20
sofort zaraz 1
Sohn syn 5
solch ein taki 7
sollen mieć (+ Inf.) 7
Sommer lato 19
Sonnabend sobota; **am Sbd.** w sobotę, sonnabends 10, 16
sonnig pogodny Adj. 15
Sonntag niedziela; **am So.** w niedzielę 16
sowie oraz 18
spielen grać; po-, zagrać vo. 4
Sport sport 4
Sport- (in Zus.) sportowy 10
sprechen mówić 11
Spree Sprewa 12
staatlich państwowy 15
Staats- (in Zus.) państwowy 15
Stadt miasto 8,12
Stadtplan plan miasta 8
Stadtteil dzielnica 8
stammen aus pochodzić z (+ Gen.) 12
Station stacja 13
stattfinden odbywać się, odbyć się *vo.* 19
stehen stać 6
sterben umierać, umrzeć *vo.* 19
stimmen (bejahen) zgadzać się, zgodzić się vo. 13
Stimmt's? Prawda? 1
Stockwerk piętro 17

stören przeszkadzać, przeszkodzić vo. (+ Dat.) 8
Straße ulica 8
Straßenbahn tramwaj 13
Strauß bukiet 19
Student, -in student, -ka 3
Studenten- (in Zus.) studencki, akademicki 16
studieren studiować 3
Studium studia (Pl.) 19
Stufe stopień 14
Stunde godzina 16
suchen szukać, poszukać vo. (+ Gen.) 5
Sudeten Sudety 20
Süden południe 9, 20
sympathisch sympatyczny Adj. 1

T

Tafel tablica 20
Tag dzień 1
Tageszeiten pory dnia 16
Tanz taniec 19
tatsächlich naprawdę 15
tätig (sein) (być) czynny 16
Taxihaltestelle postój taksówek 13
Terrasse taras 16
Telefon telefon 8
Text tekst 4
Theater teatr 1
Thema temat 20
Tier zwierzę 15
Tochter córka 5
Tor brama 15
Touristen- (in Zus.) turystyczny 11
touristisch turystyczny 11
Training trening 10
treffen, sich spotykać się, spotkać się *vo.* 2
tschechisch czeski 20
Tschüß! Cześć! 2
tun robić, zrobić vo. 4
Turm wieża 12

U

U-Bahn metro 12
üben ćwiczyć, poćwiczyć vo. 7
über o (+ Lok.); przez (+ Akk.) nad (+ Instr.) 8,9,12
Übereinstimmung zgoda 13
überlegen zastanawiać się, zastanowić się *vo.* 10
überqueren przechodzić, przejść *vo.* 13
übersenden przesyłać, przesłać vo. 9
übersetzen tłumaczyć, przetłumaczyć vo 4
überspielen (auf Band) nagrywać, nagrać *vo.* 8
überwiegend przeważnie Adv. 10
Uhr (-zeit) godzina 16
Ukraine Ukraina 20
umsteigen przesiadać się, przesiąść się *vo.* 13
um (zu) żeby (+ Inf.) 16
und i 3
unser nasz 1
unter pod (+ Akk., Instr.) 12
unter (inmitten, zwischen) wśród (+ Gen.) 19
unterhalb (von) pod (+ Instr.) 12
unterhalten, sich rozmawiać, porozmawiać vo. 7
Unterhaltung rozmowa 14
Unterricht nauka 10
unterschiedlich różny, *Adj.*; różnie, *Adv.* 9
unterwegs (sein) (być) w drodze 17
unweit (von) niedaleko (od) Präp. (+ Gen.) 6
urteilen (über) sądzić (o + Lok.) 14
Urwald puszcza 8

V

Vater ojciec 3
verbringen spędzać, spędzić *vo.* 10
vergessen zapominać, zapomnieć *vo.* 17
verirren, sich błądzić, zabłądzić *vo.* 13
Verkehr ruch 17
Verlag wydawnictwo 3
verlassen opuszczać, opuścić *vo.* 19
verlaufen, sich błądzić, zabłądzić *vo.* 13
verleben spędzać, spędzić *vo.* 10
verschieden różnie, *Adv.*; różny Adj. 10
Versehen pomyłka 1
verstehen rozumieć 4
verstehen (etw. zu tun) umieć 7
verzichten (auf) rezygnować z (+ Gen.), zrezygnować z *vo.* 14
Viertel (-stunde) kwadrans 16
Vogel ptak 15
Volks- (in Zus.) ludowy 19
völlig całkiem 14
vom Weg abkommen błądzić, zabłądzić *vo.* 13
von od (+ Gen.) 9

von hier (aus) stąd 13
vor przed (+ Akk. u. Instr.) 12
vorkommen występować, wystąpić *vo.* 19
vorläufig na razie 7
Vormittag przedpołudnie 16
vormittags przed południem 16
Vorname imię 2
Vorschule przedszkole 19
vorstellen, sich przedstawiać się, przedstawić się *vo.* 9
vorwiegend przeważnie Adv. 10
vorziehen woleć (+ Akk.-Obj.) 5, 7
vorzugsweise przeważnie Adv. 10

W

Wahlfach wybrany przedmiot 14
wählen (aus-) wybierać, wybrać *vo.* 14
wahrhaftig naprawdę 15
Wahrheit prawda 1
wann kiedy 1
Warschauer Veranstaltungsplan WIK = Warszawski Informator Kulturalny
warten czekać, po-, zaczekać *vo.* 1,6
warum dlaczego 2
was co 1
was für ein jaki; co za (+ Akk.) 4, 11
Was gibt es Neues? Co słychać? 8, Co nowego? 11
was hilft's trudno
Was (wer) ist ...? Kim jest ...? 3
Was (wer) sind Sie? Kim pan(i) jest?
Weg droga 17
weil bo, ponieważ 5,14
Weise sposób 10
Weißrußland Białoruś *f.* 20
weit daleko 8
weiter dalej 7
welch ein jaki 6
welcher który 12
Welt świat 8
wenden, sich skręcać, skręcić *vo.* 13
wenig mało 10
wenig (ein-) trochę 10
wenn jeżeli (kond.), kiedy (temp.) 7
wer? kto? 1
Wer (was) bist du? Kim jesteś? 3
werden zostawać, zostać *vo.* (+ Sub.) 7
Werk utwór 19; dzieło 15; zakład 11
Wer (was) sind Sie? Kim pan(i) jest? 3
wertvoll cenny 15
wessen czyj 5
Westen zachód 20
wichtig ważny; główny 14, 20
wie jak 2
wiederholen powtarzać, powtórzyć *vo.* 13
wiederkehren wracać, wrócić vo. 16
wie ein Ei dem anderen (wörtl.: wie zwei Wassertropfen) jak dwie krople wody 5
Wie geht's (dir)? Jak się masz? 8
wie (ist ...) jaki (jest ...) 4
Wie ist dein Vorname? Jak masz (ci) na imię? 4
wieviele ile (Sf.) 17
willkommen heißen witać, przy-/powitać *vo.*; przyjmować, przyjąć *vo.* 11, 18
Winter zima 19
wirklich naprawdę Adv. 15
wissen wiedzieć 6
Wissenschaft nauka 10
wo gdzie 2
Woche tydzień; **in der Woche** w tygodniu 10
woher skąd 6
wohin dokąd 9
Wohlergehen pomyślność f. 18
wohnen mieszkać, zamieszkać 2
Wohnsiedlung osiedle 8
Wohnung mieszkanie 6
Wojewodschaft województwo 20
wollen chcieć (+ Gen.) 7
womit czym 4
Wort słowo 15
Wunsch życzenie 18
wünschen życzyć (+ Gen.) 18
Wüste pustynia 8

Z

zahlen płacić, zapłacić (za + Akk.) 17
zeigen pokazywać, pokazać *vo.* 13
Zeit czas 2
Zeitalter era 12
Zeitrechnung era 12
Zensur stopień 14
Zentrum centrum 12
Zettel kartka 17
Zirkel kółko (zainteresowań), AG 14
Zloty złoty, N.Pl.: -e 17
zu do (+ Gen.); na (+ Akk.) 9
zu (Anlaß) z okazji (+ Gen.) **anläßlich** 18

zuerst najpierw 10
zu Fuß pieszo 13
zugehören należeć do (Gen.) 10
zuhören słuchać; po-, wysłuchać (+ Gen.) 1
zum Ausdruck bringen wyrażać, wyrazić *vo.* 14
zumeist zwykle 10
zunächst najpierw 10
zurechtfinden, sich orientować się, zorientować się *vo.* 13
zurückkommen (-kehren) wracać, wrócić *vo.* 16
zusammen razem 5
zuweilen czasem, czasami 7,10
zweimal dwa razy 10
zweite (der) drugi 6
zwischen między (+Akk. u. Instr.) 12

Bildernachweis

1. Farbfotos: Polska Agencja Prasowa „Interpress“: M. Bilewicz: S. 200; J. Grelowski: S. 199, 201; W. Kujński: S. 12, 13 (2), 201, 202; W. Krzyński: S. 201; J. Morek: Titel, S. 11, 13, 180, 181 (2), 182 (2), 183, 196, 199 (2), 202; T. Olszewski: S. 199; J. Rosikoń: S. 202; B. Różyc: S. 12; NBL H.-Joachim Boldt: S. 110, 112.
2. Alle anderen Fotos wurden uns freundlicherweise vom jetzigen Polnischen Institut für Kultur Berlin zur Verfügung gestellt.

Übersicht über den Formenbestand der polnischen Verben

<table>
<tr><td colspan="5">Indikativ
Infinitiv: czytać (unvo.) – przeczytać (vo.) lesen, durchlesen</td></tr>
<tr><td rowspan="2">Aspekt</td><td rowspan="2">Num.</td><td rowspan="2">Person</td><td colspan="2">Indikativ</td></tr>
<tr><td>Präsens</td><td>Futur</td></tr>
<tr><td rowspan="2">unvo.</td><td>Sg.</td><td>1. (ja)
2. (ty)
3. on, ona, ono</td><td>czytam
czytasz
czyta</td><td>będę
będziesz
będzie
} a) czytać
b) czytał (-a, -o)</td></tr>
<tr><td>Pl.</td><td>1. (my)
2. (wy)
3. oni, one</td><td>czytamy
czytacie
czytają</td><td>będziemy
będziecie
będą
} a) czytać
b) czytali (Pf.)
czytały (Sf.)</td></tr>
<tr><td rowspan="2">vo.</td><td>Sg.</td><td>1. (ja)
2. (ty)
3. on, ona, ono</td><td>–
–
–</td><td>przeczytam
przeczytasz
przeczyta</td></tr>
<tr><td>Pl.</td><td>1. (my)
2. (wy)
3. oni, one</td><td>–
–
–</td><td>przeczytamy
przeczytacie
przeczytają</td></tr>
<tr><td rowspan="4">unvo.</td><td colspan="4">Partizipien</td></tr>
<tr><td colspan="4">Partizip der Gleichzeitigkeit (Präsens)</td></tr>
<tr><td colspan="2">Adverbiell</td><td colspan="2">Adjektivisch</td></tr>
<tr><td colspan="2">czytając</td><td colspan="2">Sg.: czytający, -ca, -ce
Pl.: czytający (Pf.),
czytające (Sf.)</td></tr>
<tr><td>vo.</td><td colspan="2">–</td><td colspan="2">–</td></tr>
</table>